國父思想

The Thoughts of Dr. Sun Yat-sen

主義是一種思想、一種信仰和一種力量——

民族主義，是國家圖發達和種族圖生存的寶貝——

如果沒有民權，平等自由不過是一個空名詞——

民生主義即是大同主義、均富主義、民享主義——

涂子麟、林金朝——編著

三民書局

國家圖書館出版品預行編目資料

國父思想／涂子麟,林金朝編著.——四版一刷.——臺北市：三民，2015
面；　公分

ISBN 978-957-14-6039-0　(平裝)

1.孫文主義

005.18　　　　104012195

© 國父思想

編著者　涂子麟　林金朝
發行人　劉振強
著作財產權人　三民書局股份有限公司
發行所　三民書局股份有限公司
地址　臺北市復興北路386號
電話　(02)25006600
郵撥帳號　0009998-5
門市部　(復北店) 臺北市復興北路386號
(重南店) 臺北市重慶南路一段61號

出版日期　初版一刷　1996年7月
四版一刷　2015年9月
編號　S 000250
行政院新聞局登記證局版臺業字第○二○○號

ISBN 978-957-14-6039-0　(平裝)

http://www.sanmin.com.tw　三民網路書店

四版序

國父孫中山先生創建民國的理論博大精深，在兩位作者嚴謹的整理之下，本書可謂言簡意賅、條理分明，在坊間同類書中博得佳評，遂有此次改版計畫，希望讓更多讀者藉由此書認識孫中山先生的思想，並對我國現下的民主有更深、更具建設性的思考。

此次修訂，除了將漫漶的銅版鉛字改為清晰的電腦字體，還將標點符號重新梳理，期望讀者能讀得舒適流暢。讀者先進若對本書有任何寶貴意見，亦請賜告本局編輯部，以利改進，是所至禱。

三民書局編輯部

民國一百零四年七月

序言

國父孫中山先生是中國歷史上罕見的偉人，他不僅是革命家，也是中國近代的大思想家，其所創立的三民主義，乃匯集古今中外學術思想之大成，非僅具時代意義，而且具有永恆的價值，所以對於國父思想之研究與闡揚，實有重大深遠的意義。

本書在內容與體裁上，編者欲求學術著作之精嚴與大專院校教學用書之條理，相為結合，因此，本書以下述三項為立論依據：其一是徵引國父遺教，分門別類列入各章中，以建立完整體系，作為本書立論最高準據；其二是引述先總統蔣公有關著述，以與國父遺教融會貫通，相互發明；其三是融採中外學者言論學說，分析比較各種主義與制度，以印證國父思想之學術性、實用性與時代性。而在章節安排上，本書每一章節均各自成一教學單元，教師可因學生科系及程度之不同而作重點講授。且本書行文採條列敘述方式，文字力求淺顯，便於易學、易記。書中徵引資料，均詳加註明其出處，以便查考。每節之後，並附有㈠「自修復習問題」，提示本節學習要點。㈡「討論問題」，選輯歷年有關各種考試試題，藉以溫故知新。㈢「國父原著選讀」，供教學參考及使學生更加瞭解國父原意。總之，本書除可供作研究國父思想之參考資料外，也可適用於大專院校國父思想或立國精神課程之教學用書。國父思想體大精深，本書又限於篇幅，疏漏在所難免，尚冀先進碩彥，不吝教正，俾修訂時有所遵循，是所感幸。

編者謹識

目次

第二章　民族主義

第三章 民權主義

第四章 民生主義

第五章　結　論

附錄

第一章

緒論

第一節　國父的生平及著述

一、國父的生平

(一)名號

國父的名號很多，「國父年譜」記載：「國父孫中山先生，名文，譜名德明，幼名帝象。稍長，號日新，嗣號逸仙。又嘗自署載之，或公武。三十二歲時旅居日本，曾署名中山樵。英文署名，則習用孫逸仙（Sun Yat-Sen）。辛亥革命前，世人常稱逸仙先生，民國建立，遂皆以中山先生稱焉。」❶其中「孫文」是國父正式的姓名，他在「上李鴻章書」之末尾，署名「孫文」，民國建立就任臨時大總統後，所頒布各項政令文書，以迄民國十四年三月十二日逝世前，在遺囑上簽字，皆用此名。❷而「孫逸仙」則為外國人對國父的通稱。一八八四年國父入香港拔萃書室肄業時，其國學老師倫敦會長老區鳳墀易其號為「逸仙」，英文譯為 Sun Yat-Sen。一八八七年初國父轉學於香港西醫書院時，即用「孫逸仙」名字註冊，畢

❶ 羅家倫主編，「國父年譜」增訂本上冊（中國國民黨中央黨史史料編纂委員會，五十八年十一月二十四日），頁一。國父擁有的名號至少有十二個之多。參見莊政，「國父生平與志業」（中央日報出版部，七十一年五月），頁二八。

❷ 莊政，前揭書，頁二〇。

業後行醫亦然。❸民國創建後，國人慣稱國父為「孫中山先生」，然而國父本人殊少使用此名，只是偶而代用「中山」二字而已，因為此名字是國父於一八九七年秋，亡命東京期間，為避人耳目，不得已而用的假名。❹

㈡家世

清同治五年十月初六日（一八六六年十一月十二日），❺國父誕生於廣東省香山縣（今中山縣）翠亨村。翠亨村在香山之東，地近都會，復沿海濱，與外界接觸頻繁，民智開發，居民富冒險精神；且因地多砂磧，土質磽劣，不宜於耕，故鄉人多遊賈於四方。國父日後從事革命事業，冒險犯難，堅忍不拔，蓋幼年環境所孕育。父親達成公，早歲業農，致小康，後復中落，遂赴澳門，業縫工，並習製革，如是數年，始返里，復舊業。為人嚴肅剛直，刻苦律己，待人誠摯，家雖不豐，而豪爽喜施捨，有長者之稱。母親楊太夫人，儉樸持家，溫雅賢淑。長兄德彰，多才藝，善經營，年輕時赴檀香山，在茂宜島從事畜牧墾殖，漸致豐富，人稱「茂宜王」，為人樂善好施，於國父奔走革命，非但慰勉有加，亦且資助甚鉅。國父先世，本中原望族，因避戰禍，輾轉南遷，或服官於朝，或務農從商於野，惟自滿清入主中原後，因義不帝清，故從無應舉服官者，國父強烈的民族意識之孕育，可謂其來有自。

❸ 同❷，頁一九。
❹ 同❷，頁二六。
❺ 關於國父之出生年月日，參見前揭「國父年譜」增訂本上冊，頁六。

㈢求學經過

國父的求學生活，可概分為鄉塾啟蒙階段、檀島留學階段、港穗習醫階段三個時期：

1. 鄉塾啟蒙階段　七歲啟蒙，讀「三字經」、「千字文」。十歲正式就讀於翠亨村陸氏祖祠之鄉塾，授以「四書」、「五經」。國父在鄉塾求學期間，不僅表現出聰慧過人，勤奮力學，酷愛真理，追根究底之性，而且本其天賦的感悟力和正義感，而顯露其才華。其時，太平天國老兵尚多散隱民間，國父時常聆彼輩談洪楊革命軼事，深慕洪秀全之為人，慨然有光復漢族之志願。

2. 檀島留學階段　十三歲時隨侍楊太夫人赴檀香山，「始見輪舟之奇，滄海之闊，自是有慕西學之心，窮天地之想」，❻此後乃開始接受新的教育和西洋文化，於國父畢生的學問與事功，均有深刻的影響。國父赴檀島後先入英國教會所辦之意奧蘭尼書院 ('Iolani College)，凡三年，英文成績冠於全校，夏威夷王親加獎賞。一八八二年秋，再入美教會所辦之阿湖書院 (Oahu College)。國父原擬畢業後，留學美國深造，兄德彰恐其出國太久，洋化過深，乃令國父回國，時為光緒九年（一八八三）。國父留檀島五年，曾言：「至檀香山，就傅西校，見其教法之善，遠勝吾鄉，故每課暇，輒與同國同學諸人，相談衷曲，而改良祖國，拯救同群之願，於是乎生。當時所懷，一若必使我國人人皆免苦難，皆享福樂而後快者。」❼可見當時國父已萌改造祖國，救世濟民之心了。

---

❻ 國父著，「自傳」，見「國父全集」第二冊（中央黨史會，六十二年六月），頁二。

❼ 國父講，「非學問無以建設」，前揭書，第二冊，頁二三七。

3.港穗習醫階段 一八八四年秋，入香港拔萃書室(Diocesan Home)習英文，課餘恆從長老區鳳墀治國學。次年三月，轉學香港皇仁書院(Queen's College)。一八八六年秋，決定習醫，考入廣州博濟醫院附設之南華學校。次年二月再轉入香港新設之西醫書院(The Hong Kong College of Medicine for Chinese)肄業，至一八九二年七月以第一名畢業。這一時期於國父一生革命事業的影響甚大：(1)當時西醫書院的教務長康德黎博士(Dr. James Cantlie, 1851~1926)對國父極為器重，稱其光明磊落，愛國精誠，後來國父在倫敦蒙難，為康德黎營救脫險。(2)西醫書院教學重點在物理學、化學與植物學，蓋必須自然科學有深厚修養，方可進而研習醫學，因之，國父在此時期深植了西方科學的基礎。而且國父除日間研習自然科學與醫術外，夜間則攻讀中文，又喜在中夜起床讀書，於法國革命史、達爾文進化論，皆所喜讀，對於中國地理，尤所究心，五年時間，奠定了革命學術的基礎。(3)國父的革命救國思想，雖萌發已久，惟醞釀成熟，無疑乃在香港習醫時期。國父曾言：「我之思想發源地即為香港。至於如何得之，則三十年前在香港讀書，暇時輒閒步市街，見其秩序整齊，建築閎美，工作進步不斷，腦海中留有甚深之印象。我每年回故里香山二次，兩地相較，情形迥異，香港整齊而安穩，香山反是。……恆默念香山香港相距僅五十英里，何以如此不同？……研究結果，知香港政府官員皆潔己奉公，貪贓納賄之事絕無僅有，此與中國情形正相反。……我因遂作一想曰：曷為吾人不能改革中國之惡政治耶？……我因此於大學畢業之後，即決計拋棄其醫人生涯，而從事於醫國事業。由此可知我之革命思想，完全得之香港也。」❽

❽ 國父講，「革命思想之產生」，前揭書，第二冊，頁五一五。

㈣革命歷程

國父在港穗習醫時，即已結交志士，高談革命。在西醫書院肄業期間，與陳少白、尢少紈、楊鶴齡等人相依甚密，「所讀者莫不為革命之言論，所懷者莫不為革命之思想，所研究者莫不為革命之問題。」戚友交遊，皆以「四大寇」稱之。一八九二年於西醫書院卒業之後，「懸壺於澳門、羊城兩地以問世，實則為革命行動之開始也。」❾國父曾說：「余之從事革命，建主義以為標的，定方略以為歷程，集畢生之精力以赴之，百折而不撓。求天下之仁人志士，同趨於一主義之下，以同致力，於是有立黨；求舉國之人民共喻此主義，以身體而力行之，於是有宣傳；求此主義之實現，必先破壞而後有建設，於是有起義。革命事業千頭萬緒，不可殫述，要其舉舉，在此三者。」❿立黨、宣傳、起義雖為革命行動中的三件大事，然此三事，實相互關聯，相互影響，茲為便於說明，即以國父組黨的五個時期——興中會、同盟會、國民黨、中華革命黨、中國國民黨，依序扼要敘述國父一生革命之歷程：

1.成立興中會與廣州、惠州之役　國父於西醫書院畢業後，在廣州、澳門等地行醫，藉中西醫局以掩護革命行動，並由鄭士良負責結納會黨、聯絡防營為起義之資。一八九四年六月，中日之戰爆發前，國父憂國事危急，偕陸皓東至天津，上書李鴻章，陳救國大計，惜鴻章不能納。中日之戰起，國父乃赴檀香山，於是年十一月二十四日正式成立興中會，以「振興中華」為號召。翌年二月，設興中會總機關

---

❾ 國父著，「孫文學說」第八章，前揭書，第一冊，頁四九一。

❿ 國父著，「中國革命史」，前揭書，第二冊，頁一八四。

於香港，託名「乾亨行」，以「驅除韃虜，恢復中華，創立合眾政府」為祕密誓詞。

一八九五年三月，興中會幹部會議，議決攻取廣州之軍事策畫，並決定用陸皓東所製之青天白日旗式為革命軍旗。不幸因事機洩露，先後有七十餘人被捕，陸皓東等殉難，此為廣州首義失敗。事敗後，國父東渡日本，旋赴美洲，鼓吹華僑革命，一八九六年十月一日抵倫敦，十一日，被清吏誘禁於倫敦清使館，幸經康德黎奔走營救，始獲脫險。一九〇〇年六月，義和團在華北的仇外運動，招致庚子八國聯軍之禍，國父決定在惠州起義，九月自日本抵臺北親自策畫，十月命鄭士良舉義於惠州三洲田，連戰旬日終以餉彈兩乏，鄭士良乃解散所部走避香港，惠州起義亦告失敗。

2.中國同盟會與民國肇造　廣州、惠州兩次起義雖遭失敗，但革命風潮日漸澎湃，革命團體遍起。國父為統一革命組織，厚集革命力量，乃於一九〇五年七月三十日召開中國同盟會籌備會於日本東京，以「驅除韃虜，恢復中華，創立民國，平均地權」為誓詞。八月二十日舉行正式成立大會，加盟者三百餘人，並公推國父為總理。同盟會成立後，革命同志在國父直接領導下，舉義八次均遭失敗，此八次起義為：一九〇七年之潮州黃岡之役、惠州七女湖之役、欽州防城之役、鎮南關之役；一九〇八年之欽廉上思之役、雲南河口之役；一九一〇年之廣州新軍之役；一九一一年之廣州黃花岡之役。革命黨人屢仆屢起，百折不回，尤其黃花岡之役，黃興率同志襲取兩廣督署，黨人有進無退，甘死如飴，國父稱是役「集各省革命黨之精英，與彼虜為最後之一搏，事雖不成，而黃花岡七十二烈士轟轟烈烈之概，已震動全球，而國內革命之時勢，實以之造成矣。」⓫

⓫ 同❾，頁五〇二。

黃花岡之役雖失敗，革命風潮卻益形澎湃，而武漢同志聯絡新軍工作，業已成熟，乃於同年十月十日起義於武昌，各省紛紛響應反正，不及百日，清室遂亡。武昌起義時，國父適在美國，以外交較軍事重要，乃順道赴英、法接洽，至十二月始返上海。二十八日各省代表開臨時大總統選舉預備會於南京，次日，正式選舉國父為中華民國臨時大總統，民國元年一月一日正式就職。至此，亞洲第一個民主共和國於焉誕生。

3. 國民黨與二次革命　民國元年二月十二日，清帝頒布退位詔書，國父為謀南北統一，乃於十三日向參議院辭臨時大總統職，並薦袁世凱以代之。此時，同盟會由祕密而公開，一般官僚政客紛紛加入，品質駁雜，革命精神大不如前。宋教仁圖以政治手腕制勝於臨時參議院席次，乃於元年八月二十五日將同盟會合併統一共和黨、國民共進會、國民公黨、共和實進會正式改組為國民黨，並推舉國父為理事長。此次組黨，黨人但圖黨勢之擴張，不求主義之貫徹，國父雖不滿意，但為維持大局，勉予承認，旋即委宋教仁代理。由於國民黨在參眾兩院居過半數，對袁世凱不利，因此袁氏指令國務總理趙秉鈞等計議密謀對付國民黨。民國二年三月，宋教仁被刺殺於上海。六月，國民黨籍的江西都督李烈鈞、廣東都督胡漢民、安徽都督柏文蔚被免職，李烈鈞乃於七月十二日在江西舉兵，發檄討袁，二次革命開始。不久安徽、廣東、福建、湖南等省及南京、上海等地先後響應，不幸均告失敗，二次革命因之結束。

4. 中華革命黨與討袁護法　二次革命失敗，袁氏益肆無忌憚；在國內之黨員賢者死事，不肖者變節，而亡命海外者亦多灰心。國父憂憤交集，乃改組國民黨為中華革命黨，民國三年六月二十三日在東京舉行選舉大會，推舉國父為總理。七月八日開成立大會，到會者三百餘人，國父就任總理職，宣誓再舉革命。民國四年春，袁氏公開圖謀帝制，八月發起「籌安會」，鼓吹帝制，十二月十二日接受該會勸進，下令承認帝制，封親信一百餘人為五等爵，改民國五年為「洪憲元年」。國父通電各省起兵討袁，反對帝制。民國五年六月六日，袁氏羞憤而死，討袁之役告終。

袁氏帝制失敗後，代之而起的是北洋軍閥竊柄弄權，毀棄民國約法。國父乃於民國六年七月，率海軍離滬赴粵，宣言護法。八月，國會議員召開非常會議於廣州，通過「中華民國軍政府組織大綱」。九月一日選舉國父為大元帥。十日，國父在廣州就職，發表宣言，號召國人共同護法討逆。民國七年五月，桂系軍人因無護法誠意，而將護法軍政府大元帥制改為總裁制，並通電北京政府罷兵言和，護法精神為之喪失，國父乃辭職離粵赴滬，護法事業受挫。

5.中國國民黨與北伐、建黨及建軍　護法事業受挫後，國父決心擴充黨務，繼續為革命建國而奮鬥，乃於民國八年十月十日，正式通告海外各支部，確定黨的名稱為中國國民黨，加「中國」二字，以別於民國元年之國民黨。

民國九年八月，受國父栽培支持的陳炯明，奉國父命率粵軍在漳州誓師，分三路回師廣州，十月收復廣州。十一月國父回粵，國會議員再度在廣州集會。民國十年四月，廣州軍政府改組為中華民國政府，選舉國父為非常大總統。五月五日國父就職，發表宣言，決定剋日北伐，繼續護法。民國十一年五月，國父督師韶關，北伐軍加速進展，後方陳炯明忽生反側之心，與北方軍閥通聲氣。六月一日，國父返廣州坐鎮，陳氏謀叛益急，十五日深夜，竟令砲轟觀音山總統府，國父登永豐艦，指揮討逆，北伐軍事遂挫。

國父於廣州蒙難後，由粵抵滬，默察當前內外情勢，檢討失敗癥結，乃決心改組中國國民黨，於是召集在滬同志，起草黨綱及總章，十二年一月一日，正式發布改組宣言。迨陳烱明被逐出廣州，國父由滬返粵後，重組各級黨部，嚴密黨員登記，統一宣傳機構，革命陣容煥然一新。民國十三年一月二十日，中國國民黨第一次全國代表大會在廣州舉行，通過宣言、總章及其他重要決議案。

國父鑒於前此四十年的奮鬥，除黨員個人的奮鬥外，從無真正的革命軍，而同情國父的其他軍隊，乃是一時利害的結合，利害關係易勢，就向背無常，因之，欲貫徹革命目的，必先要建立一支真革命的武力，所以籌設黃埔陸軍軍官學校，任命蔣中正先生為校長。十三年六月十六日軍校正式開學，國父親臨參加典禮，以「革命軍的基礎在高深的學問」訓勉官生，稍後，又頒訓詞，即今日國歌歌詞。軍校建立後，培養一批批的青年軍事幹部，國民革命軍的基礎於焉奠定。

民國十三年十一月，由於直奉二次戰爭，直系戰敗，直系軍閥控制的北洋政府瓦解，國父應段祺瑞之邀北上，共商國是，國父主張召開國民會議以解決時局，而段氏不肯接受。國父素不慣寒冷，加以旅途勞頓，抵津後，即覺不適，及聞段氏以尊重不平等條約為各國承認臨時執政政府之交換條件，大為氣憤，病勢轉劇，不幸於十四年三月十二日病逝於北京。彌留之際，猶斷續反覆以「和平」、「奮鬥」、「救中國」為言。

(五) 封號

國父一生，為救國、救民、救世而倡導革命，犧牲奮鬥，鞠躬盡瘁，死而後已，誠可謂「其生也，為革命救國而生；其死也，為革命救國而死。」其純樸誠篤之高尚品性，無私無我之愛國情操，以及百折不撓之奮鬥精神，足為世人所效法；其領導國民革命，推翻中國數千年的專制政體，建立亞洲第一個民主共和國，事功蓋過劉漢、朱明；其所創立的三民主義，乃基於世界的趨勢和中國的國情，以解決人類所面臨的民族、民權、民生三大問題，他是中國近代唯一的大思想家。孫中山先生誠可說是一位兼有立德、立功、立言的絕世偉人。民國二十九年四月一日，國民政府通令全國：「孫中山先生倡導國民革命，手創中華民國，更新體制，永奠邦基，謀世界之大同，光被四表，功高萬世。凡我國民，報本追遠，自即日起全國尊稱孫中山先生為國父。」從此確立國父之封號，誠然是實至而名歸也。

二、重要著述

國父的著述甚多，茲依其發表時間之先後，將具有代表性的重要著述列舉之：

(一)興中會時期

自民前十八年（一八九四）至民前七年（一九〇五）：

1. **上李鴻章書**　民前十八年六月，偕陸皓東至天津，上書李鴻章，痛陳救國大計，指出富強之大經，治國之大本，在「人能盡其才，地能盡其利，物能盡其用，貨能暢其流」。

2. **檀香山興中會宣言**　民前十八年十一月，國父創興中會於檀香山，發表宣言，痛斥滿清政府腐敗無能，主張「亟拯斯民於水火，切扶大廈之將傾！用特集會眾以興中，協賢豪而共濟，抒此時艱，奠我中夏」。

3.香港興中會宣言　民前十七年二月，興中會設總機關於香港，發布宣言，主張「設報館以開風氣，立學校以育人才，興大利以厚民生，除積弊以培國脈」。

4.自傳　民前十六年十月，應英國圜橋大學教授翟爾斯氏 (Herbert Allen Giles, 1845~1935) 之請所作，扼要敘述其家世、志趣及求學經過。

5.倫敦被難記　民前十五年，國父於倫敦蒙難後，以英文撰寫，詳敘蒙難經過。從茲「孫逸仙」之名乃揚於世。

6.致公堂新章　民前八年，國父在美洲倡議洪門會員總註冊，重訂致公堂新章，其中有「本堂以驅除韃虜，恢復中華，創立民國，平均地權為宗旨」的規定，此是三民主義具體主張首見文字之始。

(二)同盟會時期

自民前七年（一九〇五）八月至民國元年（一九一二）八月：

1.中國同盟會軍政府宣言　民前七年八月，發表於東京，明揭「驅除韃虜，恢復中華，建立民國，平均地權」四大綱領，及規定「軍法之治，約法之治，憲法之治」之革命建國三時期。而「國民革命」之名稱，亦係最早見於此宣言中。

2.民報發刊詞　民前七年十一月二十六日，「民報」在東京創刊，國父撰發刊詞，「民族主義」、「民權主義」、「民生主義」三名詞，首次見於國父著述。次年十二月，「民報」週年紀念會，國父發表「三民主義與中國民族之前途」演講，是「三民主義」、「五權分立憲法」，首次見於文字。

㈢國民黨時期

自民國元年八月至民國三年六月：

1.**國民黨組黨宣言** 民國元年八月十三日發表，宣言中明揭黨綱為：⑴保持政治統一，⑵發展地方自治，⑶厲行種族同化，⑷採用民生政策，⑸維持國際和平。並積極主張實行政黨政治。

2.**社會主義之派別及方法** 此為民國元年十月十五日，在上海對中國社會黨發表之演講。對社會主義分析其派別，評論其得失，而歸結於民生主義。

3.**錢幣革命** 民國元年十二月，國父通電主張錢幣革命，建議由政府以法令制定紙幣，以人工物資為紙幣之兌換保證，改革幣制，徹底解決國家財政困難。

㈣中華革命黨時期

自民國三年六月至民國八年十月：

1.**中華革命黨宣言** 民國三年九月一日發表於東京，旨在「務本清源：㈠摒斥官僚；㈡淘汰偽革命黨。以收完全統一之效，不致如第一次革命時代，異黨入據，以偽亂真」。並希「本黨黨員，協力同心，共圖三次革命，迄於革命成功，憲法頒布，國基確定」。

2.**建國方略** 建國方略包括「孫文學說」（心理建設）、「實業計畫」（物質建設）、「民權初步」（社會建設）三部著作，依其發表時間先後，略述之：

⑴民權初步　民國六年二月二十一日發表於上海，為國父最早完成之第一部重要著作，此即「建國方略」之「社會建設」。國父在自序中說：「此書為教吾國人民行民權第一步之方法也。」

⑵孫文學說　民國八年五月二十日在上海發表，即「建國方略」之「心理建設」。內分八章，倡知難行易學說，以打破「知易行難」的傳統錯誤心理，勉國人力行實踐。

⑶實業計畫　原著為英文，名為 *The International Development of China*，直譯為「國際共同開發中國計畫書」，此即「建國方略」中之「物質建設」。民國八年八月起分期譯成中文，刊於「建設」雜誌，全書於民國十年雙十節在廣州正式出版。

㈤中國國民黨時期

自民國八年十月至民國十四年三月國父逝世止：

1.地方自治開始實行法　民國九年三月發表於上海，規定「地方自治之範圍，當以一縣為充分之區域。……以實行民權民生兩主義為目的」。並以清戶口、立機關、定地價、修道路、墾荒地、設學校，為地方自治開始之六事。

2.五權憲法　民國十年七月對中國國民黨廣州特設辦事處演講，此為闡述有關五權憲法理論與制度之最重要文獻。

3.軍人精神教育　民國十年十二月十日在桂林對滇、贛、粵軍演講，闡明智、仁、勇之根本諦義及精神與物質二者本合為一的道理，為「心物合一論」的重要根據。

4.中國國民黨宣言 於民國十二年一月一日發表，宣布對時局之主張，並闡明民族主義、民權主義、民生主義之重要政策。

5.中國革命史 民國十二年一月二十九日所發表之專著，自述其倡導中國革命之經過甚詳，為研究國父革命思想事蹟之重要文獻。

6.中國國民黨第一次全國代表大會宣言 民國十三年一月三十一日在廣州發表，內容分為：(1)中國之現狀；(2)國民黨之主義；(3)國民黨之政綱。國父在遺囑中將之與「建國方略」、「建國大綱」、「三民主義」並列，其地位之重要可知。

7.建國大綱 民國十三年四月十二日在廣州公布，原名「國民政府建國大綱」，分宣言及條文兩部分，為國父對於革命建國最簡明精要之指導綱領。

8.三民主義 民國十三年一月二十七日至八月二十四日在廣州高等師範每週演講一次，由黃昌穀筆記，鄒魯讀校。計民族主義六講，民權主義六講，民生主義四講，共十六講，約十八萬言，實為國父思想之結晶。

9.大亞洲主義 民國十三年十一月，國父應邀北上共商國是，途經日本神戶，對商業會議所等五團體發表之演講。旨在闡釋東方的王道文化及西方的霸道文化，並對日本朝野警示：「從今以後對於世界文化的前途，究竟是做西方霸道的鷹犬，或是做東方王道的干城，就在你們日本國民去詳審慎擇。」

自修復習問題

一、明瞭國父的名號與封號。
二、明瞭國父成長環境的背景。
三、明瞭國父的求學經過。
四、明瞭國父組黨革命的五個時期及其背景。
五、明瞭香港興中會的誓詞。
六、明瞭中國同盟會的誓詞。
七、舉出能代表國父思想的重要著述及其內容要旨。

討論問題

一、國父求學的情形對其一生的革命事業有何影響？
二、中國同盟會的成立對推翻滿清的革命運動有何貢獻？
三、民國十三年中國國民黨的改組其重要性如何？

國父原著選讀

一、國父之自傳
二、上李鴻章陳救國大計書
三、檀香山興中會宣言
四、倫敦被難記

第二節　國父革命思想形成的時代背景

國父曾說：「余之革命主義內容，賅括言之，三民主義、五權憲法是已。苟明乎世界之趨勢，與中國之情狀者，則知余之主張，實為必要而且可行也。」❶可見國父革命思想產生的時代背景有近代世界的潮流和中國所處的內外環境兩方面的事實為依據。

一、近代世界潮流的趨向

一九〇五年國父在「民報發刊詞」說：「余維歐美之進化，凡以三大主義：曰民族、曰民權、曰民生。羅馬之亡，民族主義興，而歐洲各國以獨立；洎自帝其國，威行專制，在下者不堪其苦，則民權主義起，十八世紀之末，十九世紀之初，專制仆而立憲政體殖焉；世界開化，人智亦蒸，物質發舒，百年銳於千載，經濟問題繼政治問題之後，則民生主義躍躍然動，二十世紀不得不為民生主義之擅場時代也。」❷由此可見國父革命思想的形成即是由於近代世界潮流有民族、民權、民生三種主義的發生及民族、民權、民生三種革命運動的興起所促成。茲析述於次：

❶ 國父著，「中國革命史」，見「國父全集」第二冊，頁一八三。

❷ 國父著，「民報發刊詞」，前揭書，第二冊，頁八〇。

㈠民族獨立運動勃興

中古歐洲是個封建的大帝國，各封建國家上有羅馬帝國的統治，下有諸侯領主的割據，因之國家組織鬆懈，王權不能集中，迨西元一四五三年東羅馬帝國滅亡後，歐洲各國對外解脫羅馬帝國之統治，對內脫離教會與封建諸侯之束縛，導出一種文藝復興的自覺運動。由於宗教的改革，方言文學的興起，以及海外新世界的發現與爭奪，終於激起歐洲人民族意識的普遍覺醒，於是地方的封建國家，均逐漸成為主權完整的民族國家(National States)。所謂民族國家，即是以民族為單位而組成的主權國家。十五世紀下半葉，奧地利、匈牙利、俄羅斯、波蘭、西班牙、挪威、英吉利、法蘭西等先後成為民族國家；十六世紀至十七世紀中葉，瑞典、丹麥、荷蘭諸國，亦次第成為民族國家；十八世紀末，北美十三州脫離英國而獨立；十九世紀，義大利和德意志相繼統一。雖然民族主義(Nationalism)一詞，在十八世紀末、十九世紀初始見於歐洲各國字典中，但此一名詞之成立，當在歐洲人民族意識覺醒、民族國家出現之後。而且自十八世紀以來，民族主義之思想與行動，在宗教戰爭、殖民戰爭、獨立戰爭、統一戰爭中，早已發生強烈的作用。拿破崙(Napoleon Bonaparte, 1769~1821)征服歐洲，民族主義步入目的意識性時代，自此民族主義浪潮高漲，其理論及學說與各民族的獨立及國家的統一運動相互輝映。第一次世界大戰時，美國總統威爾遜(Woodrow Wilson, 1856~1924)提出「民族自決」的主張，激起全世界被壓迫民族的普遍覺醒，紛紛掀起民族獨立運動，形成一種世界性的潮流。

㈡民主主義思潮澎湃

歐洲近代民主主義思潮的發生，一方面由於神權及維持神權的教會權威遭到破壞，初期的民族國家都是君主專制，厲行集權，宰割人民，加以貴族專橫，內政腐敗，人民對於以君主貴族為中心的專制制度，亟想根本剷除；另一方面由於新航路和新大陸的發現，歐洲出現許多新興城市，其中心勢力是以製造業及貿易起家的中產階級，他們為反對苛徵賦稅，企求減輕負擔，乃與專制君主和封建貴族抗爭。產業革命之後，工業資本主義發展，廣大市場的需求乃成為必然的趨勢，貿易自由的要求隨工商業的發展應運而生，中產階級的勢力更加雄厚，於是進而要求政治上的權力，以充分保障個人的財產權和自由權。基於上述政治和社會的背景，加以思想家的倡導，民主思想與民權革命運動乃大為發展。一六九〇年英人洛克(John Locke, 1632～1704)發表「政府論二篇」(*Two Treatises of Civil Government*)，提倡自然權利論及政府受委託說，洛克被公認為英國光榮革命的代言人，後來美國的獨立宣言及法國的人權宣言，亦深受其影響。一七四八年法人孟德斯鳩(Baron de Montesquieu, 1689～1755)完成「法意」(*The Spirit of Laws*)一書，發揮三權分立的學說，一七八七年的美國聯邦憲法即是以孟氏的學說為張本，三權分立迄今仍為歐美民主國家的憲法原理。一七六二年法國的盧梭(J. J. Rousseau, 1712～1778)發表「民約論」(*The Social Contract*)，倡導人生而平等之說，集社會契約說與自然權利論的大成，雖然他的理論後來受到許多學者的批評，但是以其「天賦人權」的學說，來打擊「君權神授」的理論，其貢獻不可磨滅，甚至可說沒有盧梭的思想，就沒有一七八九年的法國大革命。此後歐洲各國民權革命運動相繼發生，民主

的浪潮益形澎湃，幾傳布於全世界，所以國父說：「世界的潮流，由君權流到民權，現在流到了民權，便沒有方法可以反抗。」❸

(三)社會革命運動肇始

歐美正當民主革命的進程中，一七六九年英人瓦特 (James Watt, 1736～1819) 發明蒸汽機之後，便開始產生工業革命，以機器代替手工而生產。十八世紀末，英國首先完成了工業革命，一八二五年以後陸續發展到歐陸的德、法及新大陸的美國。工業革命不僅是生產技術的一大變革，而且影響人類在經濟上、政治上、社會上的一切關係，其最顯著的特徵是生產大量增加，工商業空前發達，社會財富亦隨之大為增加。而英人亞當斯密 (Adam Smith, 1723～1790) 適於一七七六年發表「國富論」(*The Wealth of Nations*)，倡企業自由之說，主張放任，於是政治上的個人自由主義，形成經濟上的放任主義，其結果形成近代的資本主義。在資本主義制度之下，資本家與勞動者貧富懸殊，勞資對立，衝突時常發生而且日趨嚴重，社會問題於焉發生，社會主義乃乘隙而起，隨之社會革命運動亦風起雲湧。國父於一八九六年倫敦蒙難後，「暫留歐洲，以實行考察其政治風俗，並結交其朝野賢豪，兩年之中所見所聞，殊多心得，始知徒致國家富強，民權發達，如歐洲列強者，猶未能登斯民於極樂之鄉也。是以歐洲志士猶有社會革命之運動也」，❹他深知此種潮流在中國亦勢所難免，遂產生民生主義思想，決心使中國民生問題與民

---

❸ 國父講，「民權主義」第一講，前揭書，第一冊，頁七六。

❹ 國父著，「孫文學說」第八章，前揭書，第一冊，頁四九四。

族、民權問題同時解決，以防社會革命於未然。

二、近代中國民族亡國滅種的危機

國父革命思想的產生，不僅適應世界潮流的趨向，而且合乎中國環境的需要，因為中國當時處在亡國滅種之危機中。當時中國環境的惡劣，在「香港興中會宣言」中曾述及：「中國積弱，至今極矣！上則因循苟且，粉飾虛張；下則蒙昧無知，鮮能遠慮。堂堂華國，不齒於列邦；濟濟衣冠，被輕於異族。有志之士能不痛心！夫以四百兆人民之眾，數萬里土地之饒，本可發憤為雄，無敵於天下。乃以政治不修，綱維敗壞，朝廷則鬻爵賣官，公行賄賂；官府則剝民刮地，暴過虎狼。盜賊橫行，饑饉交集，哀鴻遍野，民不聊生，嗚呼慘哉！方今強鄰環列，虎視鷹瞵，久垂涎我中華五金之富，物產之多，蠶食鯨吞，已見效於接踵；瓜分豆剖，實堪慮於目前。嗚呼危哉！有心者不禁大聲疾呼，亟拯斯民於水火，切扶大廈之將傾，庶我子子孫孫，或免奴隸於他族。」❺國父革命救國思想的產生就是受到此種「中國之惡政治」的刺激，所以才有「拋棄其醫人生涯，而從事於醫國事業」❻的革命行動。茲析述於次：

(一)滿清政治腐敗

滿清入主中國後，其採用的對內政策是高壓與懷柔交相運用，如揚州十日，嘉定三屠，薙髮令下，

---

❺ 「香港興中會宣言」，前揭書，第一冊，頁七五六。
❻ 國父講，「革命思想之產生」，前揭書，第二冊，頁五一六。

不從者戮以萬計，因文字獄株連者更廣，此無非「以刀鋸繩忠義」；又如重用降臣，開科取士，此無非「以利祿誘奸邪」。滿清對漢族之箝制，手段無所不用其極，「彼為主而我為奴，以他民族壓制我民族，不平孰甚？」❼加以滿清承繼中國四千年來君主專制之毒，而更變本加厲。就清末政情來說，可用「帝權太重，內政不修」八個字來做結論。❽不論是內閣、軍機、中央的六部，乃至地方的督撫，其設制運作，但以集權防弊為事，其結果帝權愈專而國事愈壞，防弊愈密而政風愈壞，誠所謂專制不與蒙蔽期而蒙蔽至，蒙蔽不與腐敗期而腐敗至，腐敗之風既成，馴至病入膏肓，莫可救治。❾誠如國父所說：「中國現行政治，可以數語概括之曰：無論為朝廷之事，為國民之事，甚至為地方之事，百姓均無發言或與聞之權。其身為官吏者，操有審判之全權，人民身受冤枉，無所籲訴，且官場一語等於法律。上下相蒙相結，有利則各飽其私囊，有害則各委其責任。貪婪勒索之風，已成習慣，賣官鬻爵，賄賂公行。間有一二被政府懲治或斥革者，皆不善自謀者；然經一番之懲戒或斥革之後，而其弊害乃尤甚。」❿此外，國父還舉出滿清政府暴虐腐敗政治十端，⓫並於「致香港總督書」中，歷數滿清政府罪狀，⓬這些惡劣

❼ 國父講，「軍人精神教育」，前揭書，第二冊，頁四九四。
❽ 荊知仁，「中國立憲史」（聯經出版公司，七十四年十二月），頁四。
❾ 同❽，頁二一。
❿ 國父著，「倫敦被難記」，前揭書，第二冊，頁四。
⓫ 國父著，「中國問題的真解決」，前揭書，第二冊，頁七〇。
⓬ 國父著，「致香港總督歷數滿清政府罪狀並擬訂平治章程請轉商各國贊成書」，前揭書，第一冊，頁七六〇。

的政治，都是君主專制政體所造成的。欲改良政治，只有祛除那惡劣的滿清君主專制政府。

㈡帝國主義侵略

當時的中國除了滿清君主專制政府的腐敗政治外，帝國主義的入侵更使中國利權外溢，民生日蹙。自一八四〇年鴉片戰爭，到一九〇〇年「門戶開放」政策被承認為止，帝國主義對中國的侵略歷經下列階段：第一階段，由「南京條約」到「天津條約」，用武力攻破中國門戶，強迫訂立不平等條約，除了賠款、攫取開放商埠、協定關稅、領事裁判權、進口鴉片、傳教自由等權益外，只有英國強迫清廷割讓土地。第二階段，由「北京條約」到「馬關條約」前，首先是俄國強占黑龍江以北地區，法取安南，英取緬甸、哲孟雄，日本趁機攫取琉球，是列強奪占中國領土和藩屬時期。第三階段，由「馬關條約」到「門戶開放」前，日本迫中國放棄朝鮮，許內地設廠，割讓臺灣、澎湖；俄租旅順、大連；德租膠州灣；英租威海衛、九龍半島；日要求福建為其「勢力範圍」。又在此時期，列強瓜分中國鐵路利權。第四階段，自「門戶開放」政策被承認起，列強運用所得的各種特權，掠奪榨取中國人民的血汗，中國幾遭瓜分，夷為半殖民地。⓭滿清政府每次的對外戰爭失敗，除割地賠款外，帝國主義更以不平等條約為工具，在中國進行種種經濟壓迫，國父曾指出列強的六項經濟壓迫，使中國所受損失每年達十二萬萬元，中國已到民窮財盡的地步。不平等條約是帝國主義侵略的護符，國父說：「那些不平等條約究竟是什麼東西呢？簡而言之，就是我們大家的賣身契。中國和外國立了許多喪失利權的條約，就是把我們國民押到外國人，

⓭ 鄭學稼，「中國興亡史」第一卷（作者發行，七十三年六月再版），頁九二～九三。

替我們寫了許多賣身的字據一樣，中國國民賣身不只是賣到一國，已經賣到了十幾國。」又說：「所以中國現在不只是全殖民地，比全殖民地的地位還要低一級。我就這個情形，創立一個新名詞，叫中國是『次殖民地』。」⑭唯有廢除不平等條約，才能改變中國的國際地位，對於此點，國父直至臨終時還念念不忘交代黨人，「最近主張召開國民會議及廢除不平等條約，尤須於最短期間，促其實現。」

三、近代中國民族主義覺醒的潮流

清末的中國，內部是滿清君主專制政權的統治，外部是列強交相欺淩，國將不國。一八四〇年的鴉片戰爭為列強以武力打開中國門戶的始端，肇啟三千年來的一大變局，此後外力日逼如排山倒海，莫之能禦。迨一八九四年中日甲午戰後，各國都將中國視為魚肉，堂堂中華有立被瓜分的危機。有識之士面對此時代變局，輒興求變之念，始則洋務自強，繼則變法維新，終則君主立憲和國民革命的主張和行動並進紛起，而其整個目標無非在於「振興國力，救亡圖存」。所以，近代中國的歷史發展有兩大主流：一是民族主義的覺醒與發展，一是積極追求國家的現代化。由於西力的衝擊，國勢的凌替，國人為救亡圖存，恢復過去國家民族的榮光，均受到強烈的民族主義思潮的激盪，重振中華聲威幾成為國人最重要的目標。而為了要國家民族復興，勢必力求器物、制度等各方面的現代化，方能使中國與列強各國並駕齊驅。茲將西力衝擊下，國人的回應簡述於次：

⑭ 國父講，「中國內亂之原因」，前揭書，第二冊，頁七五九～七六〇。

㈠洋務自強運動

自一八六一年至一八九四年的三十餘年間，在朝臣奕訢、文祥和督撫曾國藩、李鴻章、左宗棠等人的合作下，開始了以學習西器和西藝為中心，以富國強兵為目的之洋務自強運動。此時期中國上層士大夫階層的民族主義思想，由於清廷沿用明朝的典章制度，尊崇儒家傳統，加以滿人的漢化，已視滿清的統治為中國的正統，所以由明末清初的漢民族主義，轉變為視滿漢為一體，注重文化認同的文化觀的民族主義。因此，英國挾其船堅砲利，打開中國門戶後，中國的民族主義特色主要在滿漢一體，中西對立，民族主義思想上所注重的人我之別，是中國與西洋的分別，所堅守的夷夏之防，是中國對西洋的防範。

洋務自強運動是中國人對西力衝擊所表現出的第一次強烈反應，也是當時一部分政治主持人和知識份子開始認真地認識西方、模仿西方，並在某種程度下信仰西方的開端。⓯洋務自強運動可推溯到林則徐在廣東抗英之時，他是首先發現清軍「器不良」、「技不熟」，無法與西方海軍對抗，而立意要了解西方並學習西方的人。林則徐在鴉片戰爭前，便命人著手編譯一冊介紹西方的「四洲志」；鴉片戰爭後，請其友人魏源根據所獲得對西方的材料和知識，編纂「海國圖志」一書。魏源在序中說：「是書何以作？曰：為以夷攻夷而作，為以夷款夷而作，為師夷之長技以制夷而作。」魏源這句「師夷之長技以制夷」，就成為後來洋務自強運動的基本理論依據。

一八四八年，徐繼畬出版「瀛寰志略」，其內容之正確性超過「海國圖志」。其後英法聯軍之役（一

⓯ 李雲漢，「中國近代史」（三民書局，七十五年三月），頁七九。

八五六～一八六〇）和太平天國之役（一八五〇～一八六四）同時發生，構成對洋務自強運動的刺激和啟發，倡導的知識份子也就多了起來，如：馮桂芬、王韜、容閎、郭嵩燾、薛福成、鄭觀應等人。他們著書立說，直接間接對曾國藩、李鴻章等人，提出興辦洋務的種種建議。尤其馮桂芬作「校邠廬抗議」，主張「既須反求諸己，亦須取法於人」，既要「師夷之長技」，尤應致力於內政之改革。其改革的前提是以中國的倫常名教為本，輔以西方之術與藝，論者謂馮氏之主張，實開所謂「中學為體，西學為用」的先河。

李鴻章基於「中國文物制度，事事遠出西人之上，獨火器萬不能及」的認識，提出「中國欲自強，則莫如學習外國利器」的對策，所以三十餘年間的洋務自強事業，大體以西器和西藝為主，而以軍事工業即造砲製船為核心，所以其項目最初是船艦、槍砲，隨後擴及鐵路、電訊、郵政、礦冶、農、工、商業；派遣留學生及建立同文館、廣方言館及開辦武備學堂、創建海軍。而李鴻章實為洋務自強運動的中心人物，大部分的洋務措施和事業，都出於李鴻章的籌劃和創辦。

(二)變法維新運動

三十餘年的洋務自強運動，隨著中日甲午戰爭一役的慘敗而瓦解。甲午戰爭中國敗於蕞爾小國日本，割地賠款之鉅均前所未見，中國國際地位一落千丈，中國如不振作，將有亡國滅種的危機，在野的知識份子遂紛紛發起救亡圖存運動，因此在民族主義的思想上有更進一步的認識。一方面，一般在位的官員與在野的士大夫階層，處在此危機中，主張保國家、保聖教、保華種，要尊經崇儒，扶聖教而塞異端，努力自強，以保國保種。而在手段上，則是維護清室，變法維新。另一方面，則具有世界新知的在野知識份子，認為滿清統治者已不能符合救亡圖存的要求，必須加以摒棄，原本潛伏於社會下層的漢民族主義思想，再次勃興，革命推翻滿清的呼聲遂而再起。所以甲午戰敗後，以康有為、梁啟超為首的「變法維新」運動，以及國父孫中山先生領導的「國民革命」運動，成為近代中國知識份子在時代變局中救國的兩種走向。

康有為是廣東南海人，具有才學，致力於史學、理學、經學，而以經世致用為歸，著有「新學偽經考」、「孔子改制考」及「大同書」，此三部著作的共同中心意旨，乃在抓緊孔子，證明孔子託古改制，也是一個維新派，以孔子來支持自己變法的主張。康有為推行運動的方法與國父不同，國父是從下層社會著手，康有為是從上層社會著手，所以他一方面設法抓住皇帝，一方面向士大夫階級裡面廣求同志，盡力宣傳其變法主張。⑯一八八八年康有為第一次上書光緒帝，請求「變成法、通下情、慎左右」。一八九五年值甲午戰敗簽約之際，康有為在北京發起邀集十八省舉人一千二百餘人列名上書請願，這就是打破「士人不干政」的著名的「公車上書」，其內容係建議「拒和、遷都、變法」。同年五月，會試發榜，康有為中第八名進士，他又上書一次，專論變法。隨即又上第四書，提出變法的辦法，主張「下詔求言，開門集議，闢館顧問，設報館通達，開府闢士」。一八九七年底，因德國藉口鉅野教案而侵占膠州灣事件發生，康有為上書光緒帝，力陳變法不可緩，並上三策：一是採法俄日以定國是，以俄國大彼得之心為心法，以日本明治之政為政法。二是大集群力而謀變政。三是聽任疆臣各自變法。一八九八年初，康有

⑯ 李劍農，「中國近百年政治史」上冊（臺灣商務印書館，七十七年四月），頁一七九～一八〇。

為向光緒帝呈奏了不少條陳，請求斷然變法，他說世界各國皆以變法而強，守舊而亡，中國目前是「雖無亡之形，而有亡之實」，要求光緒帝了解：「能變則全，不變則亡，全變則強，小變仍亡。」並提出變法的具體辦法。

光緒二十四年戊戌（一八九八）四月二十三日，光緒帝下詔定國是，正式開始「戊戌變法」的一幕。變法的內容大要有：⑴教育學術——廢除八股取士，開設學堂——京師設大學堂，各省設高等學堂，各府、州、縣設中小學堂；辦理官報；設譯書局；開經濟特科。⑵經濟建設——設鐵路礦務總局，農工商總局，設農會，辦農報，購農器，翻譯西方農學書籍，採行中西各法以行開墾，獎勵開發地利，設商務局，擴展通商等項。⑶軍事——行徵兵制，裁併各省綠營及練勇，以西式兵操練兵，獎勵興造槍砲，籌設武備大學堂，武科停試弓箭騎射，一律改試槍砲。⑷政治——裁撤詹事府、通政司、光祿寺、鴻臚寺、太常寺、太僕寺、大理寺及廣東、雲南、湖北巡撫、河道總督等。戊戌變法由於傳統的守舊勢力的反對，持續至同年八月六日，慈禧太后宣布回朝聽政，並幽禁光緒帝為止，為期近百天，故史稱「百日維新」。康、梁等人由於外人的協助得以脫逃，逃不掉的維新份子，只有被捕聽候處置，譚嗣同、劉光第、楊深秀、楊銳、林旭、康廣仁俱被殺，史家稱為「戊戌六君子」。此外，與變法有關的官員張蔭桓、李端棻、徐致靖等十數人，也都分別受到懲戒。此即史稱的「戊戌政變」。

㈢國民革命運動

國父於一八八五年，中法之戰簽安南條約之年，決心革命，「由是以學堂為鼓吹之地，借醫術為入世之媒，十年如一日」。[17]這十年中，國父確是不斷地大談革命，結交革命志士，可說是革命言論的時代。這時期，國父在思想上仍具有改革的思想，例如：一八九〇年，向曾經出任駐美使臣時已歸家養病的香山人鄭藻如上書，提出「重農桑」、「禁鴉片」、「興文教」的主張，企望鄭氏起而提倡先在香山試驗，如果有成，必有他邑起而效法。[18]一八九一年，國父撰「農功」一文，主張學習西方「農部有專官，農功有專學」的制度及「機器耕種」的科學新法，[19]此是我國近代倡導農業改良的先聲。一八九四年中日甲午戰爭前夕，國父提出了「上李鴻章陳救國大計書」，指陳：「竊嘗深維歐洲富強之本，不盡在於船堅礮利，壘固兵強，而在於人能盡其才、地能盡其利、物能盡其用、貨能暢其流。此四事者，富強之大經，治國之大本也。我國家欲恢擴宏圖，勤求遠略，仿行西法，以籌自強，而不急於此四者，徒惟堅船利礮之是務，是舍本而圖末也。」[20]並分別說明：「人盡其才者，在教養有道，鼓勵以方，任使得法。」「地盡其利者，在農政有官，農務有學，耕耨有器。」「物盡其用者，在窮理日精，機器日巧，不作無益以害有益。」「貨暢其流者，在關卡之無阻難，保商之有善法，多輪船鐵道之載運。」這是一份代表國父早期改革思想的文件。可惜李鴻章忙於軍務而不能接見國父，於是乃偕陸皓東北遊京、津，親自目睹耳聞清軍浮濫不實的情況，以及滿清官場賄賂公行、牽朋引戚的族閥主義，貪贓枉法、賣官鬻爵皆是普遍存在

---

[17] 同[4]，頁四九一。

[18] 吳相湘，「孫逸仙先生傳」上冊（遠東圖書公司，七十三年三月），頁七八。

[19] 同[18]，頁八二～八三。

[20] 國父著，「上李鴻章陳救國大計書」，前揭書，第三冊，頁一。

的事實，國父對滿清政府更加失望，「知和平方法無可復施，然望治之心愈堅，要求之念愈切，積漸而知和平之手段，不得不稍易以強迫」，㉑於是決心開始進行傾覆清廷、革命救國的實際行動，一八九四年十一月二十四日，乃在檀香山創立了中國近代的第一個革命團體——興中會。

國父在「中國革命史」一文中說：「余之從事革命，建主義以為標的。」㉒所以首先國民革命就性質上說，與前代革命不同，「前代革命，如有明及太平天國，只以驅除光復自任，此外無所轉移。我等今日與前代殊，於驅除韃虜、恢復中華之外，國體民生，尚當與民變革」。㉓直言之，國民革命就是三民主義的革命。其次，國民革命就目的來說，「國民革命之目的，在造成獨立自由的國家，以擁護國家及民眾之利益。……其內容為何？蓋以民族、民權、民生三主義為基本。」㉔亦即國民革命的目的，是在求三民主義的實現。所以國民革命以三民主義為指導原理，而必須國民革命徹底成功，三民主義才能真正實現。此外，國民革命就群眾基礎來說，「所謂國民革命者，一國之人，皆有自由、平等、博愛之精神，即皆負革命之責任」，（同㉓）就是由全體人民共同來參加的革命。

國父從事革命，除建主義為標的外，並「定方略以為歷程」。（同㉒）何以要定革命方略？國父說：「專制時代，人民之精神與身體，皆受桎梏，而不能解放。故雖有為國民利害著想獻身以謀革命者，國

㉑ 國父著，「倫敦被難記」，前揭書，第二冊，頁六。
㉒ 同❶，頁一八四。
㉓ 「同盟會軍政府宣言」，前揭書，第一冊，頁二八五。
㉔ 「北上宣言」，前揭書，第一冊，頁九一九。

民不惟不知助之，且從而非笑以漠視之，此事之必然者也。雖欲為國民之嚮導，然獨行而無與從；雖欲為國民之前鋒，然深入而無與繼。故從事革命者，於破壞敵人勢力之外，不能不兼注意於國民建設能力之養成，此革命之方略所以為必要也。」（同❶）國父所「規定革命進行之時期為三：第一軍政時期，第二訓政時期，第三憲政時期。此為蕩滌舊污，促成新治，所必要之歷程，不容一缺者也」。㉕何以不容一缺？蓋「由軍政時期，一蹴而至憲政時期，絕不予革命政府以訓練人民之時間，又絕不予人民以養成自治能力之時間。於是第一流弊，在舊污未由蕩滌，新治未由進行。第二流弊，在粉飾舊污，以為新治。第三流弊，在發揚舊污，壓抑新治。更端言之，即第一為民治不能實現，第二為假民治之名，行專制之實，第三則并民治之名而去之也」。（同㉕）

至於革命運動之進行途徑則有立黨、宣傳、起義三者。關於「立黨」與「起義」，已如前節所述。至於「宣傳」，主要為以報刊為言論機關。一八九九年國父命陳少白於香港創「中國日報」，此為公開言革命的第一份報紙。一九〇〇年庚子拳變之後，赴日本的中國留學生日多，組成各種團體，出版報刊、翻譯西書。一九〇一年，留日學生張繼、沈翔雲等人，發起「國民報」月刊於東京，大倡革命仇滿之說，這是留學界鼓吹革命最早的一份刊物。而在上海的「蘇報」，於庚子拳變後，由保皇趨向排滿，章太炎、吳稚暉、鄒容等人，藉「蘇報」以主張革命。一九〇三年，由於「蘇報」刊登鄒容所著「革命軍」，章太炎並為文介紹，因而引發了轟動中外的「蘇報案」。同時期國內外鼓吹革命之出版物，指不勝屈，人心士氣，於是丕變。一九〇五年同盟會成立後，革命黨人在東京出刊「民報」，經常撰稿者有胡漢民、汪精

㉕ 同❶，頁一八七。

衛、陳天華、章太炎等人。「民報成立，一方為同盟會之喉舌，以宣傳主義；一方則力闢當時保皇黨勸告開明專制，要求立憲之謬說。使革命主義，如日中天」。㉖同盟會成立後，革命黨人在海內外各地如美國、歐洲、南洋、香港、上海、北京、廣州等出版宣傳革命的刊物，雖其存在時間久暫不一，但對革命事業之推動，均有不同的貢獻，誠所謂「文字收功日，全球革命潮。」

國父領導的國民革命，實乃「聖人之事業」，是「順乎天理，應乎人情，適乎世界之潮流，合乎人群之需要」之一種「革命維新，興邦建國」的事業。㉗國民革命既有「主義」、有「標的」、有「方略」、有「歷程」，又有先知先覺如國父者「決志行之」，「集畢生之精力以赴之，百折而不撓」，並有「天下之仁人志士，以同致力」以及「舉國之人民，以身體而力行之」，所以終能在武昌起義後得到事實上的勝利，建立亞洲第一個民主共和國。這是近代中國民族主義覺醒後的第一次勝利，也是中國近代化的重要里程碑。

自修復習問題

一、明瞭近代世界潮流發展的趨向。

二、明瞭國父革命時，滿清政治腐敗的情況。

㉖ 同❶，頁一八五。

㉗ 同❹，頁四九〇。

三、明瞭近代中國所受列強侵略的情況。

四、明瞭近代中國歷史發展的兩大主流。

討論問題

一、說明洛克、孟德斯鳩、盧梭三人思想的大要及其重要貢獻。

二、說明歐美社會革命運動產生的背景。

三、近代中國何以會發生亡國滅種的危機？

四、十九世紀中葉以來，帝國主義對中國的侵略可分為哪些階段？

五、何謂「次殖民地」？

六、試比較洋務自強運動、變法維新運動及國民革命運動三者之不同。

七、說明國民革命的意義。

八、申論國民革命之所以能夠成功的道理。

國父原著選讀

一、中國革命史

二、孫文學說第八章
三、倫敦被難記
四、上李鴻章陳救國大計書

第三節　國父思想的淵源與思想體系

一、國父思想的淵源

國父在「中國革命史」中說：「余之謀中國革命，其所持主義，有因襲吾國固有之思想者，有規撫歐洲之學說事蹟者，有吾所獨見而創獲者。」❶可見其思想淵源有三：一是因襲我國固有的思想，二是規撫歐美的學說事蹟，三是國父所獨見創獲的真理。茲分述於次：

(一)因襲我國固有的思想

民國十年，國父在桂林答覆第三國際代表馬林(Maring)的詢問時說：「中國有一個道統，堯、舜、禹、湯、文、武、周公、孔子相繼不絕，我的思想基礎，就是這個道統，我的革命就是繼承這個正統思想，來發揚光大。」❷中國固有正統思想構成國父思想之主流者，約略言之有：

1.仁愛思想　仁愛為儒家的根本思想。孔子說：「己欲立而立人，己欲達而達人。」「己所不欲，勿

❶ 國父著，「中國革命史」，見「國父全集」第二冊，頁一八一。

❷ 先總統蔣公講，「三民主義之體系及其實行程序」，見「蔣總統集」第一冊（中華學術院，六十三年十月四版），頁一一四〇。

施於人。」這便是忠恕之道，便是推己及人，亦便是仁愛。孟子說：「仁者無不愛。」仁蘊於中而愛發於外，仁愛是中國幾千年的至德，也是教育和政治最初的動機和最後的目的。國父平生題字，最喜寫「博愛」二字，博愛是人間最大的同情心，即「仁」之最高表現。國父的根本思想，實即淵源於此。

2.中庸思想 中庸思想是中國民族傳統文化的中心思想，即自堯舜禹湯一脈相傳的「人心惟危，道心惟微，惟精惟一，允執厥中」所謂十六字心傳。至孔子則集中庸之道的大成，其弟子子思更成「中庸」一書。程子說：「不偏之謂中，不易之謂庸。中者，天下之正道；庸者，天下之定理。」「中庸」最淺明的解釋，就是恰到好處，無過與不及。這是原則，也是方法。國父發明三民主義，即是本此心傳，集古今中外學說的精華，順世界潮流的趨向，在政治上所得的一個結晶品。

3.民族思想 國父曾說：「蓋民族思想，實吾先民所遺留，初無待於外鑠者也，余之民族主義，特就先民所遺留者，發揮而光大之，且改良其缺點。」(同❶)可見國父的民族思想，是從中國固有的嚴夷夏之辨的春秋大義發展而來的。

4.民本思想 中國自古以來，對於「國之本在民」、「民為邦本，本固邦寧」的道理，向視為天經地義。「書經」說：「天視自我民視，天聽自我民聽。」就是重視人民、重視民意的證明。孔子言必稱堯舜，即以其傳於賢而不傳於子，公天下於民，以保民、養民為要務之故。孟子的民本思想更為徹底，他說：「民為貴，社稷次之，君為輕。」「為民上而不與民同樂者，非也。樂民之樂者，民亦樂其樂；憂民之憂者，民亦憂其憂。樂以天下，憂以天下。」此種民本思想，形諸於事實者，首推湯武革命，國父曾說：「湯武革命，順乎天應乎人，弔民伐罪，也都是求人民的幸福。」❸其民權思想和民權革命運動之受此影響，自不待言。

5. 考試與監察制度　考試與監察兩權的獨立行使，是中國政治制度獨具的優點。國父說：「歷代舉行考試，拔取真才，更是中國幾千年的特色。」❹又說：「像滿清的御史，唐朝的諫議大夫，都是很好的監察制度。」（同❹）國父就是引用我國固有之考試與監察制度，以創立五權分立的憲法。

6. 均產思想　孔子說：「不患寡而患不均，不患貧而患不安。蓋均無貧，和無寡，安無傾。」所以均產思想也是中國固有的正統思想。如周代的井田制，董仲舒的限民名田，北魏至隋唐實行均田制，以及桑弘羊的鹽鐵官營，王莽的王田、五均、六管，王安石的青苗法，都代表我國歷代的均產思想。所以國父說：「諸君或者還有不明白民生主義是什麼東西的。不知道中國幾千年以前，便老早有實行這項主義的。像周朝所行的井田制度，漢朝王莽想行井田方法，宋朝王安石所行的新法，都是民生主義的事實。」❺至於均產思想的極至，則無過於「禮記・禮運篇」：「貨惡其棄於地也，不必藏於己；力惡其不出於身也，不必為己」的精神。無疑地，這些都是民生主義的重要淵源。

7. 大同思想　大同思想實為我國偉大傳統文化的結晶，也是我先民最高政治智慧與政治理想之表徵。其說見於「禮記・禮運篇」：「大道之行也，天下為公。選賢與能，講信修睦。故人不獨親其親，不獨子其子。使老有所終，壯有所用，幼有所長，鰥寡孤獨廢疾者皆有所養。男有分，女有歸，貨惡其棄於

---

❸ 國父講，「知難行易」，前揭書，第二冊，頁四六七。
❹ 國父講，「民權主義」第六講，前揭書，第一冊，頁一五四。
❺ 國父講，「打破舊思想要用三民主義」，前揭書，第二冊，頁五七〇。

地也，不必藏於己；力惡其不出於身也，不必為己。是故謀閉而不興，盜竊亂賊而不作，故外戶而不閉，是謂大同」一百零七字的內容。國父說：「三民主義，吾黨所宗，以建民國，以進大同。」又說：「發揚吾固有之文化，且吸收世界之文化而光大之，以期與諸民族並驅於世界，以馴至於大同。」（同❶）可見大同思想，為三民主義的最高目標和理想之所在。

㈡規撫歐美的學說事蹟

國父規撫歐美學說事蹟，是以中國國情為基準，取其精華，去其糟粕，作有選擇的吸收。茲分述於次：

1.林肯的政治思想　美國總統林肯 (Abraham Lincoln, 1809~1865) 曾提出「民有、民治、民享」的名言。國父曾說明林肯所主張的民有、民治、民享，和他的民族、民權和民生主義完全相通。

2.威爾遜的民族自決　美國總統威爾遜 (Woodrow Wilson) 在歐戰時，提出「民族自決」的主張。國父認為當歐戰時，威爾遜所主張的民族自決，是被人歡迎的言論，所以「自歐戰告終，世界局面一變，潮流所趨，都注重到民族自決」。❻國父甚且認為：「這民族自決，就是本黨底民族主義。」❼可見民族自決的主張為國父所採擇。

3.孟德斯鳩的三權分立　法人孟德斯鳩 (Baron de Montesquieu) 著「法意」一書，創三權分立說，美

---

❻ 國父講，「三民主義之具體辦法」，前揭書，第二冊，頁四〇四。

❼ 同❻，頁四一〇。

國聯邦憲法便是行三權分立制度，而為各國憲法所仿效。國父說：「歐洲立憲之精義，發於孟德斯鳩，所謂立法、司法、行政三權分立是已。歐洲立憲之國，莫不行之。」❽國父創立五權分立學說，即是採用三權分立學說，再加入中國的考試、監察兩種制度而成。

4. 盧梭的民權思想　盧梭 (J. J. Rousseau) 著「民約論」，認為民權是天賦的，人生而自由平等，因此鼓舞了民權思想的發展。國父說：「盧梭是歐洲主張極端民權的人，因有他的民權思想，便發生法國革命。」❾又說：「盧梭提倡民權的始意，更是政治上千古的大功勞。」❿

5. 威爾確斯的全民政治　美國政治家威爾確斯 (P. F. Wilcox) 於一九一二年出版「全民政治」一書，主張民主國家的公民應享有四種直接民權。國父曾說：「欲知此中詳細情形，可參考廖仲愷君所譯之『全民政治』。」⓫國父認為瑞士和美國西北幾州所行的四種直接民權，「已經行得很有成績，將來或者可以推廣到全美國，或者全世界。將來世界各國要有充分的民權，一定要學美國的那四種民權」。⓬

6. 威廉的社會史觀　俄裔美人威廉 (Dr. Maurice William) 於一九二一年出版「社會史觀」一書，否定物質為歷史重心，認定「社會問題才是歷史重心；而社會問題中又以生存為重心」。此是對馬克思唯物

---

❽ 同❶，頁一八二。

❾ 國父講，「民權主義」第一講，前揭書，第一冊，頁七四。

❿ 同❾，頁七五。

⓫ 同❹，頁一五五。

⓬ 國父講，「民權主義」第四講，前揭書，第一冊，頁一一七。

史觀的有力反駁。國父曾說：「民生問題就是生存問題，這位美國學者最近發明，適與吾黨主義若合符節。」⓭可見社會史觀充實了民生史觀的體系與例證。

7.亨利佐治的土地稅理論　一八七九年美人亨利佐治(George Henry, 1839～1897)著「進步與貧困」一書，認為「世界愈文明，人類愈貧困，其根本原因，在於土地私有，形成經濟上分配不當，因此主張土地公有，反對私人兼併，由國家採行於地價中抽取高稅率的單一稅制。國父平均地權的思想與亨利佐治的單稅土地理論，自不無關係」。⓮

8.馬克思的資本論　馬克思(Karl Heinrich Marx, 1818～1883)著「資本論」，對資本主義社會貧富不均的現象頗多攻擊，而其所提解決資本主義社會問題的辦法為財產公有與階級鬥爭。國父對馬克思曾有深刻的批評，指出「馬克思只可說是一個社會病理家，不能說是一個社會生理家」。⓯又說：「我們今日師馬克思之意則可，用馬克思之法則不可。」⓰所謂「師馬克思之意則可」，即指「社會正義」與「經濟平等」之主張而言；所謂「用馬克思之法則不可」，即指反對用階級鬥爭的暴力革命手段來解決經濟問題

⓭ 國父講，「民生主義」第一講，前揭書，第一冊，頁一六五～一六六。

⓮ 國父在「社會主義之派別及方法」的演講中，引述亨利佐治的土地理論，而說：「卓爾基亨利（即亨利佐治）之學說，深合於社會主義之主張，而欲求生產分配之平均，亦必先將土地收回公有，而後始可謀社會永遠之幸福也。」前揭書，第二冊，頁二九〇。

⓯ 同⓭，頁一六九。

⓰ 國父講，「民生主義」第二講，前揭書，第一冊，頁一九〇。

而言。

9.俾斯麥的國家社會主義　德國的國家社會主義派反對暴力革命，主張大實業國有，注重勞工福利，徵收直接稅等。俾斯麥（Otto von Bismarck, 1815～1898）掌權後，毅然推行國家社會主義，既防範馬克思激進的社會主義之禍害，又解決了社會問題，而免卻社會革命之發生。國父對之頗多推讚，認為以國家之力，發達天然實利，而防資本家之專制，正是民生主義的本意，認為「中國當取法於德」，⑰並曾說：「民生主義者，即國家社會主義也。」⑱

10.達爾文的進化論　英國學者達爾文（Charles Robert Darwin）於一八五九年出版「物種由來」（*The Origin of Species*）一書，主張物競天擇、優勝劣敗的進化理論。國父曾說：「進化論乃十九世紀後半期達文氏之『物種來由』出現後，始大發明者。由是乃知世界萬物皆由進化而成。自達文之書出後，則進化之學，一旦豁然開朗，大放光明，而世界思想為之一變。」⑲他在「自傳」中自承「於西學則雅癖達文之道（Darwinism）」。但他認為人類進化時期之進化原則，「與物種之進化原則不同，物種以競爭為原則，人類則以互助為原則」。⑳可見國父對達爾文的學說乃是一種有選擇性的接納。

11.克魯泡特金的互助論　俄人克魯泡特金（Peter Alxeievitch Kropotkin）於一九〇二年出版「互助論」

⑰ 國父講，「民生主義與社會革命」，前揭書，第二冊，頁二一八。
⑱ 國父講，「提倡民生主義之真義」，前揭書，第二冊，頁二二〇。
⑲ 國父著，「孫文學說」第四章，前揭書，第一冊，頁四五四。
⑳ 同⑲，頁四五五。

(*Mutual Aid*)一書，認為人類要想過幸福的生活，不是靠鬥爭的方法可以達成，要靠互助才能做到。他引證動物互助的例子，應用到人類上來。國父曾說：「後達文而起之哲學家，所發明人類進化之主動力，在於互助，不在於競爭，如其他之動物者焉。故鬥爭之性，乃動物根性之遺傳於人類者，此種獸性，當以早除之為妙也。」㉑所謂「後達文而起之哲學家」，即指克魯泡特金。國父雖主張進化論，但認為人類進化原則不同於物種進化原則，不主張把生存競爭說應用於人類，而肯定「人類以互助為原則」，足證國父對克氏的互助論是有所參考的。

(三)國父所獨見創獲的真理

國父之所以成為當代的大思想家，即因在他的思想體系中有他獨創的真理，其中重要者計有：

1.心物合一論　國父說：「總括宇宙現象，要不外物質與精神二者。精神雖為物質之對，然實相輔為用。考從前科學未發達時代，往往以精神與物質為絕對分離，而不知二者本合而為一。」㉒由此可見國父認為宇宙的本體是「心物本合而為一」，既謂心物「本」合而為一，此則本體是一元的，不是二元的。這是本體哲學的創見，合理解決了偏執的唯心與唯物的爭論。

2.民生史觀　國父認為「古今一切人類之所以要努力，就是因為要求生存」，人類求生存是「社會進化的定律」，是「社會進化的原因」，(同⑮)亦即「歷史進化的原動力」。而民生問題，就是「解決眾人

㉑ 國父著，「實業計畫」結論，前揭書，第一冊，頁六五一。

㉒ 國父講，「軍人精神教育」，前揭書，第二冊，頁四七九。

的生存問題」，「民生就是政治的中心，就是經濟的中心，和種種歷史活動的中心」。㉓此為國父對歷史觀的創見。

3.知難行易學說　國父認為真知識固然從行中得來，但行之亦未必知之，所以「知難」。若知之真則行之必易，所以「能知必能行」。由於行易，故「不知亦能行」，且必「有志竟成」。他鑒於「知之非艱，行之惟艱」之說，為國人心理上的大敵，「故先作此說，以破此心理之大敵，而出國人之思想於迷津」，㉔使數千年來國人所染之惡習，一掃而空，實踐力行，而達革命建國之目的。這是國父在哲學思想上最偉大的發明。

4.革命民權說　國父肯定盧梭的天賦人權說，對於打破「君權神授」說有很大的功勞，但批評盧梭的理論缺乏歷史的事實為根據。他認為「就歷史上進化的道理說，民權不是天生出來的，是時勢和潮流所造就出來的」。(同❾)因此他主張民權是由革命而來的，「必不輕授此權於反對民國之人，使得藉以破壞民國」。㉕自二次世界大戰後的事實證明，國父的革命民權說的確是二十世紀最新的民權理論。

5.權能區分　國父認為民權發達的國家，多數的政府都是無能的，民權不發達的國家，政府多數有能的；最好的是得到一個萬能政府，完全歸人民使用，為人民謀幸福。國父說：「對於這個問題，……我的解決方法，是世界上學理中第一次的發明，……就是權與能要分別的道理。這個權能分別的道理，

㉓ 同⓯，頁一七六。

㉔ 國父著，「孫文學說」自序，前揭書，第一冊，頁四二一。

㉕ 「中國國民黨第一次全國代表大會宣言」，前揭書，第一冊，頁八八一。

從前歐美的學者都沒有發明過。」❷⑥

6.五權憲法　國父說：「兄弟當亡命各國的時候，便很注意研究各國憲法。研究所得結果，見得各國憲法只有三權，還是很不完備，所以創出這個五權憲法，補救從前的不完備。」❷⑦又說：「我們現在要集合中外的精華，防止一切的流弊，便要採用外國的行政權、立法權、司法權加入中國的考試權和監察權，連成一個很好的完璧，造成一個五權分立的政府。像這樣的政府，才是世界上最完全最良善的政府。」（同❹）可見五權憲法是集中外政治制度的精華而成，可以補救三權憲法的缺點，所以國父說：「五權憲法就可以說是兄弟所獨創的。」（同❷⑦）

7.實業計畫　國父於民國八年所著的「實業計畫」，實為世界上倡行「計畫經濟」的先驅，較一九二〇年列寧所手擬而為世界所公認為蘇俄「五年計畫」先導的「電氣化綱領」，尚早一年。而「實業計畫」一書，英文原名直譯為「國際共同開發中國計畫書」，即希望各國共同開發中國的富源，促進國際間的經濟合作。由此可知，國父倡行「計畫經濟」與「國際經濟合作」，較世界上任何國家為早。

二、思想體系

國父思想博大精深，無所不包而涵蘊無窮，尤其三民主義更是國父思想的總結晶，有其完整的思想體系。先總統蔣公指出：「總理的三民主義，何等精深，何等的博大，但是一經用分析方法研究之後，

---

❷⑥ 國父講，「民權主義」第五講，前揭書，第一冊，頁一二六。

❷⑦ 國父講，「五權憲法」，前揭書，第二冊，頁四一二。

我們又覺得系統分明，程序嚴謹，非常簡單，非常明白。」㉘他並手訂了一個「三民主義之體系及其實行程序表」（見下頁），提綱挈領地表明了三民主義的體系，由理論到實踐，層次分明，極易了解。茲將其精義，簡述於次：

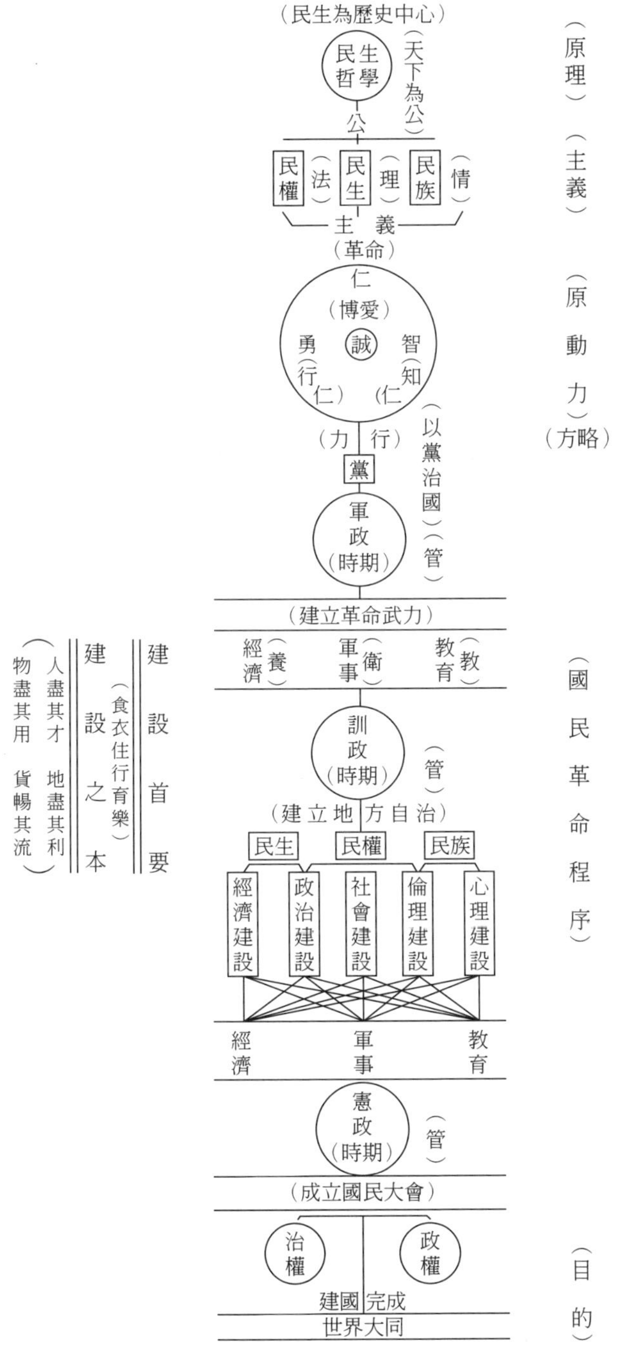

㉘ 先總統蔣公講，「三民主義之體系及其實行程序」，前揭書，第一冊，頁一一二八。

㈠三民主義的原理——民生哲學

「總理在三民主義第一講，開宗明義的就說：『主義是一種思想，一種信仰和一種力量。』又說：『大凡人類對於一件事情，研究其中的道理，最初發生思想；思想貫通以後，便起信仰；有了信仰，便生出力量。』根據這幾句話，我們要徹底明瞭三民主義，必先尋覓總理思想的出發點；換句話說，是要尋出三民主義的『原理』或哲學基礎。什麼是三民主義的原理或哲學基礎呢？就是這表上所示的：『民生哲學』。」什麼是民生哲學呢？「民生哲學就是認定『人類求生存』為社會進化的根源；換句話說，就是『民生為歷史的中心』。」簡單說：民生哲學就是人類求生存的最高原理，此乃國父思想之總根源，亦即三民主義的最高原理。

㈡三民主義的本身——民族（情）、民權（法）、民生（理）

蔣公認為三民主義是最完美的主義，因為其他主義皆有缺點，而且內容不完備。譬如共產主義重視經濟，卻不重視民族和民權主義，而其倡導民生，亦只重視一個階級的利益而不兼顧全民的利益。法西斯主義重視民族主義，卻不重視民權和民生主義，而其重視民族主義，只注重自己民族的利益，而忽視其他民族的利益。至於倡導民主的政黨雖注重民權，以全民利益相號召，但實際上資本主義氣味太重，不能給民生問題以完滿的解決。而且民主主義對於選舉方法極不平等，不能算是真正的民權主義。惟有三民主義以「公」字為出發點，所以能涵蓋一切，均衡顧到而無偏頗。其目的是要使全國人民無分階級、男女、職業、宗教之別，一律平等，並進一步本著互助合作的精神，以謀全世界各民族的平等，而躋世界於大同。具體而言之，民族主義本乎情，以提高民族感情，求得民族獨立；民權主義本乎法，以確立法治為實行民權的基礎；民生主義本乎理，訴之人類判別是非利害的理性，以公平劃一的條理，調劑公私經濟的盈虛，以解決民生問題。情、理、法三者釐然得當，所以三民主義比其他主義完備，偉大悠久，亦容易實行。

(三)革命的原動力——誠(智、仁、勇)

要實行主義必先要有一種革命的原動力，沒有偉大深厚的原動力，斷不能發生成仁取義的決心和生死不渝的毅力。革命的原動力是什麼？分開說，就是智、仁、勇三者，合攏說就是一個「誠」字。此外，還要力行，行的目的概括而言是一個「仁」字，仁是本乎大公，出乎至誠，所以知之出乎誠者必智，行之出乎誠者必勇，智者之知必知仁，勇者之行必行仁，而且其行必篤，其知必致，其知其行，斷無不成。

(四)革命的方略——以黨治國

力行要從哪裡開始著手？蔣公認為依據我們革命的方略，就要有一個「黨」。國父倡導革命，便以組黨入手。「黨」是團結同志，實行革命的總樞紐。在革命建國的時期中，障礙亟待掃除，民眾亟待喚起，國民既不能全體參加革命救國的事業，為保障其利益，照顧其幸福，乃至策畫整個國家民族的安危，所以一切要由黨來負責，即「以黨治國」、「以黨建國」。黨乃是為國民利益而存在，沒有黨，則革命力量無由集中，革命事業無由寄託，所以要完成革命，不可不鞏固黨的基礎，充實黨的力量。

(五)革命實行的程序——軍政、訓政、憲政

有了革命的主義，和暫行主義的原動力，以及革命的方略後，則必須要有革命的程序。國父把建國的程序分為三個時期：第一、軍政時期，要行軍法之治，其基本工作是建立革命武力，掃蕩革命障礙。而所謂武力，除軍事外尚包括教育、經濟，尤以教育為首要。第二、訓政時期，行約法之治，主要工作是開始實行地方自治，訓練人民行使四權。而地方自治應包括心理、倫理、社會、政治、經濟等五大建設。第三、憲政時期，行憲法之治，成立國民大會，選舉政府，完全依照五權憲法與建國大綱的規定，政權為人民所共有，治權為人民公意所選託，而達建國完成之目的。

(六)最後目的——以建民國，以進大同

我們若能遵照國父所訂革命建國程序，逐步實施，必能達到「以建民國」的初步目標，然後再聯合世界上以平等待我之民族共同奮鬥，終亦必能達成「以進大同」的最後目的。所以「世界大同」是三民主義的最終目的，也是人類社會進化之最高理想。

自修復習問題

一、明瞭國父思想的三大淵源。

二、明瞭三民主義的體系及其實行程序。

討論問題

一、國父思想中，因襲我國固有思想者有哪些？

二、國父思想中，規撫歐美學說事蹟者有哪些？

三、國父思想中，其所獨見而創獲者有哪些？

四、三民主義的原理是什麼？

五、三民主義與情、理、法有何關係？

六、革命的原動力是什麼？

七、革命的方略是什麼？

八、革命實行的程序分為哪三個時期？其中心工作是什麼？

九、三民主義的最後目的是什麼？

國父原著選讀

一、國父自傳
二、軍人精神教育
三、民族主義第一講
四、社會主義之派別及方法
五、民權初步、孫文學說、實業計畫三書之序言

第四節　國父思想的結晶——三民主義

一、三民主義的創立

三民主義是國父思想的結晶，是由民族主義、民權主義和民生主義所構成。根據「孫文學說」第八章國父自述其革命經過說：「予自乙酉中法戰敗之年，始決傾覆清廷，創建民國之志。」❶是國父在一八八五年二十歲時立志革命之初，即已有民族主義和民權主義思想的萌芽。一八九五年初，香港興中會成立，以「驅除韃虜，恢復中華，創立合眾政府」為祕密誓詞，「驅除韃虜，恢復中華」是民族主義的最初內涵，「創立合眾政府」則是民權主義的最初內涵。至於民生主義則形成於一八九六年倫敦蒙難之後，此從國父所說：「倫敦脫險後，則暫留歐洲，以實行考察其政治風俗，並結交其朝野賢豪，兩年之中，所見所聞，殊多心得，始知徒致國家富強，民權發達，如歐洲列強者，猶未能登斯民於極樂之鄉也。是以歐洲志士猶有社會革命之運動也。予欲為一勞永逸之計，乃採取民生主義，以與民族、民權問題同時解決，此三民主義之主張所由完成也。」❷，是以為證。但三民主義的具體內容最早見於一九〇六年，國父手訂「致公堂新章」，其中有「本堂以驅除韃虜，恢復中華，創立民國，平均地權為宗旨」的一條。

---

❶ 國父著，「孫文學說」第八章，見「國父全集」第一冊，頁四九一。

❷ 同❶，頁四九四。

次年同盟會成立，其軍政府宣言中，以「驅除韃虜」、「恢復中華」、「建立民國」、「平均地權」為四大綱。「驅除韃虜」、「恢復中華」為民族主義的內容，「建立民國」為民權主義的內容，「平均地權」為民生主義的內容。同年十一月，同盟會的機關報──「民報」，在東京創刊，國父撰發刊詞，首次揭示「民族主義」、「民權主義」、「民生主義」之名稱。翌年十一月，「民報」成立週年紀念，國父以「三民主義與中國民族之前途」為題發表演講，是為「三民主義」之名稱見於文字之始。此距國父於民國十三年講完「三民主義十六講」為時十九年。而在這十九年中，國父還曾兩次手撰「三民主義」，第一次即為民國八年所撰著的「文言本三民主義」，全文約萬餘字。另一次當係民國十年十月「實業計畫」一書出版後，至民國十一年六月陳炯明叛變前的一段時間內所撰著，因為國父在民國十三年的「三民主義演講本」之自序中，曾明白指出：「自建國方略之心理建設、物質建設、社會建設三書出版之後，予乃從事於草作國家建設，以完成此帙。國家建設一書，較前三書為獨大，內涵有民族主義、民權主義、民生主義、五權憲法、地方政府、中央政府、外交政策、國防計劃八冊。而民族主義一冊已經脫稿，民權主義、民生主義二冊，亦草就大部。其他各冊於思想之線索，研究之門徑，亦大略規劃就緒，俟有餘暇，便可執筆直書，無待思索。方擬全書告竣，乃出而問世；不期十一年六月十六，陳炯明叛變，砲擊觀音山，竟將數年心血所成之各種草稿，並備參考之西籍數百種，悉被燬去，殊可痛恨。」❸所以這是國父第二次撰著的「三民主義」。至於現在所習見的「三民主義演講本」，係國父於民國十三年一月二十七日到八月二十四日，每週在廣州廣東高等師範學校演講一次，由黃昌穀筆記，鄒魯讀校。共十六講，計「民族主義」六講，「民

---

❸ 國父著，「三民主義演講本」自序，前揭書，第一冊，頁一。

權主義」六講，「民生主義」四講。這是國父創立三民主義的經過。

二、三民主義的意義

㈠主義的意義

三民主義不但是國父思想的結晶，也是我中華民國立國精神之所在。但吾人要了解三民主義的意義，先要了解國父對「主義」二字的解釋。

1.主義的一般意義　主義一詞原由 ism 一字翻譯而來，從一般意義來說，這只是代表某種特定的觀念、制度或行為的一個概括的名詞。主義亦稱「意識型態」(Ideology)，它「用簡單的語句，解釋複雜的社會現象，使人們瞭解其所欣賞的基本價值，從而知所抉擇。主義的基本作用在於釐訂一套社會行動的綱領，宣揚其優點，號召群眾來擁護。一種主義包含一種生活方式，反映著它所企求的政治組織、經濟系統、社會目標和道德價值」。❹一般說來，主義可歸納為「開放性」與「封閉性」兩種類型。前者強調理性、科學與包容，允許對其批判並隨時汲取新知，以修正並充實本身的觀念和信仰的體系內涵。自由主義、民主主義和三民主義等，即屬此一類型。後者則是一種偏頗、獨斷和僵化的教條，以「煽動性宣傳」來迷惑世人的觀念，由一批狂熱份子，進行所謂的「革命」、「聖戰」，以遂行倡導者的野心與利益。法西斯主義、納粹主義、共產主義，即屬此一類型。

❹ 參閱「雲五社會科學大辭典」第三冊，「政治學」（臺灣商務印書館，六十年十二月），頁六六。

2. 國父對主義的定義 國父在「民族主義」第一講中，曾為主義下了一個最簡明的定義，他說：「什麼是主義呢？主義就是一種思想，一種信仰和一種力量。」接著解釋說：「大凡人類對於一件事，研究當中的道理，最先發生思想；思想貫通以後，便起信仰；有了信仰，就生出力量。所以主義是先由思想再到信仰，次由信仰生出力量，然後完全成立。」❺由此可知，思想、信仰和力量，就是構成主義的三個要素。這三個要素是不能分開的，並且是由一個產生另一個，有其一定的次序。就是說，思想發生了，必須貫通，然後才能發生信仰；有了信仰，還須堅定集中，然後才能發生力量。

(二)三民主義的意義

關於三民主義的意義，茲徵引國父歷次對三民主義意義的闡明，來作綜合的說明，以期從多角度來認識三民主義的義蘊。

1. 三民主義就是救國主義 國父演講三民主義，開宗明義就說：「三民主義就是救國主義。」(同❺) 這個三民主義最簡單的定義，是就三民主義的目的來說的。「何以三民主義就是救國主義呢？因為三民主義係促進中國之國際地位平等，政治地位平等，經濟地位平等，使中國永久適存於世界，所以說三民主義就是救國主義。」(同❺) 國父革命救國思想的形成，實基於當時中國內則政治不修，綱紀敗壞，哀鴻遍野，民不聊生；外則強鄰環列，虎視鷹瞵，隨時有被瓜分豆剖的危機，所以首先致力於「種族革命以排滿」及「政治革命以排皇」，其後又研究社會經濟問題，以防患於未然，避免以後的社會革命，從

❺ 國父講，「民族主義」第一講，前揭書，第一冊，頁一。

而創立三民主義。而一九〇五年同盟會軍政府宣言所揭櫫的「驅除韃虜，恢復中華，建立民國，平均地權」四大綱，便是三民主義的最初涵義，也是國父組黨革命的最初目的。國父倡導三民主義，以解救中國於危亡，使中國永久平等地屹立於世界。不過，直到民國十三年國父演講「三民主義」時，仍認為中國有「亡國滅種」的危機，所以救國實為三民主義最根本的目的。

2.三民主義是平等和自由的主義　國父說：「三民主義是平等和自由的主義。」❻這個定義是就三民主義的精神來說的。就平等言：三民主義的一貫精神在求平等，國父指出：「民族主義者，打破種族上不平等之階級也。民權主義者，打破政治上不平等之階級也。若夫民生主義，則為打破社會上不平等之階級也。」❼又說：「民族主義，就是拿中國要做到同現在列強列到平等的地位，就是從國際上列在平等地位；民權主義，就是要拿本國的政治弄成到大家在政治上有一個平等的地位，以民為主，拿民來治國家；民生主義，就是弄到人民生計上、經濟上的平等。」❽因此國父又說：「革命黨所主張的三民主義，是很容易明白的。這三種主義可以一貫起來，一貫的道理，都是打不平等的。」❾就自由言：平等和自由，有密不可分的相成關係，平等又是自由的基礎，所以國父常將「平等自由」連用，而又把平等先於自由。所以民族主義就是要求廢除不平等條約的束縛，使中國脫離「次殖民地」的地位，求得國

❻ 國父講，「三民主義為造成新世界之工具」，前揭書，第二冊，頁四六二。
❼ 國父講，「軍人精神教育」，前揭書，第二冊，頁四九四。
❽ 國父講，「同胞都要奉行三民主義」，前揭書，第二冊，頁六八九。
❾ 國父講，「救國救民之責任在革命軍」，前揭書，第二冊，頁六三七。

家的自由；民權主義是要打破帝王、軍閥、官僚等舊勢力，及一切政治上的特權階級，為人民爭取政治上的自由；民生主義要打破經濟上不平等的特權階級，使人民免於被剝削和壓榨，以求得免於匱乏的自由。因此，國父說：「此三種主義，皆平等自由主義，其效力本屬相通，故主義雖各分立，仍須同時提倡。」❿所以說，三民主義是平等和自由的主義。

3.三民主義就是民族主義、民權主義、民生主義　國父說：「三民主義就是民族主義、民權主義、民生主義。」⓫這個定義是就三民主義的內容或構成來說的，而且從把握三民主義的特徵來說，這個定義也最確切而明瞭。因為所謂「救國主義」，所謂「平等和自由的主義」，為很多其他主義所同有，不是三民主義所特有，惟有「民族主義、民權主義、民生主義」才是構成三民主義的特殊內容。三民主義是要針對中國面臨的民族、民權、民生三大問題，同時謀求徹底而全面的解決，國父指出：「今者中國以千年專制之毒而不解，異種殘之，外邦逼之，民族主義、民權主義殆不可以須臾緩，而民生主義歐美所慮積重難返者，中國獨受病未深而去之易。是故或於人為既往之陳跡，或於我為方來之大患，要為繕吾群所有事，則不可不並時而弛張之。」⓬因而「決定以民生主義與民族主義、民權主義同時並行」，⓭可舉民族革命、政治革命、社會革命「畢其功於一役」（同⓬），因此國父特別強調：「各國的革命黨，只

---

❿ 同❼，頁四九三。
⓫ 同❻，頁四六一。
⓬ 國父著，「民報發刊詞」，前揭書，第二冊，頁八一。
⓭ 國父著，「中國革命史」，前揭書，第二冊，頁一八三。

有抱一個主義，或是兩個主義的，向來沒有抱三個主義的，有，就算我們國民黨是第一了。」[14]所以說「三民主義就是民族主義、民權主義、民生主義」這個定義，最為確切明瞭，也最能表現三民主義和其他主義最大不同的特徵。

4.三民主義與民有、民治、民享　國父說：「兄弟底三民主義，是集合中外底學說應世界底潮流所得的，就是美國前總統林肯底主義，也有與兄弟底三民主義符合底地方，其原文為 The government of the people, by the people, for the people. 這話苦沒有適當底譯文，兄弟把他譯作「民有」、「民治」、「民享」。of the people 就是民有，by the people 就是民治，for the people 就是民享。」（同[14]）但什麼是民有、民治、民享呢？國父說：「這個民有、民治、民享的意思，就是國家是人民所共有，政治是人民所共管，利益是人民所共享。」[15]又說：「民有即民族也。天下者，天下人之天下，非一二族所可獨佔。民權即民治也。從前之天下，在專制時代則以官僚武人治之，本總理則謂人人皆應有治之之責，亦應負治之之責，故余極主張以民治天下。民生即民享也。天下既為人人所共有，則天下之利權，自當為天下人民所共享。」[16]所以國父強調三民主義的民族主義、民權主義、民生主義，「這三個主義和美國大總統林肯所說的『民有』、『民治』、『民享』三層意思，完全是相通的。」（同[11]）

5.三民主義與自由、平等、博愛　國父以為三民主義和法國大革命的口號「自由」、「平等」、「博愛」

---

[14] 國父講，「三民主義之具體辦法」，前揭書，第二冊，頁四〇五～四〇六。

[15] 國父講，「民生主義」第二講，前揭書，第一冊，頁一九二。

[16] 國父講，「黨員須宣傳革命主義」，前揭書，第二冊，頁四五三。

相同。他說：「用我們三民主義的口號和法國革命的口號來比較，法國的自由和我們的民族主義相同，因為民族主義是提倡國家自由的。平等和我們的民權主義相同，因為民權主義是提倡人民之政治地位都是平等的，要打破君權，使人人都是平等的，所以說民權是和平等相對待的。此外還有博愛的口號，這個名詞的原文，是兄弟的意思，和中國同胞兩個字是一樣解法，普通譯成博愛。當中的道理，和我們的民生主義是相通的。因為我們的民生主義，是圖四萬萬人幸福的，為四萬萬人謀幸福，就是博愛。」⓱雖然國父在這裡說「自由和民族主義相同」、「平等和民權主義相同」，但與前面所說「三民主義是平等和自由的主義」並不衝突，因為三民主義乃在求得國家的自由、政治的自由和免於匱乏的自由，並且建基於平等的基礎上，使之實現和確保。所以三民主義的三個主義，如分開來說，自由和民族主義相同，平等和民權主義相同，博愛和民生主義相同；但合起來說，平等和自由乃是三民主義的根本精神之所在。

自修復習問題

一、明瞭國父創立三民主義的經過。

二、明瞭國父對主義所下的定義。

三、明瞭「三民主義就是救國主義」，是就三民主義的目的來說的最簡單定義。

四、明瞭「三民主義是平等和自由的主義」，是就三民主義的精神來說的最簡要的定義。

⓱ 國父講，「民權主義」第二講，前揭書，第一冊，頁九〇。

五、明瞭「三民主義就是民族主義、民權主義、民生主義」，是就三民主義的內容構成及特徵來說的最簡明的定義。

六、明瞭三民主義與民有、民治、民享的關係。

七、明瞭三民主義與自由、平等、博愛的關係。

討論問題

一、何謂主義？其構成要素有哪些？

二、何以三民主義就是救國主義？

三、三民主義的一貫精神在求平等，試申述之。

四、試說明三民主義與其他主義最大不同的特徵之所在。

五、三民主義與林肯的民有、民治、民享相通，試申述其理由。

六、試申述三民主義與自由、平等、博愛的關係。

國父原著選讀

一、民族主義第一講

二、民報發刊詞

三、中國革命史

四、三民主義之具體辦法

五、三民主義是造成新世界之工具

第五節　國父思想的演進

一、民族思想的演進

國父民族思想的演進，可分為三個時期：第一時期自一八八五年決志傾覆清廷至辛亥革命成功止，此時期的民族思想側重在推翻滿清、恢復中華。第二時期自民國成立至民國八年歐戰結束，此時期的民族思想對內主張種族同化，求中華民族之大一統，對外謀以和平方法提高中國的國際地位。第三時期自歐戰結束至民國十三年演講民族主義完畢，此時期的民族思想則正式提出反對帝國主義、廢除不平等條約、民族自決、濟弱扶傾的主張，可說是民族思想的最後成熟時期。茲分別扼要說明之：

㈠民族思想演進的初期

國父革命思想最早發生的是民族思想。他十一歲（一八七六）在私塾讀書時，喜聽洪楊故事，即以洪秀全第二自命，想完成太平天國未完成的志業。一八八五年中法之役，清廷雖戰勝而割地賠款，喪權辱國，國父遂立「傾覆清廷，創建民國之志」。❶一八九四年中日甲午之戰起，清廷又被日本打敗，國父組織興中會，以「驅除韃虜，恢復中華」為誓詞，顯然以推翻滿清統治為宗旨。一九〇四年國父重訂「致

❶ 國父著，「孫文學說」第八章，見「國父全集」第一冊，頁四九一。

公堂章程」，其第二款即規定：「本堂以驅除韃虜，恢復中華，創立民國，平均地權為宗旨。」❷一九〇五年同盟會成立，其四大綱依然重申這種主張。這「驅除韃虜，恢復中華」，便是民族思想的最初涵義。但是驅除韃虜、恢復中華的真正意義，並不是排斥滿人，盡滅滿人，而是反對滿人奴役漢人的統治。國父說：「民族主義，並非是遇著不同族的人，便要排斥他，是不許那不同族的人，來奪我民族的政權。……兄弟曾聽見人說，民族革命，是要盡滅滿洲民族，這話大錯。民族革命的原故，是不甘心滿洲人滅我們的國，主我們的政，定要撲滅他的政府，光復我們民族的國家。」❸可見國父初期的民族思想乃是以推翻滿清統治為中心。

(二)民族思想演進的中期

民國建立後，國父的民族思想轉為側重對外的意義。他說：「本會之民族主義，為對於外人維持吾國民之獨立。」❹又說：「民國雖成立，而今尚在危險時代，內亂未靖，外患頻聞。」❺「當此國勢頻危，日人駐兵於南滿，俄人駐兵於蒙古，英人駐兵於西藏，法人駐兵於滇、黔，思為瓜分，以印度我、波蘭我。」❻可見國父對於列強之侵略行為，隨時都在密切注意中，這對民族思想晚期發展，當然有很

---

❷ 國父撰，「重訂致公堂新章要義」，前揭書，第二冊，頁八八七。
❸ 國父講，「三民主義與中國民族的前途」，前揭書，第二冊，頁二〇〇～二〇一。
❹ 國父講，「提倡民生主義之真義」，前揭書，第二冊，頁二二〇。
❺ 國父講，「凡事須論公理不必畏懼」，前揭書，第二冊，頁二八二。

大的影響。此時中國民族之危機，不在國內各族之不平等，而在外患頻仍，國家不能獨立。國父雖然了解列強擴張其侵略勢力，中國尚未完全獨立，但並未提出反對帝國主義的主張，而是想以和平方法，改善對外關係，提高中國的國際地位。

此時期，國父民族主義的對內主張，先是「五族共和」，他希望「五族一家」，立於平等地位，所以他說：「民國合五族而成，凡五族之人，皆如兄弟，合心合力，以為民國之前途著想盡力。」❼「五族共和」，「五族一家」，彼此立於平等地位，本是無可非議，可是由五族而沿用到五色旗，卻為國父所反對。他說：「有無知妄作者，於革命成功之初，創為漢、滿、蒙、回、藏五族共和之說，而官僚從而附和之。且以清朝之一品武員之五色旗，為我中華民國之國旗，以為五色者，代表漢、滿、蒙、回、藏也，而革命黨人亦多不察，而捨去吾共和第一烈士陸皓東先生所定之中華民國之青天白日國旗，而採用此四分五裂之官僚旗。」❽所以他稍後放棄「五族共和」之主張，曾說：「現在說五族共和，實在這五族的名詞很不切當。我們國內何止五族呢？我的意思，應該把我們中國所有各民族融化成一個中華民族。」❾這即是指「漢族當犧牲其血統、歷史與夫自尊自大之名稱，而與滿、蒙、回、藏之人民相見以誠，合為一爐而治之，以成一中華民族之新主義」❿的民族主義積極之目的而言。

❻ 國父講，「軍警界之責任」，前揭書，第二冊，頁二五三。
❼ 國父講，「政黨與政府之重要關係」，前揭書，第二冊，頁三四六。
❽ 國父著，「三民主義」，前揭書，第二冊，頁一五五。
❾ 國父講，「修改章程之說明」，前揭書，第二冊，頁三九七。

(三)民族思想演進的後期

自歐戰結束後，我國在巴黎和會失敗，帝國主義侵略面目完全暴露，國父的民族主義轉趨積極，決心打倒帝國主義及依附其惡勢力的軍閥。民國以後，他特別強調民族主義還沒有完成。國父說：「我黨的三民主義，當初同盟會還只明白民族主義，拼命去做；至於民權民生兩主義，不很透徹，其實民族主義也還沒有做完。……有人說：『清室推翻以後，民族主義可以不要。』這話實在錯了。即如我們所住的租界，外國人就要把治外法權來壓制中國人，這還是前清造的惡因。現在清室雖不能壓制我們，但各國還是要壓制的，所以我們還要積極的抵制。」⓫又說：「我們實行民族主義，推翻滿清，雖然脫離了滿清的奴隸，但是還要做外國人的奴隸，所以民族主義還沒有成功。推翻滿清，只可算作一半的成功。其餘一半，就是受列強的壓迫。」⓬「從前在滿清的時候，是做二重的奴隸。現在脫離了滿清，還要做一重的奴隸。我們現在要廢除不平等的條約，好比是要收回賣身的契約一樣，是要中國同外國成一個平等的地位。」⓭為了求中國之獨立自由，因此國父在中國國民黨第一次全國代表大會宣言、民族主義第六講及在其遺囑中，都一再主張反對帝國主義，取消一切不平等條約。

⓾ 同❽，頁一五六。
⓫ 同❾，頁三九五～三九七。
⓬ 國父講，「農民大聯合」，前揭書，第二冊，頁七一四。
⓭ 國父講，「革命軍不可想升官發財」，前揭書，第二冊，頁六四四。

國父在歐戰以後，民族主義的主張轉趨積極，乃是內審中國軍閥割據、國家紛亂之情狀，外察世界民族運動之潮流所產生的結果。所以他說：「歐戰以還，民族自決之義，日愈昌明，吾人當仍本此精神，內以促全國民族之進化，外以謀世界民族之平等。」⓮「民族自決」就成了民族主義的具體內容之一。此外，國父晚年更主張「濟弱扶傾」，認為「強權要抵制他，弱小要扶植他」，並指出這是我們民族的天職，所以在遺囑中明白指示國人要「聯合世界上以平等待我之民族，共同奮鬥」。最後，還要促進世界各民族一律平等，以實現世界大同的理想。

二、民權思想的演進

國父的民權思想可說與民族思想同時發生。其思想演進，大體上也可分為三期：第一時期，自國父決志革命起，至民國三年中華革命黨成立止，其基本主張在推翻滿清專制政體與仿行歐美的代議政治為目標。第二時期，自民國五年袁世凱帝制失敗，至民國十年國父演講五權憲法為止，主要在預防代議政治之流弊，並謀補救其缺點，同時提出直接民權的主張。第三時期，自民國十年至十三年演講民權主義止，提出權能區分、均權制度的理論，謀直接民權和間接民權的調和，並提出革命民權的主張。茲分別扼要說明之：

⓮「中國國民黨宣言」，前揭書，第一冊，頁八五九。

㈠民權思想演進的初期

國父幼時在檀香山求學，對於美國式的民主政治，即有良好印象。一八八五年，國父決志革命，傾覆清廷，同時要「創建民國」，亦即要仿行美國式的民主政治，這是民權思想的萌芽。興中會誓詞中有「創立合眾政府」，就是以美式的民治政府為其理想。一八九七年國父在日本與宮崎寅藏等人談話，指出「人群自治為政治之極則，故於政治之精神執共和主義」，「共和政治，不僅為政體之極則，且適合於中國國民，而又有革命上之便利者也。」又說：「在聯邦共和之名下夙著聲望者，使為一部之長，以盡其材，然後建立中央政府以馭之，而作聯邦之樞紐。」⓯一九〇〇年「致香港總督書」中復主張：「於都內立一中央政府，以總其成，於各省立一自治政府，以資分理。」⓰凡此都可證明國父在此時頗傾向於美國的共和精神與聯邦體制。一九〇五年同盟會成立，揭櫫「建立民國」為四大綱之一，並有了具體內容：「今者由平民革命，以建國民政府，凡為國民皆平等以有參政權。大總統由國民公舉，議會以國民公舉之議員構成之，制定中華民國憲法，人人共守。敢有帝制自為者，天下共擊之。」⓱同盟會並且訂革命程序為「軍法之治」、「約法之治」、「憲法之治」。同時，「中華民國」的名稱，亦定於同盟會成立之日。⓲同盟會成立後，在東京創刊「民報」，當時與保皇黨的「新民叢報」論戰之主題，即為「民主共

⓯ 國父談話，「中國必革命而後能達共和主義」，前揭書，第二冊，頁七七五～七七六。

⓰ 國父撰，「致香港總督歷數滿清政府罪狀並擬訂平治章程請轉商各國贊成書」，前揭書，第一冊，頁七六一。

⓱ 「中國同盟會軍政府宣言」，前揭書，第一冊，頁二八六。

和」勝於「君主立憲」。一九〇六年，「民報」紀元節，國父演講「三民主義與中國民族之前途」，首次提出「五權分立」的主張。

民國成立後，同盟會改組為國民黨，由祕密的革命黨性質成為公開的普通政黨。民國一、二年間，國父曾多次演講，提出政黨政治的理論，討論政體的問題。他曾說：「現在中華民國共和政體，與專制政體不同。專制政體之主權，為君主一人所私有；共和政體三權分立，各有範圍，三者之中尤以立法機關為要。立法機關乃人民之代表，欲求有完全國家，必先有完全議院，必先有完全政黨。」⑲又說：「政黨者，所以鞏固國家，即所以代表人民心理，能使國家鞏固、社會安寧，始能達政黨之用意。」⑳「政黨之性質，非常高尚，宜重黨綱，宜重黨德。」㉑至於政府的組織上，國父由法國的內閣制與美國的總統制之比較，主張責任內閣制，在民國二年四月發表的「國民黨政見宣言」就明白地揭示：「吾黨主張將來憲法上仍採用責任內閣制，並主張正式政府由政黨組織內閣，實行負責任。」㉒由上述國父的言論看來，可見此時期的民權思想是在推翻專制政體，仿行歐美的代議政治。

⑱ 同❶，頁四九八。
⑲ 國父講，「提倡國家社會主義」，前揭書，第二冊，頁二六〇。
⑳ 國父講，「政黨之目的在鞏固國家安寧社會」，前揭書，第二冊，頁二七四。
㉑ 國父講，「政黨宜重黨綱黨德」，前揭書，第二冊，頁三二三。
㉒ 「國民黨政見宣言」，前揭書，第一冊，頁七九七。

(二)民權思想演進的中期

自民國五年袁世凱死後，國父的民權思想注意於歐美代議政治缺點的補救，進而主張直接民權。民國五年七月，他在「中華民國之意義」演講中說：「二十世紀之國，當含有創制之精神，不當自詡能效法於十八九世紀成法，而引為自足。」㉓他見於共和政體之在希臘者，只能稱為「專制共和」，在美國已有十四省行直接民權，而瑞士則「全乎直接民權制度」，因此認為「吾人今既易專制而成代議政體，然何可故步自封，落於人後。故今後國民當奮振全神於世界，發現一光芒萬丈之奇采，俾更進而底於直接民權之域。代議政體旗幟之下，吾民所享者，只一種代議權。若底於直接民權，則有創制權、廢止權、退官權」。(同㉓）這是國父首次提出直接民權的主張。此後國父即積極主張直接民權，提倡地方自治，強調採用五權憲法。但迄民國十年發表「五權憲法」演講之前，直接民權的主張，其範圍仍以應用於地方自治為主，五權憲法的內容仍只限於三權憲法缺點的補救，尚未完成權能區分的理論，這從國父在此期間發表的重要演講之內容觀察，即可證明。綜觀此時期，國父的民權思想主要著眼於歐美代議政治缺點的補救，如主張直接民權、重視地方自治、創制五權憲法等，都是這一階段民權思想的重要發展。

(三)民權思想演進的後期

民國十年七月，國父演講「五權憲法」，確立權能區分的理論基礎，使民權主義的理論體系逐漸邁入

㉓ 國父講，「中華民國之意義」，前揭書，第二冊，頁三五二。

完成階段。其後在民國十三年的民權主義演講中，有關權能區分的理論，與演講「五權憲法」時之思想，顯然是一脈相承而且有相互發明之處。民國十一年，國父發表「中華民國建設之基礎」專論，對民權主義的理論與實際，作扼要具體的說明。國父說：「政治之權在於人民，或直接以行使之，或間接以行使之。其在間接行使之時，為人民之代表者，或受人民之委任者，只盡其能，不竊其權，予奪之自由仍在於人民，是以人民為主體，人民為自動者，此其與官治截然不同也。」㉔他並具體揭示實行民治的四個方略分為：「分縣自治」、「全民政治」、「五權分立」、「國民大會」。前二者為直接民權，以行主權在民之實；後二者為間接民權，由代表行於中央政府。（同㉔）同時在這篇專論中，還提出了均權制度的主張。他說：「研究權力之分配，不當挾一中央或地方之成見，而惟以其本身為依歸。事之非舉國一致不可者，以其權屬於中央；事之因地制宜者，以其權屬於地方。易地域之分類，而為科學之分類，斯得為之。」㉕其後於民國十三年「中國國民黨第一次全國代表大會宣言」中，又提出「革命民權」的主張。隨後發表「民權主義」六講，批評盧梭的天賦人權說，充實「革命民權」的理論基礎，㉖同時「國民政府建國大綱」亦於民國十三年四月發表。至此，民權主義全部的思想體系，乃告完成。

㉔ 國父著，「中華民國建設之基礎」，前揭書，第二冊，頁一七九。

㉕ 同㉔，頁一七八。

㉖ 「革命民權」一詞，乃先總統蔣公在「國父遺教概要」第二講「政治建設之要義」中所指稱。見「蔣總統集」第一冊，頁一五。

三、民生思想的演進

國父民生思想的演進，大體也可分為三個時期，第一時期自一八九六年倫敦蒙難後，至辛亥革命前，主要主張為平均地權。第二時期自民國成立到民國十年著「實業計畫」止，除提出平均地權的具體辦法外，並主張節制資本，積極提倡國家社會主義。第三時期自「實業計畫」發表後到民國十三年演講民生主義止，此時期的思想不僅在預防資本主義流弊的發生，尤在積極求發達國家資本。同時更提出民生主義的根本原理——民生史觀。茲分別扼要說明之：

(一)民生思想演進的初期

在三民主義中，民生主義這個名稱出現較遲，但其基本思想，國父實早已有之。一八九二年國父著述「農功」一文，指出：「農部有專官，農功有專學。……庶使地無遺利，人有蓄藏。……講求樹藝、農桑、養蠶、畜牧、機器耕種，化瘠為腴。……開闢利源，使本境居民日臻富庶。……以農為經，以商為緯，本末備具，鉅細畢賅，是即強兵富國之先聲，治國平天下之樞紐也。」㉗一八九四年在「上李鴻章書」中提出「人能盡其才，地能盡其利，物能盡其用，貨能暢其流」的主張。一八九五年在「香港興中會宣言」中，有「興大利以厚民生」，及「必使吾中國四百兆生民各得其所，方為滿志」的言論。前者是指要發達生產以致富，後者是指要滿足全體人民生活的需要。求富求均的涵義已隱約可見。以上所述，

㉗ 吳相湘，「孫逸仙先生傳」上冊（遠東圖書公司，七十三年三月），頁八二～八四。

只能說是民生主義思想的萌芽。至於民生主義思想的形成，乃是在一八九六年倫敦蒙難脫險之後，暫留歐洲的兩年之中。這同時也顯示出，國父的民生主義思想實深受工業革命後歐洲社會變遷之影響。

國父認為土地問題是中國一切社會問題的根本，地權分配若得其平，則貧富不致懸殊過甚；若地權不均，為少數人所壟斷操縱，必將導致嚴重的社會問題。所以在一九〇四年，手訂「致公堂新章程」時，首次提出「平均地權」的主張。次年，同盟會成立，仍以「平均地權」為四大綱之一，並作具體說明：「文明之福祉，國民平等以享之，當改良社會經濟組織，核定天下地價。其現有之地價，仍屬原主所有，其革命後社會改良進步之增價，則歸於國家，為國民所共享。肇造社會的國家，俾家給人足，四海之內，無一夫不獲其所。敢有壟斷以制國民之生命者，與眾棄之。」（同⑰）同年，國父撰「民報發刊詞」，指出「二十世紀不得不為民生主義之擅場時代」，社會問題之在歐美已是積重難返，在中國獨受病未深而去之易，因而主張「舉政治革命、社會革命畢其功於一役」。㉘一九〇六年「民報」紀元節，國父演講「三民主義與中國民族之前途」，重申提倡民生主義以防社會革命的看法，及實施平均地權、規定地價、漲價歸公的主張。一九〇七年國父首次提出「耕者有其田」的主張，他曾說：「夫不稼者，不得有尺寸耕土，故貢徹不設，不勞收受，而田自均。」㉙由上述可知，此時期國父民生思想的重點在謀求中國土地問題公平合理的解決。

㉘ 國父著，「民報發刊詞」，前揭書，第二冊，頁八一。

㉙ 黃季陸撰，「國父耕者有其田的主張」，見民國四十一年十二月二十五日，「中央日報」。

㈡民生思想演進的中期

辛亥革命成功後，國父積極地提倡民生主義。他曾明白表示：「今滿洲政府已去，共和政體已成，民族、民權之二大綱已達目的。今後吾人之所急於進行者，即民生主義。」㉚根據統計，從辛亥到民國一、二年間，國父在五十八次演講中，有三十三次全部或部分講民生主義，二十七次談話中，有十六次涉及民生主義。他之所以特別致力於民生主義之提倡，就是要在中國防微杜漸，預防社會革命的發生，此種主張與辛亥革命前的思想是一貫的。國父說：「譬如一人醫病，與其醫於已發，不如防於未然。……如以為中國資本家未出，便不理會社會革命，及至人民程度高時，貧富階級已成，然後圖之，失之晚矣。」㉛又說：「處今日中國而言社會主義，即預防大資本家之發生可矣。此非無病之呻吟，正未病之防衛也。不必全法歐美之激烈對待，而根本學理，和平防止可矣。」㉜而和平防止之法，即在實施平均地權及採行國家社會主義政策。

關於平均地權，國父曾說：「若能將平均地權做到，則社會革命已成七八分了。」(同㉛)至於平均地權的方法，則散見於有關的演講中，已較前成熟而且具體。民國八年國父撰文言本「三民主義」，曾說：「平均地權者，即井田之遺意也。井田之法，既板滯而不可復用，則惟有師其意而已。中國今工商

㉚ 國父講，「提倡民生主義之真義」，前揭書，第二冊，頁二一九。
㉛ 國父講，「民生主義與社會革命」，前揭書，第二冊，頁二二五。
㉜ 國父講，「社會主義之派別及方法」，前揭書，第二冊，頁二九六。

尚未發達，地價尚未增加，則宜乘此時定全國之地價。其定價之法，隨業主所報以為定；惟當範圍之以兩條件：一、所報之價，則以後照價年納百分之一或百分之二以為地稅。二、以後公家有用其地，則永遠照此價收買，不得增加；至若私相買賣，則以所增之價，悉歸公有，地主只能得原有地價，而新主則照新地價納稅。」[33]至此，平均地權的辦法，即自定地價、照價抽稅、照價收買、漲價歸公，已是確立。

關於國家社會主義，國父說：「中國十年以後，必至有十萬人以上之大資本家，此時杜漸防微，惟有提倡國家社會主義。」[34]甚且說：「民生主義者，即國家社會主義也。」[35]所以國父明白提出採用國家社會主義政策的主張，師法德國，實行國營實業，「一面圖國家富強，一面當防資本家壟斷之流弊」。[36]國父又說：「惟所防者，則私人之壟斷，漸變成資本之專制，致生社會之階級、貧富之不均耳。防之道為何？即凡天然之富源，如煤鐵、水力、鑛油等，及社會之恩惠，如城市之土地、交通之要點等，與夫一切壟斷性質之事業，悉當歸國家經營，以所獲利益，歸之國家公用。」[37]可見國營實業的直接目的固在「圖國家富強」，間接目的即在「防資本家壟斷之流弊」，此顯然含有「節制資本」的意義。故國父雖於此時未正式提出「節制資本」的名稱，但在民生主義思想中，此時顯然包含有「平均地權」和「節制

---

[33] 同[8]，頁一六一。
[34] 同[19]，頁二六一。
[35] 同[30]，頁二二〇。
[36] 同[31]，頁二一八。
[37] 國父講，「中國實業當如何發展」，前揭書，第二冊，頁一六九。

資本」兩項內容。

㈢民生思想演進的後期

國父晚年對於民生主義的提倡仍不遺餘力，對中國社會經濟的觀察並未變更。在他晚年的著作和演講中，除了重申舊有的見解和主張外，更提出新的見解：

1.以徵收直接稅來節制資本　國父所主張的國營實業，蘊含節制資本的意義，而民國十三年演講民生主義時，正式提出「節制私人資本」，並主張徵收直接稅。他說：「行這種方法，就是累進稅率，多徵資本家的所得稅和遺產稅。行這種稅法，就可以令國家的財源，多是直接由資本家而來。……歐美各國近來實行直接徵稅，增加了大財源，所以更有財力來改良種種社會事業。」㊳又說：「現在外國所行的所得稅，就是節制資本之一法。」㊴這是以和平手段來平均社會財富的有效辦法。

2.以發展國營實業來發達國家資本　國父說：「中國不能和外國比，單行節制資本是不足的。因為外國富，中國貧，外國生產過剩，中國生產不足，所以中國不單是節制私人資本，還是要發達國家資本。」（同㊴）「中國今日單是節制資本，仍恐不足以解決民生問題，必要加以製造國家資本，方可解決之。何謂製造國家資本呢？就是發展國家實業是也。」㊵

㊳　國父講，「民生主義」第一講，前揭書，第一冊，頁一六七～一六八。

㊴　國父講，「民生主義」第二講，前揭書，第一冊，頁一八九。

㊵　同㊴，頁一九一。

3.建設之首要在民生　民國十三年四月，國父制定「國民政府建國大綱」，其第二條規定：「建設之首要在民生。故對於全國人民之食、衣、住、行四大需要，政府當與人民協力，共謀農業之發展，以足民食；共謀織造之發展，以裕民衣；建築大計畫之各式屋舍，以樂民居；修治道路、運河，以利民行。」

4.耕者有其田　一九〇七年國父即有「耕者有其田」的思想，但至民國十三年，他才正式提出「耕者有其田」這個名詞，以及具體提示實行耕者有其田的原則。國父說：「將來民生主義真是達到目的，農民問題真是解決，是要耕者有其田。」㊶又說：「我們解決農民的痛苦，歸結是要耕者有其田。這個意思，就是要農民得到自己勞動的結果，不令別人奪去。」㊷他更明白指示要「農民可以得利益」而「地主不受損失」，用「和平解決」的辦法來實行耕者有其田。(同㊷)

5.以民生主義的基本原理駁斥馬克思主義的謬誤　民國十三年八月三日，國父演講「民生主義」第一講，提出「民生史觀」、「社會互助論」和「社會價值論」的基本原理，來駁斥馬克思共產主義的「唯物史觀」、「階級鬥爭論」、「勞動價值論」和「剩餘價值論」的謬誤，這是國父民生思想非常重要的一種發展。

㊶ 國父講，「民生主義」第三講，前揭書，第一冊，頁一九七。

㊷ 國父講，「耕者有其田」，前揭書，第二冊，頁七二三。

自修復習問題

一、明瞭國父民族思想演進的分期及各時期的主要內涵。
二、明瞭國父民權思想演進的分期及各時期的主要內涵。
三、明瞭國父民生思想演進的分期及各時期的主要內涵。

討論問題

一、國父於民國成立前主張的民族主義，與民國八年以後主張的民族主義，其涵義有何不同？
二、國父於民國八年手著的文言本「三民主義」中，認為推翻滿清不過是達民族主義之消極目的而已，今後當努力以達民族主義的積極目的。試問此積極目的為何？
三、民國五年以後，國父提出直接民權的主張，其主要用意為何？
四、國父所揭示實行民治的四個方略為何？
五、民國成立後，國父積極提倡民生主義，明白主張採用國家社會主義政策，其用意為何？
六、對於人民食、衣、住、行四大需要的解決，國父是如何主張的？

國父原著選讀

一、文言本三民主義
二、民報發刊詞
三、三民主義與中國民族之前途
四、中華民國之意義

第二章

民族主義

第一節　民族的起源與構成

一、民族的意義

民族一詞，英、法文均為 nation，係源於拉丁文 natio 一字而來，含有誕生 (birth) 或種族 (race) 之意，原義是指血統相同的種族，後來由於種族與種族之間，因為生存上彼此依賴的關係，遂逐漸由純血緣的種族轉變而為同文化的民族。國父認為民族是由血統、生活、語言、宗教和風俗習慣等五種自然力造成的，但實際上可歸納為血緣和文化兩種主要因素。血緣即是指血統，文化即是指生活、語言、宗教和風俗習慣而言。一般說來，純粹就血統來區分的為種族；除血統外，尚須就文化來區分的則為民族。民族恆由多個種族融合發展而成，但民族並不就是種族。多個種族的人結合成一個民族，必然是經過長期共同生活因而產生共同文化的結果。當然血統的關係也是重要的，因為民族是由種族而來，而種族是基於血統之故。不過現今世界上已幾乎沒有一個民族具有純粹的單一血統，所以民族的特徵不在共同的血統而在共同的文化。因為有了共同的文化，才能產生休戚與共的民族情感和民族意識，然後民族才能成立。

二、民族的起源

前曾述及，民族恆由多個種族融合發展而成的。種族與種族之間，由於交通發達、戰爭接觸、通婚、移民等關係，使相鄰的各種族交往日形密切，時間一久，遂自然產生一種利害相關的共同意識而形成民族。換言之，就是人群經過長時間的共同生活，由於血統的融合、感情的交流而有共同的文化，因而產生共同意識的結果。而在民族形成的過程中，完全是基於一種自然趨勢逐漸發展而來的，所以國父說：「民族是由天然力造成的，……中國人說，王道順乎自然。換一句話說，自然力便是王道，用王道造成的團體便是民族。」❶

三、民族的構成因素

(一)客觀因素

國父說：「我們研究許多不同的人種，所以能結合成種種相同民族的道理，自然不能不歸功於血統、生活、語言、宗教和風俗習慣這五種力。」❷這五種力都是天然進化而來，為客觀上表示某一民族與別民族不同的條件或風格，此即通常所稱的民族性或民族特性，是為構成民族的客觀因素。茲分述於次：

❶ 國父講，「民族主義」第一講，見「國父全集」第一冊，頁二。

❷ 同❶，頁四。

1.血統　國父說：「中國人黃色的原因，是由於根源黃色血統而成。祖先是什麼血統，便永遠遺傳成一族的人民，所以血統的力是很大的。」❸血統淵源是繫於共同身體之遺傳，有共同祖先的人必有共同的血統。然而就人種學而言，欲求一純一之血統，絕少可能。現在世界上一切文明的民族，可以說都是經過多次混血的。不過世界上各主要民族的區別，仍可由血統所形成的特徵一望而知。例如漢族實由中國境內各種族同化而成，其血統固不純粹，但如與歐洲各民族比，乃至與日本民族比，血統因素便很明顯。這就是說，漢族與歐洲各民族以及日本民族外形上的差別，乃是由血統造成的，可見血統是構成民族的因素之一。

2.生活　生活指謀生的方法，如游牧、農耕或工、商等。相同的謀生方法，往往形成相同的文化。國父說：「謀生的方法不同，所結成的民族也不同，像蒙古人逐水草而居，以游牧為生活，……由這種遷居的習慣，也可結合成一個民族。」（同❸）可見地理環境和生活方式，亦為構成民族要素之一。因為地理環境不同，當然影響謀生方法不同；在同一謀生方法的群體，自然產生共同的習慣與共同的文化而形成民族。

3.語言　語言應包括文字在內，為民族中人民彼此表達思想、遞嬗文化的工具。共同的語言易於使文化趨於一致，更使人與人間產生彼此一體的感情。民族間的同化，往往從語言的同化開始。所以國父說：「如果外來民族得了我們的語言，便容易被我們感化，久而久之，遂同化成一個民族。再反過來，若是我們知道外國語言，也容易被外國人同化。如果人民的血統相同，語言也同，那麼同化的效力，便

❸ 同❶，頁三。

很容易，所以語言也是世界上造成民族很大的力。」（同❷）

4. **宗教** 宗教在古代為文化的主要內容，若干古老的民族，如猶太民族、阿拉伯民族，都是依共同的宗教而結合。國父說：「大凡人類奉拜相同的神，或信仰相同的祖宗，也可結合成一個民族。宗教在造成民族的力量中也很雄大，像阿拉伯和猶太兩國，已經亡了許久，但是阿拉伯人和猶太人，至今還是存在。他們國家雖亡，而民族之所以能夠存在的道理，就是因為各有各的宗教。」（同❷）時至今日，信教自由已成普遍的原則，宗教對民族的影響已較往昔薄弱，有許多雖同一民族但信仰不同的宗教。但雖如此，宗教在樹立民族性及促進團結的作用上，仍具有相當力量，猶太人復國成立以色列即為顯例。

5. **風俗習慣** 國父說：「如果人類中有一種特別相同的風俗習慣，久而久之，也可自行結合成一個民族。」（同❷）所謂風俗習慣，係指自古以來一種相沿成風的觀念和習俗，為一民族所共同遵守，而有意識或無意識地支配此一民族成員的思想與生活。如生活方式以及婚喪、祭祀、社交等的禮儀，都是文化中最普遍而深入的部分。大凡一種風俗習慣形成之後，就有一種固定性，代代相傳，很少改變。縱有外來的影響使之發生若何變化，其變化亦必緩慢。因此民族間風俗習慣的差別是很明顯的，而此差別卻造成了各民族的特性。

㈡主觀因素

國父說：「民族主義之範圍，有以血統宗教為歸者，有以歷史習尚為歸者，語言文字為歸者，敻乎遠矣；然而最高尚之民族主義範圍，則以意志為歸者也。」❹意志為歸，即指民族意識而言，是構成民族的主觀因素。所謂民族意識，就是民族的構成份子在主觀上感覺到自己民族與別民族不同，以及自己與自己民族有「利害與共」的觀念，而蘊藏於內心者。國父說：「譬如一個人，見著父母總是認得，決不會把他當做路人，也決不會把路人當做父母。……這是從種性發出來，人人都是一樣的。……這就是民族主義的根本。」❺所謂民族主義的根本，即是指民族意識。國父又曾以瑞士和美利堅民族為例，討論到民族意識。瑞士民族本合日耳曼、義大利、法蘭西三國之人民而成；美利堅民族乃合歐洲各種族而熔為一爐者，自解放黑奴後，更吸收數百萬之非洲黑種人而同化之。雖然瑞士和美利堅民族的構成份子，其本來的歷史、血統、語言不同，但在同一地域上產生共同的生活方式，且瑞士曾受奧國壓迫，美國十三州人民亦因不願受英國壓迫，均經過長期的共同奮鬥，養成了一種同利害的精神、觀念和思想，因此瑞士和美利堅民族，都分別具有共同的生活、精神、思想、心理，因而產生共同的情感，由此共同的民族情感所產生的一種熱愛自己民族的觀念即是民族意識。上述五種自然力固可產生民族意識，而共同的精神、思想、心理等因素，亦能產生民族意識。民族意識乃民族主義的根本，因為有了民族意識，才會熱愛自己的民族，而且當民族間相互接觸時，民族意識才能顯現，當民族間相互衝突時，民族意識乃更活躍。可見民族意識不但是民族主義的根本，而且是民族賴以生存發展不可或缺的精神基礎。

由上述可知，民族的構成必須兼具這主觀和客觀兩種因素，而主觀因素的民族意識，為任何民族不可或缺者，至於客觀因素的五種自然力，雖非必需完全具備，但其具備之相同點愈多，則民族形成愈容

❹ 國父著，「三民主義」，前揭書，第二冊，頁一五五。

❺ 國父講，「三民主義與中國民族之前途」，前揭書，第二冊，頁二〇〇。

易，民族團結也愈鞏固。

四、民族與國家

(一)民族與國家的區別

國父說：「英文中民族的名詞是哪遜(nation)。哪遜這個字有兩種解釋：一是民族，一是國家。這一個字雖然有兩個意思，但是他的解釋非常清楚，不容易混亂。」(同❸)又說：「本來民族與國家，相互的關係很多，不容易分開，但是當中實在有一定的界限，我們必須分開什麼是國家，什麼是民族。」(同❶)我們要了解民族與國家的區別，可從民族與國家的起源、本質和目的三方面探討：

1.民族與國家的起源不同　國父認為區別民族與國家，最適當的方法「是民族和國家根本上是用什麼力造成的。簡單的分別，民族是由天然力造成的，國家是用武力造成的。……中國人說，王道是順乎自然。……自然力便是王道，用王道造成的團體便是民族。武力就是霸道，用霸道造成的團體，便是國家。」(同❶)國父又說：「論國家之起源，大抵以侵略人之目的，或以避人侵略之目的而為結合。其侵略人固為戰爭，即欲避人侵略亦決不能避去戰爭。戰爭不能以一人行之，故合群；合群不能無一定之組織，故有首宰；首宰非能一日治其群眾也，故成為永久之組織而有國家。故論其本始，國家不過以為戰爭之一手段，無戰爭固無國家也。」❻所以從民族與國家的起源分析，「一個團體由於王道自然力結合而

---

❻ 國父著，「中國存亡問題」，前揭書，第二冊，頁九九。

成的是民族，由於霸道人為力結合的便是國家。」（同❸）

2.民族與國家的構成因素不同　國父說：「國家以三種要素而成立：第一為領土。國無論大小，必有一定之土地，為其根據，此土地，即為領土。領土云者，謂在此土地之範圍，為國家之權力所能及也。第二為人民。國家者，一最大之團體也，人民即為其團體員，無人民而僅有土地，則國家亦不能構成。第三為土權。有土地矣，有人民矣，無統治之權力，仍不能成國。此統治權力，在專制國，則屬於君主一人；在共和國，則屬於國民全體也。」❼由此可知，大凡一群人民，定居於同一領土之上，利用統治組織，以行使對外獨立、對內最高的權力，就構成一個國家。可見國家的構成因素分為實體因素即土地和人民，以及組織因素即主權。而民族的構成因素分為客觀因素，即血統、生活、語言、宗教、風俗習慣，以及主觀因素即民族意識。二者顯有不同。

3.民族與國家的目的不同　雖然民族的目的寓於國家的目的之內，但民族的目的則不及國家的目的普遍。因為任何一個民族無不企求其生存發展與文化的保存，而近代民族主義的特質尤在爭取民族國家的建立。所以一個民族企求其生存發展與文化保存的目的，實寓於國家的目的之內。至於國家的目的，國父曾說：「所謂國家，……則非徒保民而已，舉凡教民養民，亦當引為國家之責任。」❽據此分析言之，現代國家的目的有三：一為安全的目的，即保民。國家是人類為維持生存而組織的政治團體，所以保護人民的安全為國家基本目的。二為經濟的目的，即養民。國家既是人類為維持生存而組織的政治團

❼　國父講，「軍人精神教育」，前揭書，第二冊，頁四九〇。

❽　同❼，頁五〇五。

體，所以保障人民的經濟生活亦為國家的基本目的。三為文化的目的，即教民。國家既是人類為維持生存而組織的政治團體，保護人民安全、保障人民經濟生活固為國家的基本目的，惟生活方式即是文化，故保護及促進民族文化又為國家的更高目的。以上三個目的是國民幸福的要素，亦為國家的責任。基於上述，可見民族目的包括在國家目的之內，民族目的不及國家目的所要求之普遍。

(二)民族與國家的關係

民族與國家雖有區別，但二者關係密切，因為世界上一切國家無不是由民族所組成。反之，一切民族皆需要有一個國家組織為其保障。茲將二者之關係，分述於次：

1.民族國家中民族與國家的關係　民族國家就是由一個民族組成一個國家，即英文所指 nation-state，亦即所謂「族國」。在民族國家中，民族與國家已合而為一，國家是民族的政治組合，民族是國家的生命體，彼此相依為命，民族固賴國家保障其生存，國家亦賴民族鞏固其團結，二者立場相同，利害一致，休戚相關，榮辱與共，關係至為密切。民族國家具有許多優點，對內來說，國家既由一個民族組成，血統與文化一致，更易加強國內團結。對外來說，民族意識與愛國心合而為一，形成巨大力量，足以抵禦外侮。十九世紀以來許多被帝國主義壓迫的民族紛紛要求獨立，民族國家的潮流遍及全世界，尤其自二次大戰以後，非洲以及中東、近東地區，民族國家如雨後春筍般出現，今日可說是民族國家的時代。

2.非民族國家中民族與國家的關係　在非民族國家中，民族與國家的關係可分為下列兩種情形：

(1)一個國家之內有幾個民族：這種情形國家往往成為民族同化的大熔爐，將國內各民族融合成一個新的大民族。本來一個民族造成一個國家雖是最理想的方式，但是事實上真正單一民族的國家絕少可能。現在通常所謂民族國家，其國內也有別的民族存在，即所謂少數民族，此為事實所使然。所以在必要的情形之下，由幾個民族構成一個國家，只要各不同民族之結合，非由於征服或強迫，而是出於自願，各民族間有一種共同的精神觀念，且其權利地位彼此平等，並相互尊重彼此的文化信仰及生活方式，如此亦非違反民族國家的精神。何況民族原是不斷地融合同化，在一國之內經過相當時期，各民族必然將自然摶成一個新的民族。此一新民族摶成的過程，也正是此一國家由非民族國家變為民族國家的過程，因而使民族與國家的關係由不正常趨於正常。我中華民族和美利堅民族的融合同化過程，即是最顯明的例子。

(2)一個民族分布在幾個國家之內：此種情形往往成為那幾個國家的少數民族。而且由於民族失去國家保障，或由於歷史與地理背景的不同，久而久之，這些少數民族都有逐漸被分化或消滅的危險，例如流亡世界各地的猶太人和吉普賽人，猶太人幸而有聯合國助其復國，而吉普賽人實有逐漸被消滅的可能。這種情形，當然民族和國家的關係極不正常，這也就是少數民族問題之所以往往成為國際爭端的原因。

自修復習問題

一、明瞭民族的意義。
二、明瞭民族的起源。

三、明瞭構成民族的客觀因素和主觀因素。
四、明瞭民族與國家的區別。
五、明瞭在民族國家中，民族與國家的關係。
六、明瞭在非民族國家中，民族與國家的關係。

討論問題

一、試述民族的定義及其形成。
二、民族構成的客觀因素與主觀因素是什麼？試分述之。
三、何謂民族意識？何以民族意識是民族主義的根本？
四、民族與國家有何區別？
五、試說明民族與國家的關係。

國父原著選讀

民族主義第一講

第二節　民族主義的意義與特質

一、學者對民族主義的分析

美國海斯 (Carlton J. H. Hayes) 曾指出民族主義 (Nationalism) 具有以下四種涵義：❶

(1)民族主義是一種實際的歷史過程。即各民族組成政治單位的過程，由部落與帝國而建立近代民族國家的過程。

(2)民族主義是實際歷史過程中所含蓄的一種學說、原則或理想。這種意義的民族主義，一方面表示民族意識的加強，另一方面表示民族國家的哲學。

(3)民族主義是一個特定政治團體的活動，將歷史過程與學說合而為一，例如「愛爾蘭的民族主義」或「中國的民族主義」。

(4)民族主義是一個民族所屬份子的心理狀態，他們對其民族國家的理想或事實之忠心高於一切。

依海斯的分析，前三者是對經驗世界的描述，後一者是對民族主義的意義建立了一般性的解釋或理論。海斯認為民族的形成主要是由人群主觀的意志所促成，因此民族主義乃是滲透在民族構成份子中的心理狀態。因為此一群人中的份子具有或深信具有許多共同的背景及因素，如共同的文化傳統、生活方

❶ 海斯，「民族主義論文集」(*Essays on Nationalism.* p. 6)，轉引自崔書琴，「三民主義新論」，頁一五。

式、語言文字、政治理想等。由於此種心理狀態，因而產生一種意識行為，為了保持這些共同的背景及因素，就有建立國家的意願，並為此意願的實現及持續，而奉獻出他們最高的忠心。民族構成份子具有這種心理狀態，海斯認為這就是民族主義。以上海斯對民族主義四種涵義的分析，使我們對於民族主義有了一個最基本的概念，可以作為研究民族主義的重要參考。我國學者羅時實在「民族主義浪潮」一書中亦認為「民族主義 Nationalism 是指人們對其民族國家 Nation-State 自覺有忠誠義務的一種心理狀態」。❷此與海斯的觀點是一致的。

二、國父對民族主義的說明

(一)民族主義就是國族主義

國父講民族主義時開宗明義就說：「民族主義就是國族主義。」❸所謂「國族主義」就是主張「一個民族造成一個國家」，亦即指「民族國家」。雖然民族與國家有別，但依國父看來，在中國，民族就是國家，所以民族主義就是國族主義。「民族就是國族，何以在中國是適當，在外國便不適當呢？」國父解釋說，這是「按中國歷史上社會習慣諸情形講的」，因為「中國自秦漢而後，都是一個民族造成一個國家」。(同❸) 而且「就中國的民族說，總數是四萬萬人，當中參雜的不過是幾百萬蒙古人，百多萬滿洲

❷ 羅時實，「民族主義浪潮」(幼獅書店，六十年初版)，頁三。

❸ 國父講，「民族主義」第一講，見「國父全集」第一冊，頁二。

人，幾百萬西藏人，百十幾萬回教之突厥人，外來的總數不過一千萬人。所以就大多數說，四萬萬中國人，可以說完全是漢人。同一血統，同一言語文字，同一宗教，同一習慣，完全是一個民族」。❹國父的民族主義，既然是國族主義，所以必然主張建立民族國家，因此對外必然要求民族的獨立，對內必然要求國家的統一。關於前者，國父說：「余之民族主義，……對於世界諸民族，務保持吾民族之獨立地位。」❺關於後者，國父主張「漢族當犧牲其血統、歷史，與夫自尊自大之名稱，而與滿、蒙、回、藏之人民，相見以誠，合為一爐而冶之，以成一中華民族之新主義，……斯為積極之目的也。」❻因為必須如此，始能對外求民族的獨立，對內求國家的統一；而對內的統一尤為對外獨立的基礎，所以說「民族主義就是國族主義」，這是就民族主義的性質來說的。

(二)民族主義就是國家圖發達和種族圖生存的寶貝

國父在「民族主義」第三講中開頭就說：「民族主義這個東西，是國家圖發達和種族圖生存的寶貝。」這句話含有兩層意思：第一是「種族圖生存」，即要「保種」。國父在此所謂種族，實際就是指民族。這是說，世界上任何民族要永久生存，不為其他民族所消滅，就不可沒有民族主義這個寶貝。第二是「國家圖發達」，即要「強國」。國父既主張民族國家，一個民族建立國家後，如果要發達強大，不受

❹ 同❸，頁四～五。

❺ 國父著，「中國革命史」，前揭書，第二冊，頁一八一。

❻ 國父著，「三民主義」，前揭書，第二冊，頁一五六。

其他國家的欺侮，也不可沒有民族主義這個寶貝。國父曾說：「日本國也是一個民族造成的，……因為他們有民族主義的精神，所以便能發奮為雄。當中經過不及五十年，便由衰微的國家，變成強盛的國家。」❼這就是說，要國家能夠發達成為世界上頭等強國，必須靠民族主義。所以說「民族主義就是國家圖發達和種族圖生存的寶貝」，這是就民族主義的功能來說的。

(三)民族主義就是民族平等主義

國父說：「什麼是民族主義呢？就是要中國和外國平等的主義；要中國和英國、法國、美國那些強盛國家都一律平等的主義。」❽又說：「民族主義即世界人類各族平等，一種族絕不能為他種族所壓制。」❾又說：「民族主義是對外國人打不平等的。」❿可見國父的民族主義的精神，始終一貫主張民族平等的。所謂民族平等，對外來說，即指世界上各民族同樣都有組織民族國家的權利，因之各國平等，亦即各民族平等。國父既然要求中國與其他國家平等，自然亦必容許其他國家與中國平等，這也就是國父所說「中國之國際地位平等」的真義。對內來說，民族平等為國內各民族同樣都有參與政治的權利。因此，各族平等，誰也不壓迫誰。國父說：「五族一家，立於平等地位。」⓫又說：「中國境內各民族

❼ 同❸，頁五～六。
❽ 國父講，「女子要明白三民主義」，前揭書，第六冊，頁六六七。
❾ 國父講，「欲改造新國家當實行三民主義」，前揭書，第二冊，頁五〇八。
❿ 國父講，「救國救民之責任在革命軍」，前揭書，第二冊，頁六三六。

一律平等。」⑫就是這個意思。由此可知，民族平等是離不開國家的，而且只有民族國家才能實現民族平等。當然，在民族平等的前提下，國父的民族主義是絕不容許任何國家有設定民族優越權或實行民族歧視的待遇。所以說國父的民族主義就是民族平等主義，這是就民族主義的精神來說的。

三、民族主義的特質

(一)以倫理為本質

先總統蔣公說：「民族主義的本質，與其說是救國，或者說是文化，還不如用我們民族可大可久的特點『倫理』來代表民族雄厚的基礎，較為完備。」⑬所謂倫理，蔣公解釋說：「倫就是類，理就是紋理，引申為一切有條貫、有脈絡可循的條理，是說明人對人的關係。這中間包括分子對群體的關係，分子與分子間相互的關係，亦即是個人對於家庭、鄰里、社會、國家和世界人類應該怎麼樣，闡明他各種關係上正當的態度，訴之於人的理性而定出行為的標準。倫理與法制不同，就是倫理是從人類本性上啟發人的自覺的。」（同⑬）所以簡單地說，倫理就是人際關係的行為準則，就個人與個人的關係說，如「父慈子孝」、「兄友弟恭」；就個人與群體的關係說，如「敦親睦鄰」、「對國家盡大忠」、「對民族盡大

⑪ 國父講，「五族協力以謀全世界人類之利益」，前揭書，第二冊，頁二五九。

⑫ 「中國國民黨第一次全國代表大會宣言」，前揭書，第一冊，頁八八一。

⑬ 先總統蔣公講，「三民主義的本質」，見「蔣總統集」第二冊，頁一八四七。

孝」；就群體對群體的關係說，如「禮運篇」所謂「講信修睦」，這無一不是倫理的表現，亦可看出倫理與道德不能分開，倫理必須靠道德的實現才能表現其功能。中國儒家學說闡釋倫理最為精微，從「親親」而「仁民」而「愛物」，「己立」而後「立人」，「己達」而後「達人」，「老吾老」而後才「以及人之老」，「幼吾幼」而後才「以及人之幼」。這種有原則、有分際的「推愛」關係的推展，即是「大學」一書中所說：「格物、致知、誠意、正心、修身、齊家、治國、平天下」的道理，這也就是中國政治哲學與倫理哲學合一的實踐。所以蔣公說：「在中國政治哲學上，很明顯地可以看出大部分就是倫理哲學，從一個人的修身推到親親，再從親親推到睦婣任卹，推到仁民愛物。」（同⓭）由此可見，倫理道德是民族文化的中心力量，所以蔣公特別強調倫理是民族主義的本質，可見倫理是國父民族主義的一個重要特質。

(二)以王道文化為基礎

國父的民族主義思想是以王道文化為基礎的，這是繼承我們一脈相傳的固有正統思想而來。所謂王道，即是「以德服人」的政治原則和政治作為。「論語」中所謂「遠人不服，則修文德以來之；既來之，則安之」，便是王道的表現。國父說：「中國人幾千年來酷愛和平都是出於天性，……這種特別的好道德，便是我們民族的精神。」⓮又說：「中國從前能夠要那樣多的國家和那樣遠的民族來朝貢，……完全是用王道來感化他們，他們是懷中國的德，心甘情願，自己來朝貢的。」⓯可見中國的王道文化，對

⓮ 國父講，「民族主義」第六講，前揭書，第一冊，頁五八。

⓯ 國父講，「大亞洲主義」，前揭書，第二冊，頁七六七。

於四夷，不臨之以武力，而感之以文化，亦即蔣公所說：「我們中華民族對於異族，抵抗其武力，而不施以武力，吸收其文化，而廣被以文化。」⑯這種王道文化的本質，「是仁義道德，用這種仁義道德的文化，是感化人，不是壓迫人，是要人懷德，不是要人畏威」。(同⑮)這與西方以霸道為基礎的民族主義完全不同。西方的民族主義，其本質是霸道，故具有偏激、狂熱、動亂、擴張的傾向，終必成為侵略的帝國主義。而國父的民族主義主張「濟弱扶傾」，便是王道精神的發揚，才不會變為帝國主義。可見以王道文化為基礎，乃是國父民族主義另一個主要特質。

(三)以民族平等為原則

國父的民族主義是主張民族平等的。就對內而言：國內各民族一律平等，就是各民族在法律上、政治上、經濟上、文化上都是一律平等的，沒有主奴之分、彼此之別。就對外言：世界各民族應一律平等，不得因文化上、性格上、體質上與物質環境上的優越或差別，而對其他民族主張優越權利或設定歧視待遇。民族平等乃是國父民族主義的通則，但西方的民族主義則不盡然。西方的民族主義以達爾文的學說為理論依據，達爾文主張「優勝劣敗，適者生存，不適者淘汰」。依達爾文進化論的觀點，認為只有優秀民族才是「適者」，有生存權利，劣等民族是「不適者」，沒有生存權利，應該淘汰，並且認為由「優者」淘汰「劣者」，「適者」淘汰「不適者」，才符合進化原理，世界文明才會進步。而西方民族主義更進一步肯定白種人是優者、適者，有色人種是劣者、不適者；很顯然，這是違背民族平等原則的。

---

⑯ 先總統蔣公著，「中國之命運」第一章，前揭書，第一冊，頁一二〇。

(四)以濟弱扶傾為政策

濟弱扶傾根源於我國「興滅國、繼絕世」的王道文化，主張扶助弱小民族，抵抗侵略強權，使世界各民族一律平等，走向世界大同。國父說：「中國古時常講『濟弱扶傾』，因為中國有了這個好政策，所以強了幾千年，安南、緬甸、高麗、暹羅那些小國，還能夠保持獨立。」[17]又說：「我們要先決定一種政策，要濟弱扶傾，才是盡我們民族的天職。我們對於弱小民族要扶持他，對於世界的列強要抵抗他。」(同[17])這表明了國父民族主義的目的，乃是以人類全體生存為依歸。不過，我們要推行濟弱扶傾政策，一定要有所憑藉，所以國父主張先要恢復民族地位，使中國列為世界「頭一個地位」，然後才有主持公道正義的憑藉，才能真正有力量去做「扶助弱小，抵抗強權」的事，所以國父認為「濟弱扶傾」是我們民族的天職。這種「濟弱扶傾」的精神和政策，正是國父民族主義不同於西方民族主義的一大特徵。二次大戰期間，蔣公力主印度、朝鮮、越南、泰國的獨立，並對日本「以德報怨」，更是「濟弱扶傾」政策的具體表現。

(五)以世界大同為理想

本來民族主義與世界主義在理論上是對立的，因為民族主義是以民族為本位，企求自己民族的發展與強盛；但世界主義是以世界為本位，企求消滅民族界限，建立世界國家，兩者在理論上是衝突的。但

[17] 同[14]，頁六四。

國父的民族主義卻將之與世界主義連接在一起，他認為「我們要發達世界主義，先要民族主義鞏固才行」。⓲換言之，即是主張先實行民族主義恢復中國民族地位，再進一步來促進世界大同的實現。所謂鞏固民族主義，就是不僅使中國民族恢復獨立自由平等地位，而且要打破侵略強權、濟弱扶傾，使全世界弱小民族都能自立自強，都有「平等生存」的權利。等到世界民族沒有強凌弱、眾暴寡的現象，再以道德與和平做基礎，建立全人類共有、共治、共享的大同世界，這才是世界主義的真精神。也惟有如此，世界民族的問題才能獲得根本的解決。

自修復習問題

一、明瞭民族主義的一般意義。
二、明瞭國父對民族主義的解釋。
三、明瞭國父民族主義所具有的特質。

討論問題

一、「民族主義是民族所屬份子，自覺對其民族國家有忠誠義務的一種心理狀態。」試申述其涵義。

⓲ 國父講，「民族主義」第四講，前揭書，第一冊，頁三九。

二、國父說：「民族主義就是國族主義。」試說明其理由。
三、何以一個民族要永久適存於世界，就不可沒有民族主義這個寶貝？試申述之。
四、國父的民族主義與西方的民族主義其根本不同之處何在？
五、我國民族地位恢復後何以要對世界負濟弱扶傾的責任？並列舉我國實踐此一遺教之事實。

國父原著選讀

一、民報發刊詞
二、大亞洲主義
三、民族主義第一講、第二講

第三節　三民主義的民族主義

一、中國民族問題的發生

國父說：「辛亥以前，滿洲以一民族宰制於上，而列強之帝國主義，復從而包圍之。故當時民族主義之運動，其作用在脫離滿洲之宰制政策，與列強之瓜分政策。」❶可見中國當時民族問題的發生，一方面是受滿清少數民族之宰制壓迫，一方面是受列強帝國主義之侵略。就前者說，「其時漢族受治於滿人，土地全被占據，……初入關時，亦多有起而與抗者，卒於絀於實力，遂致失敗，揚州十日之慘殺，真痛史也！自是而後，滿人日施其壓制手段，愚民政策」。❷由於滿清狹隘的部族觀念，造成國內民族的不平等。就後者說，由於清廷內政不修，招致列強勢力侵入，「凡割讓土地，喪失國權之事，甘心為之，絕無顧忌。直至革命以後，滿清雖已推倒，而已失之國權與土地，仍操之外國，未能收回」，❸「弄到今日是世界上最貧弱的國家，處國際中最低下的地位。人為刀俎，我為魚肉。我們的地位此時最為危險。如果再不留心提倡民族主義，結合四萬萬人成一個堅固的民族，中國便有亡國滅種之憂」。❹可見當時中

❶「中國國民黨第一次全國代表大會宣言」，見「國父全集」第一冊，頁八八一。
❷國父講，「軍人精神教育」，前揭書，第二冊，頁四九一。
❸同❷，頁四九二。

國民族問題之嚴重。

二、中國民族問題產生的根源

中國民族問題產生的根本原因，就是中國的民族主義或民族思想、民族精神老早就失去了。國父曾舉出保皇黨專保護大清皇帝，來消滅漢人的民族思想，而所有的保皇黨人都是漢人，而不是滿洲人的事實，來證明中國的民族主義真是老早亡了。❺推究中國民族主義消失的原因，主要有下述四點：

(一)被異族征服

國父認為，「凡是一種民族征服別種民族，自然不准別種民族有獨立的思想」，「征服的民族，要把被征服的民族所有寶貝，都要完全消滅」，「滿洲人知道這個道理，從前用過了很好的手段」。❻滿洲人消滅漢人民族思想的手段，約有下列四種：第一是鎮壓手段，如大興文字獄。第二是籠絡手段，如開科舉與特科。第三是欺騙手段，如刪改史書。第四是麻醉手段，如宣傳世界主義。滿洲人使用這些方法，所以中國的民族思想便消滅了。

---

❹ 國父講，「民族主義」第一講，前揭書，第一冊，頁五。
❺ 國父講，「民族主義」第三講，前揭書，第一冊，頁二五。
❻ 同❺，頁二八。

㈡受世界主義的影響

國父說：「中國在沒有亡國以前，已漸由民族主義而進於世界主義。……世界主義就是中國二千多年以前所講的天下主義。康熙就是講世界主義的人，他說：舜東夷之人也，文王西夷之人也，東西夷狄之人都可以來中國做皇帝，就是中國不分夷狄華夏，不分夷狄華夏就是世界主義。……因為普通社會有了這種主義，故滿清入關便無人抵抗，以致亡國。」❼因為中國講世界主義太早，「在沒有亡國以前，已經有了受病根源，所以一遇到被人征服，民族思想就消滅了」。(同❼)

㈢會黨被人利用

在滿清時代，唯一保存民族思想的團體，只有洪門會黨。「洪門者創設於明朝遺老，起於康熙時代。……以反清復明之宗旨，結為團體」。❽國父說：「明朝遺老宣傳民族主義到下流社會裡頭，但下流社會的智識太幼稚，不知道自己來利用這種主義，反為人所利用。比方在洪秀全時代，反清復明的思想已經傳到了軍隊裡頭，但因洪門子弟不能利用他們，故他們仍然是清兵。」❾又說：「從左宗棠做了大龍頭之後，他知道其中的詳情，就把馬頭破壞了，會黨的各機關都消滅了，所以到我們革命的時候，便無機

❼ 同❺，頁二九～三一。
❽ 國父著，「孫文學說」第八章，前揭書，第一冊，頁四九三。
❾ 同❺，頁二七。

關可用。」（同❻）而海外的洪門會黨，「因為保皇主義流行到海外以後，他們就歸化保皇黨，專想保護大清皇室的安全，故由有種族主義的會黨，反變成了去保護滿洲皇帝」。（同❺）就是因為這些會黨被人利用，所以中國的民族思想就消失了。

(四)家族宗族觀念過於發達

國父說：「中國人最崇拜的是家族主義和宗族主義，所以中國只有家族主義和宗族主義，沒有國族主義。……中國人對於家族和宗族的團結力非常強大，往往因為保護宗族起見，寧肯犧牲身家性命。像廣東兩姓械鬥，兩族的人無論犧牲多少生命財產，總是不肯罷休，這都是因為宗族觀念太深的緣故，……所以中國人的團結力，只能及於宗族而止，還沒有擴張到國族。」❿這樣久而久之，中國的民族精神自然消失。所以國父說：「中國的人只有家族和宗族團體，沒有民族的精神，所以雖有四萬萬人結合成一個中國，實在是一片散沙。」（同❹）

三、中國民族問題解決的原則

國父在遺囑中說：「余致力國民革命，凡四十年，其目的在求中國之自由平等。積四十年之經驗，深知欲達到此目的，必須喚起民眾，及聯合世界以平等待我之民族，共同奮鬥。」因之，解決中國民族的問題，應從對內與對外兩方面著手，並基於下述三個原則：

❿ 同❹，頁一～二。

(一)中國民族自求解放

「中國民族自求解放」是解決中國民族問題的對外原則。國父說：「國民黨之民族主義，其目的在使中國民族得自由獨立於世界。辛亥以前，滿洲以一民族宰制於上，而列強之帝國主義，復從而包圍之。故當時民族主義之運動，其作用在脫離滿清之宰制政策與列強之瓜分政策。辛亥以後，滿洲之宰制政策，已為國民運動所摧毀；而列強之帝國主義則包圍如故，瓜分之說變為共管。易言之，武力之掠奪變為經濟的壓迫而已，其結果足使中國民族失其獨立與自由則一也。國內之軍閥既與帝國主義相勾結，……故中國民族政治上、經濟上皆日即於憔悴。國民黨人因不得不繼續努力，以求中國民族之解放。」（同❶）由是可知，所謂「中國民族自求解放」，即是在要求中華民族脫離帝國主義之政治力和經濟力的壓迫，而獲得獨立與平等的地位。雖然民族的獨立與平等和國家的獨立與平等在觀念上不同，通常國際法上只承認國家的獨立權與平等權，但當一個民族組成一個完全獨立的國家時，事實上也享有獨立權與平等權。國父的民族主義既是國族主義，其對外主張如：「民族主義為對外人維持吾國民之獨立。」❶「民族主義是對外國人爭平等的。」❷「民族主義是提倡國家自由的。」❸也就含有國家的獨立與平等的涵義在內。所以「建國大綱」第四條具體規定：「對國外之侵略強權，政府當抵禦之。並同時修改各國條約，

---

❶ 國父講，「提倡民生主義之真義」，前揭書，第二冊，頁二二〇。

❷ 國父講，「女子要明白三民主義」，前揭書，第二冊，頁六七八。

❸ 國父講，「民權主義」第二講，前揭書，第一冊，頁九〇。

以恢復我國際平等、國家獨立。」中國民族當時由於國際地位不平等，加以帝國主義者與軍閥勾結，使國家陷於長期分裂狀態而不能統一，因之，民族主義的目標即在「內求統一」與「外求獨立」。⑭等統一告成，不平等條約取消，國家恢復完全獨立的地位後，中國民族才算達到「自求解放」的目的。

㈡中國境內各民族一律平等

「中國境內各民族一律平等」是解決中國民族問題的對內原則。國父革命最初雖曾以「驅除韃虜」為口號，而其用意則在推翻滿清一族之宰制，所以「辛亥以後，滿洲宰制政策既已摧毀無餘，則國內諸民族宜可得平等之結合，國民黨之民族主義所要求者即在於此」。⑮可見民族主義的對內原則，即在求國內各民族一律平等。關於民族主義的對內主張，國父曾經有過「五族共和」、「同化」和「自決自治」等不同的主張：

1.五族共和　國父在辛亥革命前即聲明推翻滿清並非為了復仇，民國建立後即主張「五族共和」。他曾說：「今日中華民國成立，漢、滿、蒙、回、藏五族合為一體，革去專制，建設共和，人人脫去奴隸圈，均享自由平等之幸福。」⑯又說：「共和民國係結合漢、滿、蒙、回、藏五大種族，同謀幸福。」⑰

---

⑭「內求統一」與「外求獨立」是一體的兩面。國父曾說：「說到和平統一，是我在數年前發起的主張，……真是和平統一，還是要軍閥絕種；要軍閥絕種，便要打破串通軍閥來做惡的帝國主義；要打破帝國主義，必須廢除中外一切不平等的條約。」（國父講，「中國內亂之因」，前揭書，第二冊，頁七五三。）

⑮同❶，頁八八二。

迨至民國八年以後，國父放棄「五族共和」的主張，因為他認為：中國境內的居民不止有漢、滿、蒙、回、藏五族，這五族的名詞很不切當；而且五族之區別不應存在，而應使漢、滿、蒙、回、藏等諸族同化而成為一個中華民族，以達民族主義之積極目的。⑱

2.同化　民國八年以後，國父積極提倡民族同化。國父認為：漢族當先「犧牲其血統、歷史與夫自尊自大之名稱」，⑲而後「拿漢族來做中心」，「務使滿、蒙、回、藏同化於我漢族」，「並且為其他民族加入我們組織建國底機會。仿美利堅民族底規模，將漢族改為中華民族，組成一個完全底民族國家。」⑳國父主張的同化，既是「仿美利堅民族底規模」，自然是一種自願的同化，而非強制的同化，當然就與自決自治的原則並無衝突。

3.自決自治　民族自決的主張本來只適用於民族主義的對外意義，但是民國十三年的「中國國民黨第一次全國代表大會宣言」中說：「國民黨敢鄭重宣言，承認中國以內各民族之自決權，於反對帝國主義及軍閥之革命獲得勝利以後，要組織自由統一的（各民族自由聯合的）中華民國。」（同⑮）由於國父對於這段話未曾加以解釋，故對此有所爭辯。不過根據學者之研究，認為民族自決一詞對中國境內各民

---

⑯ 國父講，「合五族為一體建設共和」，前揭書，第二冊，頁二六四。
⑰ 國父函電，「致何宗蓮告以五族共和電」，前揭書，第三冊，頁一九六。
⑱ 國父著，「三民主義」，前揭書，第二冊，頁一五五。
⑲ 同⑱，頁一五六。
⑳ 國父講，「三民主義之具體辦法」，前揭書，第二冊，頁四〇五。

族的適當解釋，應為平等權與自治權，而非獨立權。[21]所以民族自決用之於對內意義時，只能解釋為「以民族為單位的區域自治」。「建國大綱」第四條：「對於國內之弱小民族，政府當扶植之，使之能自決自治。」對此，先總統蔣公曾加以說明：「我們對國際既要求自由平等，那麼對國內各民族，自當一律平等；其較為弱小者，更當以政府的力量來扶植他們，使之自治。但不能讓侵略中國的帝國主義者用種種威迫利誘的手段欺騙他們，更不是表面上標榜自決自治，而實際上向侵略我們的帝國主義者投降，憑藉外來的勢力來脫離自己的中華民國。」[22]

綜上所述，「五族共和」、「同化」、「自決自治」等三項對內主張，實際上都是以國內各民族一律平等的原則做基礎的。所謂國內各民族一律平等，其涵義有三：一是指法律上的平等，即國內各族的權利與義務，在國內法律上受同樣的保障與約束，不因種族而有差異。二是尊重各民族的固有文化，如語言、宗教、風俗習慣等。三是保障少數民族的政治和經濟的利益，即少數民族有高度的自治權，並扶助其經濟發展。如此，各族站在平等的地位，並無主奴之分，其是否要求自決或自治，或者是否願意同化於另一民族，甚或是否採用另一民族的語言、文字、風俗習慣等，無不由其自己決定。我國憲法第五條規定：「中華民國各民族一律平等。」第七條規定：「中華民國人民……，無分……種族、……在法律上一律平等。」第二十六條、第六十四條分別規定蒙古、西藏及各民族在邊疆地區選出國大代表、立法委員；第九十一條規定蒙古、西藏地方議會選出監察委員；憲法增修條文第九條第七項又規定：「國家對於自

[21] 崔書琴，「三民主義新論」，第三章第四節。

[22] 先總統蔣公講，「國父遺教概要」第二講政治建設之要義，見「蔣總統集」第一冊，頁八。

由地區原住民之地位及政治參與，應予保障；對其教育文化、社會福利及經濟事業，應予扶助並促其發展。」並且在增修條文第一條及第二條，分別規定平地原住民及山地原住民選出國大代表及立法委員各三名。而憲法第一百六十八條規定：「國家對於邊疆地區各民族地位，應予合法之保障，並於其地方自治事業，特別予以扶植。」第一百六十九條規定：「國家對於邊疆地區各民族之教育、文化、交通、水利、衛生及其他經濟、社會事業，應積極舉辦，並扶助其發展，對於土地使用，應依其氣候、土壤性質及人民生活習慣之所宜，予以保障及發展。」凡此，可說是國內各民族一律平等原則的落實。

㈢世界各民族一律平等

「世界各民族一律平等」是解決中國民族問題對外原則的發展。其涵義就是主張世界上任何民族不受其他民族的控制和壓迫，各民族均有平等的地位和同等的生存權利。國父曾說：「民族主義即世界人類各民族一律平等，一種族絕不能為他種族所壓制。」㉓先總統蔣公解釋說：「我們的民族主義，並非是貪圖中國民族之強大，同其他民族一樣去壓倒一切弱小民族，如此便是帝國主義，不是民族主義。……民族主義既在求中國民族之獨立平等，推而廣之，就是要扶助一切弱小民族獲得獨立平等。因為我們不甘受帝國主義者之壓迫，也不甘願一切弱小民族受帝國主義者之壓迫，更徹底點說我們不許任何帝國主義者壓迫中國民族，也不贊成任何帝國主義者去壓迫任何弱小民族。中國民族起而革壓迫中國民族的帝國主義者之命，中國民族也當聯合世界上以平等待我之民族共同協力去幫助各弱小民族求得獨立、求得

㉓ 國父講，「欲改造新國家當實行三民主義」，前揭書，第二冊，頁五〇八。

自由。」㉔由是可知，國父的民族主義具有「濟弱扶傾」的精神，是不會變質為帝國主義的，不僅要抵抗強權，爭取自己民族的解放，而且要扶助弱小，使全世界受壓迫民族得到解放。當全世界各民族達到一律平等的地位，才有世界永久的和平；也惟有在平等與和平的基礎上，實現世界大同的理想，才能達成民族主義的終極目的，中國民族的問題也才能得到根本的解決。

四、中國民族問題解決的方法

(一)恢復民族精神

國父說：「中國退化到現在地位的原因，是由於失去了民族的精神，……如果不想方法來恢復民族主義，中國將來不但要亡國，或者要亡種。」㉕又說：「我們今天要恢復民族的地位，便先要恢復民族的精神。」㉖而恢復民族精神的方法，國父認為就是「能知」與「合群」：

1. 能知　所謂能知，就是要喚起民眾，使全國人民都知道中國民族所處地位的危險，從而喚起其救亡圖存的民族意識。國父說：「我們要恢復民族主義，就要自己心理中知道現在中國是多難的境地，是不得了的時代，那麼已經失去了的民族主義才可以圖恢復。如果心中不知，要想圖恢復便永遠沒有希

㉔ 先總統蔣公講，「三民主義要旨與三民主義教育之重要」，前揭書，第一冊，頁四八三。
㉕ 國父講，「民族主義」第五講，前揭書，第一冊，頁四四。
㉖ 國父講，「民族主義」第六講，前揭書，第一冊，頁五三。

望。」㉗因之國父一再指陳中國民族在不平等條約的束縛下所受列強的三種壓迫，要我們「自己知道了這三件大禍臨頭，便要到處宣傳，使人人都知道亡國慘禍，……如果四萬萬人都知道了危險，我們對於民族主義便不難恢復」。㉘所以喚起全國同胞認清民族所處危機，實為恢復民族精神的首要之圖。

2.合群 所謂合群，就是要組織民眾，結合民族團體，加強民族團結。國父說：「外國人常說中國人是一片散沙。中國人對於國家觀念，本是一片散沙，本沒有民族團體。」㉙但是國父認為「我們失去了的民族主義要想恢復起來，便要有團體，要有很大的團體」，「中國有很堅固的家族和宗族團體」，「我們要結成大團體，便先要有小基礎，彼此聯合起來才容易成功。我們中國可以利用的小基礎就是宗族團體，此外還有家鄉基礎，中國人的家鄉觀念也是很深的，如果同省、同縣、同鄉村的人，總是特別容易聯絡」。(同㉙) 所以國父認為恢復民族精神，「便要善用中國固有的團體」，「用宗族的小基礎來做擴充國族的工夫」，「在每一姓中，用其原來宗族的組織，拿同宗的名義，先從一鄉一縣聯絡起，再擴充到一省一國，各姓便可以成一個很大的團體」，「更令各姓的團體，……都結合起來，便可以成一個極大中華民國的國族團體」。㉚此外，發展交通和統一語言，也是促進民族組織的重要方法，因為以往由於交通的梗阻，全國各地區間不免發生隔閡，而方言的存在更有礙全國感情的溝通，所以要促進民族團結、加強民

㉗ 同㉕，頁四五。
㉘ 同㉕，頁四九～五〇。
㉙ 同㉕，頁五〇。
㉚ 同㉕，頁五一。

族意識的覺醒，「發展交通」和「統一語言」乃是最自然而又最根本的辦法。

㈡恢復固有道德

國父說：「從前中國民族的道德因為比外國民族的道德高尚得多，所以在宋朝，一次亡國到外來的蒙古人，後來蒙古人還是被中國人所同化。在明朝，二次亡國到外來的滿洲人，後來滿洲人也是被中國人同化。因為我們民族的道德高尚，故國家雖亡，民族還能夠存在；不但是自己的民族能夠存在，並且有力量能夠同化外來的民族。所以窮本極源，我們現在要恢復民族的地位，除了大家聯合起來做成一個國族團體以外，就要把固有的舊道德先恢復起來；有了固有的道德，然後固有的民族地位才可以圖恢復。」[31]中國固有的道德是什麼？國父指出，中國人至今不能忘記的，「首是忠孝，次是仁愛，其次是信義，其次是和平」。(同[31])這種特別的好道德，便是我們民族文化的精髓，我們不但要保存，並且要發揚光大，然後民族的地位才可以恢復。

㈢恢復固有智能

國父認為「舊有的道德應該恢復以外，還有固有的知能也應該恢復起來」。[32]中國有什麼固有的智識呢？國父認為就是「大學」中所說「格物、致知、誠意、正心、修身、齊家、治國、平天下」這一段最

[31] 同[26]，頁五五。
[32] 同[26]，頁五八。

有系統的政治哲學。國父說：「我們現在要能夠齊家治國，不受外國的壓迫，根本上便要從修身做起，把中國固有智識、一貫的道理先恢復起來，然後我們民族的精神和民族的地位才都可以恢復。」㉝除了固有智識外，還有固有的能力。所謂固有的能力，就是指我們祖先創造發明的能力。國父說：「從前中國人的能力，還要比外國人大得多。外國現在最重要的東西，都是中國從前發明的。」（同㉝）如指南針、火藥、印刷術、磁器、蠶絲、拱門、吊橋等。「因為後來失去了那種能力，所以我們民族的地位也逐漸退化。現在要恢復固有的地位，便先要把我們固有的能力一齊都恢復起來」。㉞

㈣學習歐美長處

國父說：「恢復了我們固有的道德、智識和能力，在今日之世仍未能進中國於世界一等的地位，如我們祖宗當時為世界之獨強的。恢復我一切國粹之後，還要去學歐美之所長，然後才可以和歐美並駕齊驅。」（同㉞）學習歐美之所長，便是吸收歐美文化之優點，歐美文化最顯著的長處是科學與技術。國父認為「我們要學外國，是要迎頭趕上去，不要向後跟著他。譬如學科學，迎頭趕上去便可以減少兩百多年的光陰」，「如果能夠迎頭去學，十年之後，雖然不能超過外國，一定可以和他們並駕齊驅」。㉟

㉝同㉖，頁六一。
㉞同㉖，頁六二。
㉟同㉖，頁六三。

自修復習問題

一、明瞭近代中國民族所遭遇的危機。
二、明瞭近代中國民族精神消失的原因。
三、明瞭滿洲人入主中國後，消滅漢人民族思想所採取的手段。
四、明瞭中國人根深蒂固的家族、宗族觀念，對國家民族的影響。
五、明瞭解決中國民族問題的原則。
六、明瞭所謂「國內各民族一律平等」的涵義。
七、明瞭解決中國民族問題、恢復民族地位的方法。

討論問題

一、近代中國民族何以淪為「次殖民地」的地位？
二、民族自決與民族自願同化，在實質上有無衝突？
三、近代中國民族如何擺脫「次殖民地」的地位，而獲得國家民族的獨立與平等？
四、中國民族地位恢復後，對世界應負起什麼責任？
五、恢復民族地位，何以必須發揚固有道德？

六、國父對於學外國長處曾謂要迎頭趕上，不要向後跟著他，其理由何在？
七、試述我國民族主義喪失的原因。
八、要提高民族地位，應自何處著手？
九、試根據民族主義能知與合群的主張，說明今日團結救國的重要。

國父原著選讀

一、軍人精神教育
二、民族主義第一、二、三講
三、中國國民黨第一次全國代表大會宣言

第四節　三民主義的世界主義

一、世界主義的意義

國父說：「不分夷狄華夏，就是世界主義。」❶又說：「世界主義，就是中國二千多年以前所講的平天下主義。」（同❶）而我國古籍中，如「禮記・禮運篇」所謂「大道之行也，天下為公」，張載所謂「民吾同胞，物吾與也」，王陽明所謂「天下為一家，中國為一人」，這些都具有世界主義的精神。此即主張人類要發揮仁愛與正義之最高道德精神，抱持民胞物與胸懷，破除畛域之見，以實現天下為公世界大同的理想。據此而言，所謂世界主義，就是企求人類發揚「民胞物與」的道德精神，打破國家民族界限，建立一理性的「天下為公」的大同世界。

二、世界主義的類型

世界主義的種類很多，而在國父心目中，世界主義可分為下述三種類型：

❶ 國父講，「民族主義」第三講，見「國父全集」第一冊，頁三〇。

(一)中國傳統的世界主義

如前所引國父在「民族主義」第三講中所說：「不分夷狄華夏，就是世界主義。」又說：「這種世界主義就是中國二千多年以前所講的平天下主義。」這就是中國傳統的世界主義，或可稱為天下主義的世界主義。國父曾指出由於這種傳統的世界主義在中國發達得太早，結果反使我們的民族主義消失。

(二)列強侵略擴張的世界主義

國父在「民族主義」第三講中又說：「英俄兩國現在生出了一個新思想，這個思想是有智識的學者提倡出來的，這是什麼思想呢？是反對民族主義的思想。這種思想說民族主義是狹隘的，不是寬大的。簡直地說就是世界主義。現在的英國和以前的俄國、德國以及中國現在提倡新文化的新青年，都贊成這種主義，反對民族主義。」（同❶）國父這裡所講的世界主義，就是列強侵略擴張的世界主義，又可稱為帝國主義的世界主義，實在包括兩種侵略性的世界主義，一種是英國、德國等工業強國所鼓吹和推行的殖民世界主義，他們專以殖民侵略擴張為事，成為工業強國掠奪殖民地的一種思想戰工具。另一種是指馬克思、列寧所提倡，而由俄共所推行的共產世界主義，他們以「世界革命」為口號，專事鼓吹階級鬥爭，在世界各國內部進行滲透顛覆陰謀活動，妄圖赤化世界，此即通常所謂馬列共產國際主義。此兩種世界主義，亦即國父所說都是「變相的帝國主義與變相的侵略主義」。❷關於殖民帝國主義與共產國際主

❷ 國父講，「民族主義」第四講，前揭書，第一冊，頁三七。

義，將於下節再詳為述明。

㈢國父理想的世界主義

國父所主張的世界主義，是以民族主義做基礎和以世界大同為理想的世界主義。這種世界主義是從民族主義出發，以民族平等為原則，以濟弱扶傾為政策，要「用固有的道德和平做基礎去統一世界，成一個大同之治」。❸所以國父理想的世界主義，又可稱為大同主義的世界主義。

三、民族主義與國父理想的世界主義

前已言及，國父所主張的世界主義，是以民族主義為基礎和以世界大同為理想的。國父的民族主義，其直接目的雖在恢復中國的民族思想和民族地位，但其最後理想則是濟弱扶傾、實現民族平等，以促進世界大同。國父說：「我們對於弱小民族要扶持他，對於世界的列強要抵抗他。」（同❸）這就是要中國民族先獲得獨立平等的地位，然後去幫助各弱小民族一律獲得獨立平等的地位。惟有維護國際正義，使全世界各民族獲得自決自治的權利，和在經濟上、文化上獲得平等發展的機會，世界才會有永久的和平。同時在正義與和平的基礎上，由於民族間的相互信賴，隨著交通的便利與文化的交流、經濟生活上的相互合作，全世界各民族才能聯合成一個國家，這便是世界大同，便是國父理想的世界主義的實現。這種基於正義、和平與自由的世界主義，和國父民族主義的基本精神——民族平等的原則是完全一致的。

❸ 國父講，「民族主義」第六講，前揭書，第一冊，頁六四。

國父說：「中國人的心理，向來不以打得為然，以講打的就是野蠻，這種不講打的好道德，就是世界主義的真精神。」❹但要人家不打我們，先須我們有自衛的力量。民族主義便是用來自衛的，能自衛才有和平，才有正義，才能奠定世界大同的基礎；而且民族主義除自衛外，進一步要濟弱扶傾。所以說民族主義是理想世界主義的基礎。國父曾以一個香港苦力買呂宋彩票的故事來說明這個道理：有一個碼頭上的苦力，平日靠一根竹槓和兩條繩子謀生，辛苦積了十幾塊錢，買了一張呂宋彩票，把彩票放在竹槓裡。後來這張彩票中了頭彩，他一歡喜就把竹槓往海裡一丟，等著從此做富翁，那知彩票就在竹槓裡，這一下頭彩丟了不算，連謀生的工具也沒有了。這譬喻是說：「彩票是世界主義，竹槓是民族主義，苦力中了頭彩，就丟去謀生的竹槓，好比我們被世界主義所誘惑，便要丟去民族主義一樣。」❺所以國父說：「我們要知道世界主義……是從民族主義發生出來的。我們要發達世界主義，先要民族主義鞏固才行。如果民族主義不能鞏固，世界主義也就不能發達。」（同❺）又說：「我們要講世界主義，一定要先講民族主義，所謂欲平天下者先治其國。把從前失去了的民族主義重新恢復起來，更要從而發揚光大之，然後再去談世界主義，乃有實際。」❻所以要講世界主義，必先恢復民族思想和民族地位，才不致兩頭落空。而且惟有在「民族主義恢復」和「強權打破」以後，「世界上沒有野心家，到了那個時候，我們便可以講世界主義」。❼所以說必先鞏固民族主義才能實現世界主義，而達世界大同的理想境界。

---

❹ 同❷，頁四三。
❺ 同❷，頁三九。
❻ 同❷，頁四四。

自修復習問題

一、明瞭世界主義的意義。
二、明瞭國父對世界主義的分類。
三、明瞭民族主義與世界主義的關係。

討論問題

一、國父在「民族主義」第三講指示：帝國主義者常提倡世界主義，說民族主義是狹隘的。帝國主義者何以要提倡世界主義，而反對民族主義？試說明之。
二、國父曾說：「我們要推行世界主義，必先鞏固民族主義。」試說明其理由。

國父原著選讀

一、民族主義第三講至第六講
二、文言本三民主義

❼ 同❶，頁三四。

第五節　西方相關的民族主義

國父所提倡的民族主義與西方的民族主義在內涵上有所不同。西方的民族主義就其性質分析，歸納言之，有三種類型：一是資本主義的民族主義，這是工業革命後，歐洲的工業強國從原本追求民族國家建立的民族主義，轉變為追求本國政治和經濟利益的殖民帝國主義。二是共產主義的民族主義，這是由俄共一方面推展馬克思共產主義，一方面舉民族解放運動之美名，以行併吞、控制其他民族的共產國際主義，簡直地說是俄羅斯民族主義，這也就是國父所說的「變相的帝國主義和變相的侵略主義」。三是在二次世界大戰前，義大利與德國的極權法西斯納粹的民族主義，他們以民主之名，行一黨獨裁的極權統治之實，反對民族平等，主張國家至上，頌揚武力與戰爭，進行侵略擴張，危害國際和平，可說是一種強烈的國家主義、種族主義、軍國主義和帝國主義。茲分述之：

一、資本主義的民族主義

國父在「民報發刊詞」說：「羅馬之亡，民族主義興，而歐洲各國以獨立。」西方的民族主義思潮，如果從十五世紀中葉起算，迄今已有五百多年，其中由於政治、經濟條件的變遷，民族主義的內涵也發生了質變。西方民族國家的思想，最初不過是自求建立統一而獨立的國家，「而歐洲這些新的民族國家，由於地理的發現，又引起了擴張的動機，乃採重商主義和放任政策，追求其貿易和政治的雙重目的，展開瘋狂的殖民運動。十八世紀的產業革命，更促進了這種殖民運動的發展。為了商品的銷售，原料的取給和剩餘資本的投放，不惜使用經濟的、政治的以及軍事的手段進行侵略。瓜分了非洲，侵入了亞洲，佔據了大洋洲；劃定勢力範圍，攫取保護國和建立殖民地」。❶而歐洲這些資本主義國家，就在為了控制新發展出來的市場與保護新地區的投資，而捲入了殖民帝國主義的競爭。什麼是帝國主義呢？國父指出：「就是用政治力去侵略別國的主義，即中國所謂勤遠略。」❷歐洲各國，由於染上了這種帝國主義，所以常常發生戰爭。國父明白指出第一次世界大戰構成的原因：「一是撒克遜民族和條頓民族互爭海上的霸權。……英德兩國都想在海上爭霸權，所以便起戰爭。二是各國爭領土。東歐有一弱國叫做土耳其，……歐洲各國都要把他瓜分，百餘年來不能解決。歐洲各國要解決這個問題，所以發生戰爭。」（同❷）

歐洲第一次大戰的結果並未能消滅帝國主義，「因為當時的戰爭，是一國的帝國主義和別國的帝國主義相衝突的戰爭，不是野蠻和文明的戰爭，不是強權和公理的戰爭，所以戰爭的結果仍是一個帝國主義打倒別個帝國主義，留下來的還是帝國主義」。❸因之，雖然大戰期中，美國威爾遜總統主張「民族自決」，讓世界各弱小民族都有獨立自主的機會，並且希望戰後沿著部族的界限重劃歐洲的地圖，當時獲得歐洲弱小民族的歡迎，所以像波蘭、捷克斯拉夫、羅馬尼亞等，都加入以英、美為首的協約國去打以德、奧為首的同盟國。我們中國也加入了協約國，雖沒有出兵，但也派遣了幾十萬的勞工去協助後方的勤務。

---

❶ 崔垂言，「國父思想申論」（幼獅書店，五十四年），頁一二八。

❷ 國父講，「民族主義」第四講，見「國父全集」第一冊，頁三五。

❸ 同❷，頁三七。

但是戰後在巴黎所簽訂的凡爾賽和約，並沒有尊重民族自決的崇高理想。在中國，將德國依不平等條約所攫取的利益，轉交給日本帝國主義，導致中國民族主義的覺醒，激發了反對日本帝國主義的「五四運動」。此時國父的民族主義主張也轉趨積極，決心打倒帝國主義及依附其惡勢力的軍閥。而在中南半島、南洋群島、南亞、近東、中東、中歐、東歐等地，被壓迫的弱小民族仍受到英、法等國的壟斷、控制，不許其自決，尤其是中歐、東歐諸國成為多民族混合的國家，民族問題極為嚴重，也隱伏了第二次世界大戰的危機。

二、共產主義的民族主義

一九一七年十一月（俄曆十月），列寧（V. I. Lenin, 1870～1924）所領導的布什維克（Bolshevik）取得俄國政權。一九一八年三月布什維克改稱俄國共產黨，這是世界上第一個共產黨建立的政權。一九一九年三月，在列寧的發動下組織共產國際，這是由俄共主持，指揮各國共產黨活動的國際組織。它之所以名為第三國際，是因為在此之前，各國的社會主義運動有過兩次的國際組織：從一八六四年至一八七六年的國際勞工會是第一國際，從一八八九年至一九一四年的社會主義者國際組織是第二國際，而一九一九年至一九四三年的共產國際是為第三國際。❹

馬克思和恩格斯在一八四八年的「共產主義者宣言」中，主張「工人無祖國」，「廢除國家與民族」。認為各國的無產階級（即產業工人），都有一個唯一的同樣的利益——在經濟上不受剝奪；一個唯一的和

---

❹ 「雲五社會科學大辭典」第三冊，「政治學」（臺灣商務印書館，六十年十二月），頁二八八。

單純的敵人——資本家；一個唯一的單一的戰鬥——階級鬥爭。因之，他們要「全世界無產階級聯合起來，打倒資產階級」，認為「各國無產階級的共同行動，是他們獲得解放的一個主要條件」。但是馬克思的此種主張，在共產黨赤化世界的過程中，都禁不起民族主義的考驗。一八七〇年普法戰爭發生，他要求德、法工人不要效忠其本國資產階級的政府參加戰鬥，結果各國工人無人理睬，紛紛投效本國軍隊，為保衛國家而戰，終導致第一國際於一八七六年宣告解散。當第一次大戰時，第二國際號召各國工人反對參戰，但各國工人在「擁護祖國」、「為祖國而戰」的口號下，與其敵國同一階級者相見於戰場。列寧知道階級意識不能取代民族意識，乃著「帝國主義——資本主義的最高階段」一書，企圖利用民族主義以實現所謂無產階級專政的共產國際主義。列寧在該書的主要論點，就是認為資本主義發展到必須向外輸出資本時，就必然會變成帝國主義，走上殖民侵略之路，所以他說：「帝國主義是資本主義的最後階段。」因之，反對帝國主義就是反對資產階級，而這些西方的資本帝國主義又是壓迫弱小民族和貧窮落後的國家或地區的，於是列寧就利用這些貧弱民族的反帝浪潮，叫出了「民族解放」、「民族自決」的口號。遠在一九〇三年列寧就提出「民族自決」，以煽動帝俄境內的少數民族，參加推翻沙皇的統治而戰鬥。但在共產黨的理論中，認為國家民族是代表資產階級的利益，要消滅資產階級，實現無產階級專政的國際主義，當然不容許民族存在，故於十月革命奪取政權後，便對少數民族加強控制，並展開階級鬥爭，實行階級領導，來維護無產階級專政的蘇維埃制度。後來列寧為要掀起歐洲列強各國的殖民地和附屬國的民族革命，去替無產階級國際主義效命，同樣運用「民族自決」，主張一切壓迫與被壓迫民族的社會民主黨人，都應為「民族自決」的原則而奮鬥。❺他將反對資產階級的無產階級革命和殖民地民族革命兩種極端相反的思想和運動巧妙地聯繫起來，並強調民族自決運動要依靠俄共支援。列寧曾說：「帝國主義列強，打著建立政治上獨立國家的幌子，來建立在經濟、財政和軍事方面都完全依賴於它們的國家。在目前國際情勢下，除建立各蘇維埃共和國聯盟以外，附屬國和弱小民族別無生路。」列寧又說：「由莫斯科到歐洲的捷徑，必須經過北京和加爾各答。」他是暗示要赤化歐洲，必先赤化亞洲。因為他認為歐洲國家之所以富強，是由於它們在亞非地區擁有廣大的殖民地。如果在亞非地區灌輸民族主義思想，幫助殖民地人民掀起「反帝運動」，歐洲列強必會失去這些殖民地，蘇俄就可乘機而入，支配控制這些地方，並向之輸入共產主義。如此，資本主義國家的勢力，就一個個從中國大陸、印度半島被逐出，也一個個被國際共黨所攫取。可見列寧所高唱的「民族自決」完全是一種騙局，其用意並非贊成弱小民族獨立，只是藉以進行所謂無產階級革命，誘使他們加入共產國際行列，並以蘇俄為他們的祖國，而達

---

❺ 一九二〇年列寧在共產國際第二次大會上，提出他關於民族與殖民地問題的論文，為大會議決採納，這是列寧民族政策最完備的說明。分析起來包括以下幾個原則：

一、必須喚起被壓迫民族與殖民地人民的反帝革命意識。

二、必須使無產階級革命與民族殖民地革命聯繫起來。

三、必須承認在進行民族與殖民地革命的過程中，同時有階級的矛盾發生，因而應該作實現共產主義的準備。

四、必須承認殖民地與落後民族的經濟發展可以超越資本主義的階段。

五、必須實行民族自決原則與蘇維埃聯邦制度。

六、必須以實現共產主義為解決民族與殖民地問題的最後目的。

見崔書琴，「三民主義新論」，頁四六～四八。

成其建立世界「共產大帝國」的目的而已。

一九九〇年九月，以俄羅斯共和國為首的「蘇維埃社會主義共和國聯邦」（簡稱「蘇聯」）瓦解了，而由各自獨立的民族國家聯合組成鬆散的「獨立國協」，證明了馬列共產國際主義違反人類的天性和理性，它與民族主義在本質上是絕對勢不兩立的。

三、極權主義的民族主義

(一)法西斯主義

1.法西斯主義興起的背景

「法西斯主義」一詞源自拉丁文的 Fascis——乃古羅馬用作官吏權標的束桿，它表示官員的權威，墨索里尼（Benito Mussolini, 1883～1945）借用之作為法西斯主義的精神象徵。

由於一次世界大戰後經濟與社會的混亂，特別是經濟恐慌與左翼勢力的囂張，使許多人覺得秩序、財產與地位受到威脅，也使許多人對於議會民主的政治制度與私有企業的資本主義制度喪失信心；代議制度在戰後對於政治、社會與經濟問題的處理不夠理想與緩不濟急，更令人不滿。於是左、右兩翼的力量均有躍躍欲試之意，面對左翼勢力的威脅，右翼的力量乃欲起而捍衛和建立他們所珍惜的秩序和價值，因此法西斯的勢力就在恐懼來自左翼的「革命」與世界經濟大恐慌的情況下興起。[6]戰後的義大利對許多義大利人而言，可說是愁雲慘霧，義大利不但沒有一個力圖振作的政府，其政治似乎比以前更無能解決

---

[6] 王曾才，「西洋現代史」（東華書局，七十四年十月），頁二四三～二四四。

國家所遭遇的問題：劇烈的通貨膨脹、嚴重的失業以及隨著戰爭而來的社會普遍亂象。墨索里尼的法西斯主義運動，就在這種社會背景下逐漸發展。

2. 墨索里尼的奪權經過

墨索里尼出身鐵匠兼教師之子，其父是個社會主義者與反教權論者，少年時的墨索里尼似乎即因此汲取了政治觀念與行動主義。墨索里尼早年時為熱烈的社會主義者，第一次大戰前的一九一二年，他獲得義大利社會主義黨中較高層的地位，並成為該黨機關報「先鋒日報」(*Avanti*)的主編。一九一四年戰爭爆發，社會主義黨堅持其反戰的意識型態，因此支持政府宣布中立政策。最初，墨索里尼亦抱持同樣立場，但到了一九一四年秋，他一反初衷，主張參加協約國作戰，以復興和發揚義大利民族與國家，提高國際地位，因此不見容於社會主義黨而被開除黨籍，此後他即與觀念相同的參戰論者為伍，並創辦「義大利人民報」(*Popolo d'Italia*)。一九一九年三月，墨索里尼組成其第一個「法西斯戰鬥團」，這是一個具有政治色彩的退伍軍人組織。一九二〇年末義大利的一次罷工中，工廠實際為工人所奪，情況愈發不可收拾，社會與經濟蕩然無存，使得上層的資產階級與中產階級十分恐懼於「赤色革命」。政府對於危機的反應一直很弱，墨索里尼的法西斯主義隊伍遂自命為義勇警察，採取防止「赤禍」的行動，以恐怖的行動對付左派或社會主義份子，法西斯主義者在上層資產階級與中產階級間，像是救星般受到歡迎與支持。一九二一年法西斯黨 (Facist Party) 已成為一個擁有二千二百個支部的組織，在國會中據有三十五個席位。一九二一年五月，墨索里尼成為「國民法西斯黨」的最高領袖。一九二二年十月，法西斯黨人在那不勒斯「進軍羅馬」(March on Rome)，迫使內閣辭職，國王只好召請墨索里尼組閣，於是他便迅即組成了法西斯黨與民族主義派的混合內閣。墨索里尼既已取得適當的權力據點，就逐漸不斷地破壞殘存的立憲政府。到了一九二六年，義大利的國會體制只剩空殼，「法西斯黨大會」被賦與大權去影響國王與首相繼任人選的選擇與監督政府。從此，義大利就受到墨索里尼所領導的法西斯黨的完全控制，實行個人獨裁的專制政治。[7]

3. 法西斯主義的要義 法西斯主義是一種政治運動，缺乏像共產主義那種關於其主義原則的權威文獻。不過，墨索里尼於一九三二年發表「法西斯主義的原則」（The Doctrine of Fascism）一文，曾表達了義大利法西斯主義的要義，所以曾被作為世界上大多數法西斯主義運動的規範。茲將其要義簡述之：[8]

第一、反理性主義 不相信理性或許是法西斯主義最重要的特徵。法西斯主義反對根源於希臘的理性主義，在人世事務中不相信理性，對人性中的不合理處情感用事；不能克制的部分，則誇張強調；在心理方面言，乃是狂熱盲目的，而不是冷靜深思熟慮的；是教條的，而非客觀的；對領導人、對國家類似一種禁忌，只是服從，不許討論批評。

第二、反平等主義 誠然人類社會有不平等的事實，但人類平等的原則是民主社會所共認的，並且願意努力達成人類平等的理想。可是法西斯主義不但接受人類不平等的事實，並且進一步肯定人類之不平等乃天理之所然，認為平等的觀念是卑弱無意義的，所以男人優於女人，軍人優於平民，黨員勝過非

[7] 同[6]，頁二四六～二五一。又參見恩格爾等著，張明貴譯，「意識型態與現代政治」（桂冠圖書公司，七十九年三月），頁一〇九～一一七。

[8] 參閱歐賓斯坦著，萬德群譯，「當代各種主義之比較研究」（國防部總政治作戰部，六十九年五月），頁一七四～一八七。

黨員，強國該吃弱國，而勝利者有權處置失敗者。

第三、精英主義　法西斯主義以為「人民自治」是一種謬誤，而認為只有少數由於血統、教育或社會地位等原因而具備資格的人，才能知道什麼是國家社會的最高福祉，以及如何才能行之最善，所以政府應由少數自命精英的人組成，而領袖生來就有一種天賦能力，永遠無誤，不容置疑。

第四、國家主義　法西斯主義不僅在政府體制上是極權獨裁的，而且以國家為最高權威，在人類各種社會生活關係中也是極權的，要管制人類生活的每一階段，從搖籃到墳墓，甚至從出生前到死亡後，都要受到國家「照顧」。而其方法則任何殘暴手段無所不用其極，只求達到目的。法西斯主義是以國家為目的，只顧本國利益，罔顧他國利益；只圖本國的生存發展的需要，不管他國生存發展的需要；甚至為了自己的需要，不惜以他人的需要為犧牲。所以法西斯主義反對國際法律秩序，為了本國的強盛，即使以征服他國為手段亦認為正當，以武力和戰爭作為解決國際間歧異與紛爭的工具。

(二)納粹主義

1.納粹主義與法西斯主義之比較　德國希特勒 (Adolf Hitler, 1889～1945) 領導的國家社會勞工黨所主張的國家社會主義，習稱納粹主義。其與墨索里尼的法西斯主義間，有歷史與意識型態上的相似性，但這種相似性有其限度：❾

第一、希特勒與墨索里尼都利用戰後國家所遭遇政治、經濟與社會秩序陷於混亂的危機，以及普遍

❾ 參見❼引書，「意識型態與現代政治」，頁一二七～一二九。

的絕望與挫折的氣氛下的情勢，奪取了政治權力。這些危機情勢，引起左派社會主義者與共產主義者的復甦，但也是滋生法西斯主義與納粹主義好戰份子的沃土。此外，則是當時義、德兩國社會缺乏有效地反對法西斯主義者或納粹主義者的力量。

第二、義大利法西斯主義者的領袖幾乎可說是個社會主義者，而德國納粹的領袖則不是。墨索里尼是以武力取得權力，希特勒則主要是由公民投票而集權於一身。第一次大戰之所以助長法西斯主義者，是因為義大利人為了失去樂園而感到挫折；至於之所以助長納粹黨，是因為戰敗屈辱的德國人需求滿足感。在義大利，一個默默無名的極權法西斯黨取得政權僅需三年，德國的納粹黨卻費了長達四倍以上的時間。

第三、在種族問題方面，法西斯主義與納粹主義在意識型態上與付諸實行上有重大差異。雖然墨索里尼發現把優秀的法西斯主義者的類型變成神話是有用的，因而不斷提及羅馬帝國時代的人物在現代的復活，但義大利種族主義對法西斯主義者而言，並非其思想體系的主要部分。然而，就希特勒而言，德國亞利安人是最優秀種族的神話，成為一種病態的想要消滅其所認為的低等民族之心理衝動。換言之，法西斯主義者並沒有和納粹一樣，妒恨猶太人而對之採取迫害、集中營、有計畫地滅其種族的措施。

第四、墨索里尼的「帝國」僅是拙劣地模仿希特勒的第三帝國，重視領土的征服而已。而納粹德國的擴張主義是基於納粹版的「民族自決」說（即德國應包括所有日耳曼人居住的地區），以及「生存空間」說（即為八千五百萬日耳曼人拓展活動領域）。因此，以侵略性來衡量，希特勒式的極權政治在其潛力與實際二方面，都遠比墨索里尼式的極權政治更具威脅性。

2. 納粹的興起　希特勒於一八八九年出生於奧國，一次大戰前移民於德國巴伐利亞的慕尼黑。一九一四年應徵入伍，曾獲勳章，因受傷及德國戰敗，使其情緒甚失平穩。希特勒一如墨索里尼，體認到民族主義、社會主義為兩股龐大的政治力量，於是在一九一九至一九二一年左右，與另外六人組織「國家社會主義勞工黨」。一九二一年七月，他已完成控制該黨，成為納粹黨的「統領」。一九二三年十一月，為接管巴伐利亞政府，發動所謂「啤酒廳之亂」，但事敗入獄服刑，在獄中完成其自傳「我的奮鬥」，該書後來成為納粹黨的政治哲學與行動綱領。一九三〇年德國經濟問題日益嚴重，此時共產黨聲勢甚張，在國會中的議席有所增加。德國的工業家、銀行家認為希特勒可以抵制共產主義勢力，於是資助納粹黨的政治活動，大眾傳播工具也為希特勒製造聲勢。因此，一九三〇年九月的國會選舉，納粹黨竟一躍成為主要政黨。一九三二年七月，納粹黨成為國會中第一大黨。一九三三年一月，與登堡總統任命希特勒為總理，組織內閣。一九三三年三月，國會解散重行選舉，此時納粹黨展開激烈的競選活動，他們迎合當時反對猶太人、知識份子、和平主義者、社會主義者、共產黨、自由主義者的偏見，希特勒允諾使德國強大、自足、受尊重，他訴諸古代條頓英雄主義的傳統並抨擊凡爾賽和約。希特勒所標榜的愛國與民族主義以及他的煽動演說，成為催眠群眾的煽動力量。大選結果，納粹黨獲得全國總票數的百分之四十四，希特勒再度被任命組閣，國會並且通過法規，給予政府獨裁權力四年。一九三四年八月二日，與登堡總統死亡，在先一日，希特勒已在國會中通過法規，併總統與總理職權於一身。八月十九日的公民投票，獲得百分之九十選民的同意，自是希特勒成為德國的獨裁者，「威瑪共和」已完全淪亡。❿

---

❿ 參見❻引書，頁二六四～二七一。

3. 納粹的種族國家主義 前曾述及納粹主義與法西斯主義在歷史與意識型態上有其相似性，但並非完全相似，尤其在種族主義方面。納粹主義的主要精神，實為一種族國家主義。種族國家的觀念可解釋為以原始的血統和種族關係為基礎，所建立的一個同質的民族團體的形象。因此，希特勒在「我的奮鬥」一書中，是以「一種血統需求一個帝國」為開頭的題辭，而結尾又有「在這種族被污染的時代，一國若致力於維護其最優秀的種族成分，有朝一日終必成為人世之主」的話。對希特勒而言，強者與弱者真正的不同是表現在優秀與低劣的種族世界；在此世界上，凡非優良的族類，皆為廢物。基於此種想法，亞利安人是天之驕子的浪漫神話遂開始出現，而劣等民族的實例就是猶太人；而最糟的是，在希特勒的眼中，猶太人破壞了亞利安人種族的純淨，因此必須將猶太人滅絕。總之，納粹的種族國家主義認為人類的重要性就在於其基本的種族成分，國家只是實現目的的工具，而國家的目的就是在維繫人種的存在，因此種族是不平等的，並且隨種族之不同而有價值的高低，納粹主義者有義務去促成較優秀、較強的種族獲勝，並迫使較低劣的種族屈服，這才是宇宙的永恆意志。⓫

自修復習問題

一、明瞭資本主義的民族主義之要旨。

二、明瞭共產主義的民族主義之要旨。

⓫ 同❾，頁一三六～一三八。

三、明瞭極權主義的民族主義之要旨。

討論問題

一、說明資本主義的民族主義之要義並予以批評。
二、說明共產主義的民族主義之要義並予以批評。
三、第一次世界大戰後，法西斯主義與納粹主義何以會興起？
四、說明法西斯主義的要義並予以批評。
五、說明納粹的種族國家主義並予以批評。

國父原著選讀

一、中國存亡問題
二、民族主義第四、五、六講

第三章

民權主義

第一節　民權的基本意涵

一、民權的意義

㈠民權的定義

國父說：「現在要把民權來定一個解釋，便先要知道什麼是民。大凡有團體、有組織的眾人就叫做民。」❶可見民不是個人，乃是指有團體、有組織的「眾人」。又說：「什麼是權呢？權就是力量，就是威勢；那些力量大到同國家一樣，就叫做權。……有行使命令的力量，有制服群倫的力量，就叫做權。把民同權合攏起來說，民權就是人民的政治力量。」（同❶）此之所謂「力量」，當為「主權」(Sovereignty)，國父謂：「民權者，民眾之主權也。」❷換言之，就是主權在民之意。然又何謂「政治」？國父說：「政治兩個字的意思，淺而言之，政就是眾人的事，治就是管理，管理眾人的事便是政治。」（同❶）這裡所謂「管理」(to govern)眾人之事，而不謂「統治」(to rule)眾人，因其非常注重管理事的積極觀念，而不強調管理人的消極主張；眾人之事，即為國家之事。國父又說：「今以人民管理政

---

❶ 國父講，「民權主義」第一講，見「國父全集」第一冊，頁六五。

❷ 國父著，「三民主義」，前揭書，第二冊，頁一五六。

事，便叫做民權。」（同❶）所以簡單地說，民權就是人民管理政治的力量。而人民如何管理政治呢？就是要選舉、罷免、創制、複決四種權，人民有了這四種權，便能管理政事，與聞國政。

㈡民權與人權

民權為「人民管理政事」之權，政事即政治性的事務，故民權偏屬政治的範疇。因此民權係指政治社會中所規定公民享有之權利。人權所指的範圍則較為廣泛，故凡屬人民的基本權利，如自由權、平等權、生存權、工作權、財產權，甚至追求幸福、抗拒壓迫、免除匱乏、免除恐懼……等皆包含在內。因此人權係指一個文明社會中所公認一個人應享之基本權利。歐美早期的民權運動，事實上是以人權為號召，所以在那個時代，民權與人權並未明白區別，概以 human rights 名之。國父說：「歐美發生民權，已經有了一百多年，推到民權的來歷，由於爭自由之後才有的，……自由爭得之後，學者才稱這種結果為民權。」❸又說：「民權兩個字，……同法國革命口號的平等是相對的。……平等這名詞，通常和自由那個名詞，都是相提並論的。」❹這裡所講的民權，實際包括人權在內。可見民權與人權的關係至為密切，可以說人權為民權的基礎，民權為人權的保障。沒有人權，民權無由實現；沒有民權，亦不足以保障人權。所以國父說：「歐洲在一、兩百年以來，本是爭自由平等，但是爭得的結果，實在是民權。因為有了民權，平等自由才能夠存在；如果沒有民權，平等自由不過是一個空名詞。」❺又說：「爭得

❸ 國父講，「民權主義」第二講，前揭書，第一冊，頁八二。
❹ 國父講，「民權主義」第三講，前揭書，第一冊，頁九一。

了民權，人民方有平等自由的事實，便可以享有平等自由的幸福，所以平等自由包括於民權之內。」❻可見國父承認人權與民權關係密切，但必須先「革命」爭得民權，才能享有人權。我國憲法除第二條規定主權屬於國民全體外，第二章即以十六條文規定人民基本權利（平等權、自由權、受益權、參政權）的保障；並且特別在第十二章以八條文規定人民行使選舉、罷免、創制、複決四權的一般原則。人民以這四種民權參與政事、管理政治，就可避免統治者恣意妄為、侵害人權，我國現行憲法的規定可說已落實了國父的主張。

二、民權的來源

根據歷史事實來考察，民權是由進化而來的，亦即「時勢和潮流所造就出來的」。國父說：「推求民權的來源，我們可以用時代來分析。再概括地說一說：第一個時期，是人同獸爭，不是用權，是用氣力；第二個時期，是人同天爭，是用神權；第三個時期，是人同人爭，國同國爭，這個民族同那個民族爭，是用君權；到了現在第四個時期，國內相爭，人民同君主爭，在這個時代之中，可以說是善人同惡人爭，公理同強權爭。到這個時代，民權漸漸發達，所以叫做民權時代。」❼由此可知民權的來源，可分四個時期，由洪荒時代進到神權時代，由神權時代進到君權時代，再由君權時代進到民權時代，都是由於人

❺ 同❹，頁一〇〇。

❻ 同❹，頁一〇一。

❼ 同❶，頁七一。

類長期奮鬥，亦即由於時勢和潮流所造就出來的。

三、民權的作用

國父說：「權的作用，簡單地說，就是要來維持人類的生存。人類要能夠生存，就須有兩件最大的事：第一件是保；第二件是養。保和養兩件大事，是人類天天要做的。保就是自衛，無論是個人或團體或國家，要有自衛的能力，才能夠生存。養就是覓食。這自衛和覓食，便是人類維持生存的兩件大事。」（同❶）因此，「維持人類生存」便構成了權的第一個作用。人類要經營保和養兩件事，必然會遭遇到許多障礙和競爭，所以人類便要有權，以資奮鬥而維持生存。但因為「人類要維持生存，他項動物也要維持生存；人類要自衛，他項動物也要自衛；人類要覓食，他項動物也要覓食，所以人類的保養和動物的保養衝突，便發生競爭。人類要在競爭中求生存便要奮鬥，所以奮鬥這一件事，是自有人類以來天天不息的」。❽由此便知權的第二個作用，權是人類用來奮鬥的。人類由初生以至於現在，天天都是在奮鬥之中。雖然權的演進過程有神權、君權和民權之分，可是無論是神權、君權或是民權，就其作為奮鬥的憑藉，以維持人類生存、促進人類進化來講，都是一樣的。引申來說：「民權的作用，也就是要使一般國民能夠獲美滿的生存，並達成進化的目的。」❾

❽ 同❶，頁六六。

❾ 先總統蔣公講，「國父遺教概要」，見「蔣總統集」第一冊，頁一四。

四、中國革命採用民權制度的理由

(一)順應世界潮流

國父在清末首倡革命，「決定採用民權制度，一則為適應世界之潮流，二則為縮短國內之戰爭」。[10]因為近代民主政治的必然產生和必然發展，完全是人類進化的結果。世界的潮流，現在既然進到了民權的時代，是沒有任何力量可以阻止得住的。所以國父說：「世界潮流的趨勢，好比是長江黃河的流水一樣，……現在流到了民權，便沒有方法可以反抗。」[11]現在既是民權時代，「我們要希望國家長治久安，人民安樂，順乎世界的潮流，非用民權不可」。[12]質言之，中國立國於世界，自不能無視於民權的潮流；所以在過去要推翻君主專制，在今日要剷除中共的共產極權政治，這都是順應世界潮流的必然要求。

(二)縮短國內戰爭

依國父分析：「中國歷史常是一治一亂，當亂的時候，總是爭皇帝。外國嘗有因宗教而戰，自由而戰的。但中國幾千年以來所爭的都是皇帝一個問題。我們革命黨為免將來戰爭起見，所以當初發起革命

[10] 同❶，頁七七。
[11] 同❶，頁七六。
[12] 同❶，頁七三。

的時候，便主張共和，不要皇帝。」⓭但辛亥革命成功以後，仍有許多野心家想做皇帝。國父說：「大家若是有了想做皇帝的心理，一來同志就要打同志，二來本國人更要打本國人。全國長年相爭相打，人民的禍害便沒有止境。我從前因為要免去這種禍害，所以發起革命的時候便主張民權，決心建立一個共和國。共和國家成立以後，是用誰來做皇帝呢？是用人民來做皇帝，用四萬萬人來做皇帝。照這樣辦法，便免得大家相爭，便可減少中國的戰禍。」（同⓭）這樣，「用人民來做皇帝」不但可以避免紛爭或減少國內的戰爭，而且還可打破統治者與受治者的壁壘，變成統治者即受治者，眾人之事由眾人管理，這不僅是歷史上一項重大的進步，亦將是政治發展之必然結果。今日，蘇聯等東歐共產黨專政的國家，已因抵擋不住民主化的潮流而紛紛瓦解，而中共仍在大陸實施共黨極權階級專政，將歷史倒轉，逆抗民權潮流，自不為時代所容。

自修復習問題

一、明瞭民權的定義。
二、明瞭人權的意義。
三、明瞭民權與人權的關係。
四、明瞭民權的來源與作用。

⓭同❶，頁七九。

五、明瞭國父主張在中國採用民權制度的理由。
六、明瞭天賦人權與革命民權的意義以及兩者的異同。

討論問題

一、人權、民權、革命民權三個名詞的涵義，有何不同？
二、根據國父的遺教說明民權的意義、來源與作用。
三、國父主張採用民權制度的理由為何？
四、何以採用民權制度可以縮短國內的戰爭？

國父原著選讀

一、文言本三民主義
二、民權主義第一、二、三講

第二節 民權主義的意義與特質

一、民權主義的意義

(一)民權主義就是「主權在民」主義

所謂主權在民，就是指國家的主權屬於國民全體，不是屬於任何個人或任何少數人，這也就是國父所說「用人民來做皇帝」的意思。國父常以「主權在民」為言，如說：「民權者，民眾之主權也。」❶「君政時代則大權獨攬於一人，今則主權屬於國民之全體。」❷民國元年制定的「中華民國臨時約法」第二條亦規定：「中華民國之主權屬於國民全體。」惟其主權在民，所以國父才把人民比作皇帝；惟其主權在民，所以民權主義才有直接民權、革命民權，和地方自治、政黨政治等主張；惟其主權在民，所以民權主義的政治才是全民政治。所以國父說：「必須把政治上的主權實在拿到人民手裡來，才可以治國，才叫民治。這個達到民治的道理，就叫做民權主義。」❸所以說民權主義就是「主權在民」主義，

❶ 國父著，「三民主義」，見「國父全集」第二冊，頁一五六。
❷ 國父著，「孫文學說」第六章，前揭書，第一冊，頁四七〇。
❸ 國父著，「三民主義為造成新世界之工具」，前揭書，第二冊，頁四六一。

這是就民權主義的性質來說的。

(二)民權主義就是「政治平等」主義

國父說：「民權主義是提倡人民在政治之地位上都是平等的，要打破君權，使人人都是平等的。」❹又說：「民權主義者，打破政治上不平等之階級也。」❺由此可見民權主義是主張政治平等，亦即主張「人人政治地位平等」。具體言之，即「凡為國民皆平等以有參政權」。❻「不許有軍閥官僚的特別階級，要全國男女的政治地位都是一律平等」。❼所以說民權主義就是政治平等主義，這是就民權主義的精神來說的。

(三)民權主義就是「全民政治」主義

民權主義既主張主權在民，其於國事則「人人皆應有治之之責，亦應負治之之責」。❽即「國家的大事，人人都可以過問；這就是把國家變成大公司，人人都是這個公司內的股東，公司內的無論什麼事，

❹ 國父講，「民權主義」第一講，前揭書，第一冊，頁九一。
❺ 國父講，「軍人精神教育」，前揭書，第二冊，頁四九四。
❻ 「中國同盟會軍政府宣言」，前揭書，第一冊，頁二八六。
❼ 國父講，「女子要明白三民主義」，前揭書，第二冊，頁六七八。
❽ 國父講，「黨員須宣傳革命主義」，前揭書，第二冊，頁四五三。

大家都有權去管理」。❾因此國父所主張的民權，便與歐美的民權不同。國父說：「我們主張的民權，是和歐美的民權不同。我們拿歐美已往的歷史來做材料，不是要學歐美，步他們的後塵，是用我們的民權主義，把中國改造成一個『全民政治』的民國。」❿又說：「我們要想是真正以人民為主，造成一個駕乎萬國之上的國家，必須要國家的政治做成一個『全民政治』。」⓫所謂「全民政治」，就是「用四萬萬人來做皇帝」。換言之，就是「人民能夠實行四個民權」，這顯然與歐美的代議政治有別。所以說民權主義就是「全民政治」主義，這是就民權主義的目的或理想來說的。

二、民權主義的特質

(一)以民主為本質

民權主義無論在理論上和實踐上，都是名符其實的民主。國父說：「余之民權主義，第一決定者為民主。」⓬先總統蔣公說：「要實現民權主義，必須用民主來實踐。……建設以民主為基礎的民權主義，這樣民權方能穩固。」⓭由此可知民權主義的本質是民主。眾所周知，民主思想是十七世紀以來日益澎

❾ 同❼，頁六六八。
❿ 國父講，「民權主義」第四講，前揭書，第一冊，頁一一八。
⓫ 國父講，「國民要以人格救國」，前揭書，第二冊，頁五五一。
⓬ 國父著，「中國革命史」，前揭書，第二冊，頁一八二。

湃的潮流，醉心於專政的列寧亦不敢正面地反對民主，乃用「新型民主」即「新型專政」來掩飾，共黨的所謂「民主專政」即肇端於此。毛澤東師列寧故技，假「新民主主義」之名，行專政獨裁之實。先總統蔣公曾予以批判說：「三民主義的民主是全民的，朱毛奸匪乃是階級的；我們三民主義的民主是民治的，朱毛奸匪乃是專制的；我們的民主是為民權而民主的，朱毛奸匪的所謂民主卻是為『專制』而民主，其問真偽虛實，是非曲直，自可不言而喻了。」⓮一言以蔽之，中共所謂「民主專政」，乃以「民主」的糖衣，包藏「專政」的毒藥，這是我們研究民權主義時首先應認清的。

(二)以地方自治為基礎

民權主義為求全民政治的實現，必須實行直接民權。亦即選舉、罷免、創制、複決四權，由人民直接行之，以管理國家政事。不過在廣土眾民的國家，實行直接民權在技術上困難必多，如何將之克服？依國父設計，是把一國區劃為若干小單位分別來實行，這就是國父主張地方自治的原因。國父並認為地方自治當以縣為單位，「最要的就是縣自治，行使直接民權；能夠有直接民權，才算是真正民權」。⓯一國是由各縣組成的，縣自治完備，則一國的政治自然也完備，故謂「地方自治者，國之礎石也」。⓰地方

⓭ 先總統蔣公著，「三民主義之本質」，見「蔣總統集」第二冊，頁一八四九。
⓮ 同⓭，頁一八四六。
⓯ 國父講，「五權憲法」，前揭書，第二冊，頁四二四。
⓰ 國父講，「自治制度為建設之礎石」，前揭書，第二冊，頁三五四。

自治是實現主權在民之手段，是達成全民政治的途徑。

(三)以權能區分為方法

國父有見於「歐美的政治道理，至今還沒有想通，一切辦法在根本上還沒有解決，所以中國今日要實行民權，改革政治，便不能完全倣效歐美，便要重新想出一個方法」，⓱因此發明了權能區分。歐美政治最大之癥結在於人民與政府的關係，是處於猜忌、消極、不和諧的狀態；人民不信任政府，政府無法得到人民賦予的權力而發揮應有的效能，以致政治退化、民權不彰。國父對此提出的解決辦法即是實行權能區分，人民要有充分的「權」，可以管理政府，不怕政府專擅不受控制；政府有充分的「能」，可以建立萬能政府為民眾服務。這樣才能建立一個和歐美現制不同的「完全之民權政治機關」。⓲

(四)以五權分立為制度

國父創立五權憲法，是要補救歐美三權憲法的缺點，並且據以建立五權分立的政府制度。因歐美三權分立的政府制度，一則由於立法機關兼監察權，容易形成國會專制；二則由於行政機關兼考試權，容易發生浮濫徇私；三則由於三權之間互相牽制，容易導致政府無能。國父為了補救這些缺點，所以主張採用中國古時考試與監察獨立的制度，融合三權憲法，使三權分立變成五權分立。而且將三權之間的制

⓱ 國父講，「民權主義」第五講，前揭書，第一冊，頁一二四。
⓲ 國父講，「民權主義」第六講，前揭書，第一冊，頁一五三。

衡關係變為五權之間的分工合作關係，不僅補救了三權憲法的缺點，而且建立一個完全為民所治的萬能政府。這樣五權分立的政府，就是世界上最新且最完美的政治機器，最能為全民造福。

(五)以全民政治為理想

歐美的代議政治，實行迄今發生了許多流弊，所以國父創建民權主義，不主張代議政治，而以全民政治為理想，要「用我們的民權主義，把中國改造成一個『全民政治』的民國，要駕乎歐美之上」。(同⑩)歐美的代議政治，人民只有一個選舉權，所以要儘量削弱政府的權力，深怕政府的能力過大，無法駕御。但是二十世紀以來，國家的職能日益擴大，必須有一個萬能政府才能適應事實的需要。然而這個萬能政府必須能為人民所直接控制，才沒有流弊。所以國父主張於選舉權之外，還要有罷免權、創制權和複決權。「要人民能夠直接管理政府，便要人民能夠實行四個民權。人民能夠實行四個民權，才叫做全民政治」，⑲並且「真正的全民政治，必須先要有『民治』，然後才能夠說真是『民有』，真是『民享』」。⑳可見國父的民權主義主張全民政治，與一般民主國家的代議政治不同。人民有四個民權，足以支配萬能政府，則極權主義無由出現。這是民權主義的理想，也是現代政治發展的新趨向。

---

⑲ 同⑱，頁一五一。

⑳ 國父講，「國民以人格救國」，前揭書，第二冊，頁五五一。

自修復習問題

一、明瞭民權主義從性質言就是「主權在民」主義。
二、明瞭民權主義從精神言就是「政治平等」主義。
三、明瞭民權主義從理想或目的言就是「全民政治」主義。
四、明瞭民權主義的特質。

討論問題

一、民權主義就是「主權在民」主義，試加以闡釋。
二、民權主義就是「政治平等」主義，試加以闡釋。
三、民權主義就是「全民政治」主義，試加以闡釋。
四、列舉民權主義的特質並簡釋其意義。

國父原著選讀

一、中國革命史

二、文言本三民主義

三、民權主義第四、五、六講

第三節　合理的自由

一、自由的真諦

「自由」一詞，英文中有 liberty 和 freedom 兩個字，而這兩個字的涵義並不相同。前者乃指相對的自由而言，亦即用以表示一種特定的權利與義務關係；後者乃指絕對的自由而言，亦即用以表示一種原始時代沒有任何人為約束的自然狀態。中文中的「自由」大致與 freedom 相同，含有免除干涉、免除束縛的意思，至於將「自由」視為一種「特定的權利義務關係」，則為一般人所忽略。因此，民權主義所主張的自由是一種合理的自由，即自由必須合於理性，自由必須合於法治。茲分述之：

(一)自由與理性

民權主義的自由是合理的自由，隨著人類理性的發展而有所追求，亦有所約束。國父說：「英國有一個學者叫做彌勒氏 (John Stuart Mill, 1806~1873) 的，便說一個人的自由，以不侵犯他人的自由為範圍，才是真自由。」❶意思是說：如果你侵犯他人自由，他也可侵犯你的自由，結果彼此都將失掉自由的保障。因此就個人與個人之間的關係而論，民主國家的人民固然享有不受他人侵犯的自由權利，但同

❶ 國父講，「民權主義」第二講，見「國父全集」第二冊，頁八六。

時亦負有「不侵犯他人自由」的相對義務，可見自由是一種權利，同時也是一種義務。

因為人類是營共同生活的，不能離群索居，因此就個人與團體的關係而論，則是團體不可壓制個人，使之失掉自由；個人也不可任意擴大自由，以致破壞團體。所以國父說：「自由的解釋，簡單言之，在一個團體中能夠活動、來往自如，便是自由。」❷個人所以結成團體，乃謀自由以及生存的保障，一旦團體受到壓制，尤其是像國家這樣的團體受到侵凌，則個人權益也就失掉了保障。因此國父曾多次提到個人自由與國家自由的問題，強調「個人不可太過自由，國家要得完全自由」。❸先總統蔣公也指出民權主義主張「合理的自由就是主張限制個人的自由，以保持人人之自由；犧牲個人的自由，以求得國家的自由」。❹可見當國家自由不保或受到威脅時，國家自由是先於個人自由的。

所謂合理的自由是主張有限制的個人自由，就是說個人自由不能踰越一定的範圍，這個範圍就是社會的公益和國家的法律。因此這種有限制的個人自由的意義，已不是消極地只求免除干涉、圖一己的方便的意思，而是具有積極的社會化的意義。所以先總統蔣公說：「傳統自由只是消極的免除干涉的意思。三民主義的自由卻是積極地服務人群，而發展自我的意思。」❺「發展自由」是一種權利，「服務人群」便是一種義務，可見民權主義主張的合理自由不是 freedom 的絕對自由，而是 liberty 權利與義務關係相

---

❷ 同❶，頁八一。

❸ 同❶，頁九〇。

❹ 先總統蔣公講，「國父遺教概要」，見「蔣總統集」第一冊，頁一五。

❺ 先總統蔣公著，「反共抗俄基本論」，前揭書，第一冊，頁二五四。

對的自由。這種積極意義的自由即以人類理性為準據的自由，也就是合理的自由。

㈡自由與法治

國父說：「平等自由，法為之界。」❻又說：「使人民得有法律上之自由。」❼先總統蔣公說：「自由與法治是不可分。」「自由必須在法定的界限之內。」由此可見，合理的自由必須合法。又說：「若是出了法定的界限之外，便是放縱恣肆。人人如可以放縱恣肆，必至於強凌弱、眾暴寡。人人謹守法定的界限，始可達到人人都有『自由』的境域。要人人都有『自由』的國家，才可以說是『法治』的國家。」❽孟德斯鳩曾說：「法律所許可的行為，人人有權利去做，便叫做自由。」法國「人權宣言」第四條規定：「凡不妨害他人的事都可以去做，就是自由。因此，每個人行使此自然權利只有一個界限，就是保障他人得享有同樣權利，這個界限只能由法律來決定。」由上可知自由與法治的關係是十分密切的。法治的目的在保障大多數人的自由；倘若沒有法治，則必陷社會於「強凌弱、眾暴寡」的紛亂局面，人民的自由也就無法保障。故欲使人民獲得自由，必須厲行法治。

---

❻ 「中國同盟會本部宣言」，前揭書，第一冊，頁七七七。

❼ 國父函，「致張學濟等勉湘西各軍應團結合作函」，前揭書，第三冊，頁五七〇。

❽ 先總統蔣公著，「中國之命運」，前揭書，第一冊，頁一六三。

二、自由的內容

人民有哪些自由呢？通常分為個人基本自由與政治自由，茲分述於次：

(一)個人基本自由

所謂個人基本自由，即是個人發展人格時所必要的一種自由權利。國家承認個人自由的目的，在使個人得以自由發展其智識、道德與身體上的特性。故所謂個人基本自由，實即個人的身體、智識與道德自由活動和表現的權利。國父在談到歐洲君主專制的情形時說：「歐洲由羅馬亡後到兩三百年以前，君主的專制是很進步的，所以人民所受到的痛苦也是很利害的，人民很難忍受的。當時人民受那種痛苦，不自由的地方極多，最大的是思想不自由、言論不自由、行動不自由。」❾因此，歐洲的思想家如約翰彌勒就特別討論到思想自由、言論發表自由及行動自由。國父在談到滿清異族專制時也說：「中國四萬萬之眾等於一盤散沙，此豈天生而然耶？實異族之專制有以致之也。在滿清之世，集會有禁，文字成獄，偶語棄市，是人民之集會自由、出版自由、思想自由，皆已削奪淨盡，至二百六十餘年之久，種族不至滅絕，亦云幸矣；豈復能期人心固結，群力發揚耶？」❿因此，他在民國十二年「中國國民黨宣言」中主張「確定人民有集會、結社、言論、出版、居住、信仰之絕對自由權」。⓫次年中國國民黨第一次全國

❾ 同❶，頁八四。

❿ 國父著，「民權初步」，前揭書，第一冊，頁六六七。

代表大會並將「確定人民有集會、結社、言論、出版、居住、信仰之完全自由權」列入國民黨之政綱。⓬同年十一月，在「北上宣言」中指出「當以全力保障人民之自由」。⓭現今一般民主國家憲法所列舉的個人基本自由，不外關係個人實質利益與精神利益兩方面，前者如人身自由、居住遷徙自由、工作自由、財產自由；後者如信仰自由、意見自由（包括言論、講學、著作、出版、祕密通信）、集會自由、結社自由等。我國現行憲法第二章，對於人民的基本自由有詳盡的規定，進一步落實了國父的主張。

(二) 政治自由

所謂政治自由，就是一般國民參與政治的權利，即公民的參政權。此種權利的行使，以取得公民資格為先決條件，而以參與國家意思的構成和執行為其內容。我國憲法第十七條規定：「人民有選舉、罷免、創制、複決之權。」此即行使政權的權利。第十八條規定：「人民有應考試、服公職之權。」此即參與治權的權利。這些都是人民的政治自由權利。其中國父所強調的是人民行使政權的權利，他說：「政是眾人的事，集合眾人之事的大力量，便叫做政權，政權就可以說是民權。」⓮並指出「有了民權，平等自由才能夠存在；如果沒有民權，平等自由不過是一個空名詞」，⓯他以古代希臘、羅馬為例，說明民

⓫「中國國民黨宣言」，前揭書，第一冊，頁八六〇。

⓬「中國國民黨第一次全國代表大會宣言」，前揭書，第一冊，頁八八六。

⓭「北上宣言」，前揭書，第一冊，頁九一九。

⓮國父講，「民權主義」第六講，前揭書，第一冊，頁一四七。

權不發達、不普遍，就無法達到自由和平等的目的。所以國父強調人民有了政治自由權利，尤其是參與政權的權利，將政權放在人民掌握之中，成立民權政體，凡事由人民作主，如此才可以叫做民主政治。[16]

三、自由的限制

自由的真諦既是「為所應為」的自由，而非「為所欲為」的自由，所以個人自由權利的行使應該有所範圍或界限的，這可分為一般的限制與特殊的限制：

(一)一般限制

個人行使權利時，一般應受下列限制：一是以不妨害他人自由為限；二是不違反國家承認個人自由的目的為限；三是以不妨害公共利益與社會秩序為限；四是雖無上述各種情形，然國家為避免緊急危難，亦得加以限制。我國憲法第二十三條規定：「以上各條列舉之自由權利，除為防止妨礙他人自由，避免緊急危難，維持社會秩序，或增進公共利益所必要者外，不得以法律限制之。」換言之，政府為了「防止妨礙他人自由、避免緊急危難、維持社會秩序、增進公共利益」之必要時，即得制定法律以限制人民之自由權利。國父雖然未對上述自由的一般限制明白地設定何種條件或標準，但他反對濫用自由，他說：「中國人現在因為自由太多，發生自由的毛病，不但是學校內的學生是這樣，就是我們革命黨裡頭，也

[15] 國父講，「民權主義」第三講，前揭書，第一冊，頁一〇〇。

[16] 國父講，「民權主義」第五講，前揭書，第一冊，頁一二九。

有這種毛病；所以從推倒滿清之後，至今無法建設民國，就是錯用了自由之過也。」[17]國父所說我國人民已有太多自由，「並沒有否定自由價值的意思，只是覺得我國人民習於不負責任、不求實際，徒務虛名的假自由太可怕了；並且此項假自由是民主政治發展的絆腳石，而亟須加以糾正剷除的」。[18]法國大革命之後，因黨爭而犧牲的羅蘭夫人（Madame Roland, 1754～1793）於臨刑時，曾大聲疾呼：「自由！自由！天下多少罪惡假汝之名以行之！」這就是濫用自由的最佳寫照。國父也曾以法國大革命後得到民權而拿去濫用，變成暴民政治，認為是歐美民權運動發展過程中的一次障礙。[19]可見國父的原意是要對「假自由」加以限制，用來保障眾多人的「真自由」，所以對於自由權利的行使，用憲法規定限制的條件或標準，應是符合國父的原意的。

(二)特殊限制

這是指具有特殊身分的人而言。國父認為黨員、軍人、官吏和學生四種人的自由，不能與一般人民相同，應加以特別限制。對於黨員，國父曾屢次囑示國民黨員要犧牲自由，並遵守紀律，例如，他說：「凡人投身革命黨中，以救國救民為己任，當先犧牲一己之自由平等，為國民謀自由平等。」[20]又說：

---

[17] 同[1]，頁八九。

[18] 葉祖灝，「政治學新解」（正中書局，六十五年十月二版），頁九一。

[19] 國父講，「民權主義」第四講，前揭書，第一冊，頁一一六。

[20] 國父函，「致陳新政暨南洋同志論組織中華革命黨之意義書」，前揭書，第三冊，頁二八七。

「政黨中最要緊的事，是各位黨員要有一種精神結合。要各位黨員能夠精神上結合：第一要犧牲自由，第二要貢獻能力。如果個人能夠犧牲自由，然後全黨方能得自由。」㉑對於軍人與官吏，國父曾說：「軍人與官吏，不過為國家一種機關，為全國人民辦事。……倘軍人與官吏，借口於共和與自由，破壞紀律，則國家機關萬不能統一。……何能為國家辦事。……共和與自由，全為全體人民而講。至於官吏，則不過為人民公僕，受人民供應，又安能自由！……如欲得完全自由，非退為人民不可。當未退為人民，而在職為軍人或官吏時，則非犧牲自由，絕對服從紀律不可。」㉒對於學生，他指責民初的學生得到了自由思想，卻濫用自由，在學校常鬧學潮，是自由用之不得其所，㉓所以他勉勵學生說：「當學生的能夠犧牲自由，就可以天天用功，在學問上做工夫。」（同❸）由上可知，國父主張黨員、軍人、官吏和學生這四種人的自由應特別予以限制，不能如一般人民一樣享有同等的自由權利，這就是自由的特殊限制。

自修復習問題

一、明瞭自由的真諦。

二、明瞭自由的內容。

㉑ 國父講，「革命成功在乎革命黨員有團體」，前揭書，第二冊，頁六一四。

㉒ 國父講，「自由之真諦」，前揭書，第二冊，頁二二〇～二二二。

㉓ 同❶，頁八八。

三、明瞭為何國父主張自由平等要在民權上立足的原因。

四、明瞭自由的一般限制與特殊限制。

討論問題

一、何謂自由?自由要以什麼為範圍?

二、個人自由和國家自由,孰者為先?

三、自由與法治有何關係?

四、在哪些情況下,可以制定法律限制人民之自由權利?

五、國父認為哪些人應該犧牲個人自由?為什麼?

國父原著選讀

一、民權主義第二至第六講

二、自由之真諦

第四節　真正的平等

一、平等的意義

所謂「平等」，就是沒有等差之謂，即一個人無論在法律上、政治上、經濟上、社會上、教育上……各方面，不能享受任何特權，亦不遭受任何歧視，而完全居於同等、互尊的地位。❶平等與自由相比，自由最為具體，在日常生活中存在與否非常容易覺察，但剝奪平等則較不易察覺、較不明顯。但民主社會如果否認平等，勢必危及民主政治的基礎與運作，所以國父在談到法國大革命「自由、平等、博愛」三個口號時說：「平等和我們的民權主義相同，因為民權主義是提倡人民在政治之地位都是平等的。」❷可見民權乃以平等為基礎。為求確實做到平等，必先辨明不平等、假平等與真平等：

❶ 葉祖灝，「政治學新解」（正中書局，六十五年十月二版），頁七九。

❷ 國父講，「民權主義」第二講，前揭書，第一冊，頁九一。

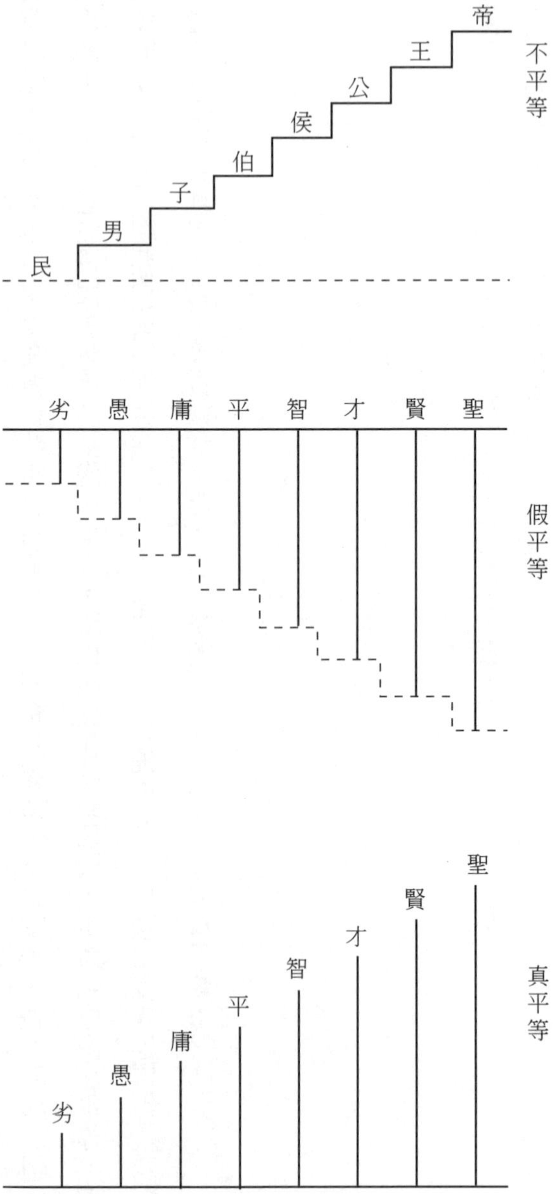

(一)不平等

國父否認「天賦平等」說，他批評盧梭「民約論」所主張「人生而自由平等，各人都有天賦的權利，不過後來人民放棄天賦的權利」的立論是沒有根據的。❸他說：「自人類幾百萬年以前，推到近代民權萌芽時代，從沒有見過天賦有平等的道理。譬如用天生萬物來講，除了水面之外沒有一處是平的；就拿

❸ 國父講，「民權主義」第一講，前揭書，第一冊，頁七四。

平地來比較，也沒有一處是真平的。」❹花與葉也一樣，「沒有哪兩片葉子完全是相同的，也沒有哪兩朵花完全是相同的」。（同❹）天地間所生的東西既不相同，「自然不能夠說是平等。自然界既沒有平等，人類又怎麼有平等呢」？（同❹）這是天生的不平等。國父又說：「天生人類本來也是不平等的，到了人類專制發達以後，專制帝王尤其變本加厲，弄到結果，比較天生的更是不平等了。這種由帝王造成的不平等，是人為的不平等。」（同❹）可見國父將不平等分為兩種：一是天生的不平等，人類的智商各異正是天生不平等的說明。二是人為的不平等，就是封建時代的「帝、王、公、侯、伯、子、男、民」的階級制度。國父反對的是這種人為的不平等，因為人為的不平等使得「在特殊階級的人過於暴虐無道，被壓的人民無地自容」。（同❹）這種人為的不平等也是「所以發生革命風潮」的原因。

(二)假平等

近代的民權革命，其目的在打破人為的不平等。但歐洲在「專制帝王推倒了以後，民眾又深信人人是天生平等的這一說，便日日去做工夫，想達到人人的平等，殊不知這種事是不可能的」，「縱使不顧真理，勉強做成功，也是一種假平等」。❺所謂假平等，就是不分「聖、賢、才、智、平、庸、愚、劣」人類天賦本質的不齊，而一律求其平等，亦即不把平等地位放在「立足點」，而把位置高的壓下去，成為「平頭點」的平等。國父對人為的不平等固然深惡痛絕，但對這樣的假平等也指為有悖於自然的真理。

---

❹ 國父講，「民權主義」第三講，前揭書，第一冊，頁九二。

❺ 同❹，頁九三。

這種假平等如果實現，「不管各人天賦的聰明才力，就是以後有造就高的地位，也要把他們壓下去，一律要平等，世界便沒有進步，人類便要退化」。（同❺）

㈢真平等

所謂「真平等」，就是立足點平等，亦即讓各人站在同一水平線上，根據各自天賦的聰明才力充分地去發展造就。各人天賦的聰明才力不同，發展造就自然也隨之而異；但是因其最初的立足點是在同一水平線上，憑藉發展造就的機會又完全相同，所以是真平等。國父說：「說到社會上的地位平等，是始初起點的地位平等，後來各人根據天賦的聰明才力自己去造就。因為各人的聰明才力有天賦的不同，所以造就的結果當然不同；造就既是不同，自然不能有平等。像這樣講來，才是真平等的道理。……我們講民權平等，又要世界有進步，是要人民在政治上的地位平等。因為平等是人為的，不是天生的。人造的平等，只有做到政治地位上的平等。」（同❺）如何做到政治地位平等呢？國父認為要用革命的手段、用革命的方法，這是國父歸納英、美、法革命的歷史事實所得的結論。所以國父說：「革命以後，必要各人在政治地位上的立足點都是平等，那才是真平等，那才是自然的真理。」（同❺）可見民權主義所講的平等，即是立足點的政治地位平等。

二、實質的平等

國父既然主張各人在政治地位的平等，必然擴展及於吾人所習稱的法律平等、經濟平等、社會平等……，至於所謂「生活條件的實質平等」及「大家站在基本生活和知識水準上，得到機會均等的平等」，當然蘊含於其中，否則平等就空談了。所以先總統蔣公說：「平等也有兩種意義：一種是法律之前的形式平等，一種是生活條件的實質平等。我們對於生活條件的平等，更須作正確的解釋。生活條件的平等，並不是報酬的同一，而是大家都站在具有基本生活的經濟條件和基本知識的教育條件上，能得到公道的機會均等。至於報酬同一的平等觀念，就是總理所說的平頭的假平等。大家如站在基本生活和知識水準上，得到機會均等的平等，就是總理所說的立足點平等的真平等。」❻從這裡我們可以看出，民權主義的平等，從法律的形式平等擴展到生活條件的實質平等，從政治平等擴展到經濟平等。

歐美民主國家主張的平等，只注重法律平等和政治平等，而忽略了社會、經濟平等，結果發生了社會問題。十九世紀以後，社會主義形成又偏重於社會、經濟平等而忽視政治平等，其結果產生了極權共產主義，根本推翻了政治平等。而國父提倡的民權主義是民生主義的民權主義，所以它是既主張政治平等，也主張經濟平等，這也就是先總統蔣公所說的生活條件的實質平等。我國憲法第七條規定：「中華民國人民，……在法律上一律平等。」第一百五十二條規定：「人民具有工作能力者，國家應予以適當之工作機會。」第一百五十三條規定：「國家為改良勞工及農民之生活，增進其生產技能，應制定保護勞工及農民之法律，實施保護勞工及農民之政策。婦女兒童從事勞動者，應按其年齡及身體狀態，予以特別保護。」第一百五十五條規定：「國家為謀社會福利，應實施社會保險制度。人民之老弱殘廢，無力生活，及受非常災害者，國家應予適當之扶助與救濟。」第一百五十九條規定：「國民受教育之機會，

❻ 先總統蔣公著，「反共抗俄基本論」，見「蔣總統集」第一冊，頁二五四。

一律平等。」憲法增修條文第九條第五項規定：「國家應維護婦女之人格尊嚴，保障婦女之人身安全，消除性別歧視，促進兩性地位之實質平等。」第六項規定：「國家對於殘障者之保險與就醫、教育訓練與就業輔導、生活維護與救濟，應予保障，並扶助其自立與發展。」凡此均足以說明民權主義所主張的政治地位平等、法律之前的平等，以及基本生活條件的實質平等，和基本知識的教育條件之機會均等，均獲得憲法上的進一步落實。

三、平等的精義

國父認為人為的不平等，可以用革命的方法來打破；而天生秉賦不同，而必欲使之平等，就要靠人類服務道德心的提昇與發揚。

依國父的分析，人類天賦的才能有三種人：一是先知先覺者，有絕頂的聰明，故能創造發明，所以稱為發明家。二是後知後覺者，才智中等，只能做效推行，所以稱為宣傳家。三是不知不覺者，只能竭力樂成，所以稱為實行家。這三種人的數目雖然懸殊，但為求人類的進步，實缺一不可。可是如何調和這三種人使之平等呢？國父認為「要調和這三種人使之平等，則人人當以服務為目的，而不以奪取為目的。聰明才力愈大者，當盡其能力以服千萬人之務，造千萬人之福；聰明才力略小者，當盡其能力以服十百人之務，造十百人之福。所謂巧者拙之奴，就是這個道理。至於全無聰明才力者，亦當盡一己之能力，以服一人之務，造一人之福。照這樣做去，雖天生人之聰明才力有不平等，而人之服務道德心發達，必可使之成為平等了。這就是平等的精義。」❼我們由此可以體認到國父倡述平等精義的主旨，乃在使

「此三種人互相為用，協力進行，則人類之文明進步，必能一日千里。天之生人，雖有聰明才力之不平等，但人心則必欲使之平等，斯為道德上之最高目的，而人類當努力進行者」。（同❼）如此則聰明才智之上，不專為利己，且兼以利人，則社會人群之進步當無止境。

自修復習問題

一、明瞭不平等、假平等與真平等的區別。
二、明瞭實質平等的真義。
三、明瞭打破人為不平等的方法。
四、明瞭國父所主張平等的精義。

討論問題

一、何謂不平等？何謂假平等？如何才能獲致真平等？
二、試闡釋平等的精義。

❼ 同❹，頁一〇四。

國父原著選讀

民權主義第二、三講

第五節　權能區分

人民與政府間的權力關係，如何調理與安排是政治學所討論的中心問題。國父研究中西政治思想，和歐美近代民主政治的理論與實際，發現問題的癥結所在而主張「權能區分」，以解決這個問題。「權能區分」的道理「從前歐美的學者都沒有發明過」，「是世界學理中第一次的發明」。❶「權能區分」的理論非常重要，因為五權憲法的政府制度設計就是以「權能區分」為其理論基礎的。

一、權能區分的理由

國父在研究歐美各國的政治實際，發現「民權政治在外國也不能充分實行，進行民權在中途也遇到了許多障礙。現在中國主張實行民權，要做效外國，便要做效外國的辦法；但是民權問題在外國政治上，至今沒有根本辦法，至今還是一個大問題」。❷這個大問題就是「民權發達的國家，多數的政府都是弄到無能的；民權不發達的國家，政府都是有能的」。❸前者如法國第三、第四共和時代，後者如俾斯麥當政時的德國，證諸近代史實，的確如此。因此國父發明權能區分的背景，是西方政府無能、國會專制的情

❶ 國父講，「民權主義」第五講，見「國父全集」第一冊，頁一二六。
❷ 同❶，頁一二一。
❸ 同❶，頁一二五。

形，並且民初的中國正好也有類似的經驗。歐美的政治學理既然不能解決人民與政府間權力的根本問題，中國實行民權便不能完全倣效外國，必須重新思考新的方法。歸納言之，國父主張權能區分的理由有二：

(一)改變人民對政府的態度

國父指出：「有一位瑞士學者說：『各國自實行了民權以後，政府的能力便行退化。』這個理由，就是人民恐怕政府有了能力，人民不能管理。所以人民總是防範政府，不許政府有能力，不許政府是萬能。」（同❸）這種情形是可以理解的，因為「經過了民權革命以後，人民所爭得的自由平等過於發達，一般人把自由平等用到太沒有限制，把自由平等的事做到過於充分，政府毫不能做事，國家雖然是有政府，便和無政府一樣」。（同❶）「民權發達了以後，人民便有反抗政府的態度，無論如何良善皆不滿意。如果持這種態度，長此以往，不想辦法來改變，政治上是很難望進步的」。（同❶）這位瑞士學者主張「人民對政府的態度應該要改變」，然而如何改變的辦法並沒有想出。國父則提出了根本的辦法，他說：「我們革命主張實行民權，對於這個問題，我想了一個解決的方法。……就是權與能要分別的道理。」（同❶）

(二)補救政府無能的缺點

國父同時指出：「有一位美國學者說：『現在講民權的國家，最怕的是得到了一個萬能的政府，人民沒有辦法去節制他；最好的是得到一個萬能政府，完全歸人民使用，為人民謀幸福。』」（同❸）所欲所怕的都是一個萬能政府，一是人民怕不能管理的萬能政府，一是要為人民謀幸福的萬能政府。但是要怎樣把政府變為萬能，而這個萬能政府又能為人民管理呢？這個問題並不單純。國父說：「歐美對於民權問題的研究還沒有澈底；因為不澈底，所以人民和政府日日相衝突。……因為民權是新力量，政府是舊機器，我們現在要解決民權問題，便要另造一架新機器。造成這種新機器的原理，是要分開權和能；人民是要有權的，機器是要有能的。」❹實行權能區分就是解決既要萬能政府為人民謀幸福，又怕政府力量太大不能管理的矛盾情結的根本辦法。國父並且認為實行權能區分造成萬能政府後，就可藉此使中國能與世界上最富強的美國並駕齊驅。中國是世界上最大的國家，人口眾多，領土寬闊，物產豐富，如果能建設一個極強有力的政府，那麼中國豈不是駕乎各國之上了。❺

二、權能區分的原理

國父說：「要權與能分開，人民對於政府的態度才可以改變；如果權與能不能分開，人民對於政府的態度總是不能改變。」❻我們知道政治學中最難解決的問題，就是人民與政府間的關係，國父所創的權能區分就是要解決這個問題的具體主張。國父說：「政治裡頭有兩個力量：一個是自由的力量，一個是維持秩序的力量。政治中有這兩個力量，好比物理學裡頭有離心力和向心力一樣。……總要兩力平衡，

---

❹ 國父講，「民權主義」第六講，前揭書，第一冊，頁一四四。

❺ 同❹，頁一四八。

❻ 同❶，頁一三〇。

物體才能保持平常的狀態。政治裡頭的自由太過，便成了無政府；束縛太過，便成了專制。中外數千年的政治變化，總不外乎這兩個力量之往來的衝動。」❼又說：「兄弟所講的自由同專制這兩個力量，是主張雙方平衡，不要各走極端，像物體的離心力與向心力互相保持平衡一樣。如果物體是單有離心力或者是單有向心力，都是不能保持常態的。總要兩力相等、兩方調和，才能夠令萬物均得其平，成現在宇宙的安全現象。」❽國父又說：「政治之中，包含有兩個力量，一個是政權，一個是治權。這兩個力量，一個是管理政府的力量，一個是政府自身的力量。」❾人民管理政府的力量，國父稱之為「權」；政府自身的力量，國父稱之為「能」。要自由與專制兩個力量平衡，就必須區分「權」與「能」；因為區分了權與能以後，「用人民的四個政權，來管理政府的五個治權，那才算是一個完全的民權政治機關。有了這樣的政治機關，人民和政府的力量，才可以彼此平衡」。❿這樣，人民有權才可以管理政府，不怕政府專制不能控制；政府有能才可以建立萬能政府、放手辦事，為國利民福而服務。國父為了說明權能區分的原理，曾舉出三國時的「阿斗與諸葛亮」、公司裡的「股東與總辦」、汽車的「主人與司機」、「工程師與機器」來做比喻。人民應該是有權的，正如西蜀的阿斗、公司的股東、汽車的主人以及控制機器的工程師；政府是應該有能的，正如西蜀的諸葛亮、公司的總辦、駕汽車的司機以及工程師所控制的機器。人

❼ 國父講，「五權憲法」，前揭書，第二冊，頁四一六。
❽ 同❼，頁四二〇。
❾ 同❹，頁一四七。
❿ 同❹，頁一五三。

民有權，便可以管理政府，不怕他萬能；政府有能，才能在人民監督之下，為人民謀幸福。於是「所怕所欲」的矛盾，便可獲得解決。

三、權能區分的運用

國父說：「要把國家的政治大權分開成兩個：一個是政權，要把這個大權完全交到人民的手內，要人民有充分的政權，可以直接去管理國事。這個政權，便是民權。一個是治權，要把這個大權完全交到政府的機關之內，要政府有很大的力量，治理全國事務。這個治權，便是政府權。」⓫因此，權能區分的運用，就是要以人民的四種政權來管理政府的五種治權，政府運用五種治權來為人民做事。「人民要怎樣管理政府？就是實行選舉權、罷免權、創制權和複決權。政府要怎樣替人民做工夫？就是實行行政權、立法權、司法權、考試權和監察權」。（同❿）人民有選舉、罷免兩權，於是官員的「去」、「留」，其權均操之於人民。人民有創制、複決兩權，於是議會之「動」、「止」，其權亦操之於人民。所以人民有了選舉、罷免兩權（管人），對官吏議員能放能收；有了創制、複決兩權（管法），對議會的法律可創可改。既杜專制，又防失職。至於「政府替人民做事要有五個權，就是要有五種工作，要分成五個門徑去做工」，⓬而後才能為人民謀幸福。亦即要有行政權以執行政府的政策；要有立法權以制定所需要的法律；要有司法權以貫徹國家法律的執行；要有考試權為政府掄才授位；要有監察權為政治保持清明。「政府有

⓫ 同❹，頁一四九。

⓬ 同❹，頁一五五。

了這樣的能力，有了這些做工的門徑，才可以發出無限的威力，才是萬能政府」，（同⑫）「人民有了很充分的政權，管理政府的方法很完全，便不怕政府的力量太大，不能夠管理」，（同⑪）於是政治才可以進步。茲將權能區分及其運用的具體形態，圖示如左：（同⑩）

九權平衡圖

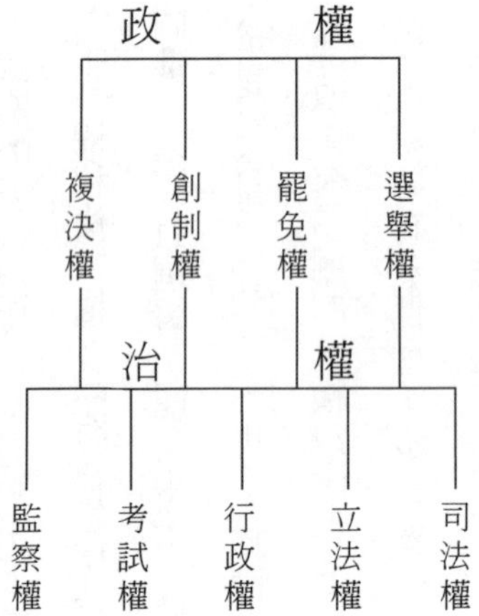

四、權能區分的特質

權能區分既是國父在政治學理上的新發明，所以它必有其特質。其一為權能彼此平衡，其二為政府萬能而不獨裁。因為國父主張人民有四個政權，政府有五個治權。即一方面增加人民的權力，由間接民權進為直接民權，由權力的分散變為權力的集中，如此人民與政府的力量才能真正平衡。所以國父說：「有了這樣的政治機關，人民和政府的力量才可以彼此平衡。」又說：「有了這九個權，彼此保持平衡，民權問題才算是真解決，政治才算是有軌道。」（同❿）人民運用四個政權以管理政府，管理而不牽制，始有萬能政府的出現。人民要將政府視為專門家，對之持以信任的態度；甚且，人民要對政府變消極的監督為積極的合作。在這種理論之下，國家興衰，政治良窳，關鍵仍在人民。不濫用民權，政府才能發揮功能；必善用民權，才能產生有能的政府。政府運用五種治權為人民辦事，「只盡其能，不竊其權」，因此人民與政府的關係是平衡而和諧的。先總統蔣公說：「由權與能的分別及政權與治權的平衡，便可以從根本上調和歷史上人民與政府間自由與專制的衝突，而建立一個完全為『為民而治』的萬能政府，為全體人民謀取最大的福利。」⓭本世紀極權政治的發生，一方面固由於少數野心家的專橫，一方面亦由於人民要求政府有迅捷的效能而造成，結果變成獨裁而為害人民。有了權能區分，政府萬能，自然效能高；但因人民有權控制政府，故政府無法形成獨裁。由此可見權能區分實為防止極權政治的有效方法。

自修復習問題

一、明瞭國父主張權能區分的理由。

二、明瞭權能區分的原理。

三、明瞭權能區分的方法。

四、明瞭權能區分的特質。

⓭ 先總統蔣公講，「國父遺教概要」第二講，見「蔣總統集」第一冊，頁一七。

討論問題

一、何謂權能區分？國父發明權能區分的理由何在？
二、說明權能區分的主要意義。
三、政權、治權如何分別？其相互關係如何？
四、權能區分的理論根據是什麼？
五、權能區分的比喻與特質為何？

國父原著選讀

民權主義第五、六講

第六節　憲政分權理論

一、西方近代的三權分立學說

當今歐美各國的憲法都採三權分立的制度。三權分立的學說雖可上溯到希臘、羅馬時代，但歐美三權分立的憲法是以法人孟德斯鳩的分權理論為基礎，而孟德斯鳩的分權理論又是直接地受了當時政治制度的啟示，與英人洛克分權理論的影響。茲將洛克與孟德斯鳩的分權理論簡述於次：

(一)洛克的分權理論

洛克(John Locke, 1632～1704)生逢英國光榮革命時期，具多方面的才學。他的政府分權論雖未被各國採行，但他實為近代第一位主張按政府職務性質分權的人。他的分權理論是建立於凡權力均應受限制的基本理念上。他認為國家無論採取何種政體，其權力範圍均應有所限制，因為有權力的人總喜歡擴大其權力，權力如允許其自由擴大，最後必集大權於一身，專制的弊病必不可免，故主張政府本身採分工的原則，將權力劃分，分別由不同的人或機關行使，以防止專制與濫用權力的情事。他按政府職權的性質分為立法權、行政權與外交權三種。

三權並非是平立的，而是以立法權為最高且最重要。洛克認為國家的重要原則是先行設置立法權，它是國家中最高的權力，立法機關一旦受社會的付託，即不能再將其權力委託他人行使。但他認為立法權亦應受限制，立法機關不可制定法律隨意侵害人民的生命、自由與財產，因為國家的目的乃是在保障人民的自然權利。行政機關負責執行法律，工作繁多，組織龐大，應當經常存在。司法機關的職責也是在執行法律，故置於行政權之內。洛克把外交列為一權，包括結盟、締約及軍事諸種權力。他認為這些權力維持國家的獨立與安全，其性質特殊且重要，應劃於行政權之外單獨行使。洛克不重視司法權，反而重視外交權，對於此點他並未多加解釋，但可能與當時英國的實際情形有關。蓋當時內閣雖已存在，尚無離開王權而獨立的地位，司法亦為王權，但在洛克時代已能表現出獨立的精神，而在各種王權中，軍事外交權對當時英國為害最烈，查理二世不顧國會反對，發動對荷蘭戰爭，又向法國借款以作孤注一擲，此種事實也許是洛克認為外交權脫離行政權而獨立，是改進英國制度的重要建議。❶

總之，洛克分權理論的基本觀點，是認為任何權力都應受限制，方不致流於專斷腐化。他雖然並未提出權力相互制衡的觀念，只是針對當時英國政治的實況，提出其三權分立的主張，以保障人民的自由權利，但他的按政府職務分權的原則為孟德斯鳩所採用，而對世界各國的憲法發生重大的影響。❷

(二)孟德斯鳩的分權理論

孟德斯鳩 (Montesquieu, 1689～1755) 是開明時代 (age of enlightenment) 政治思想的前驅，於一七四八

---

❶ 鄒文海，「西洋政治思想史稿」(鄒文海先生獎學基金會，七十一年九月)，頁三四八。

❷ 田炯錦，「五權憲法與三權憲法」(黎明文化公司，六十二年十一月)，頁二一二。

年發表「法意」(*The Spirit of Laws*)一書，闡揚三權分立和相互制衡的理論，後來美國聯邦憲法三權分立的政治制度設計，即以孟氏的學說為藍本。

孟德斯鳩為了解當時法國政治的弊害，因此專注於研究自由的保障及專制的廢除。他認為欲保障人民自由，就要施行法治，因為法律是客觀的準則，使統治者與被治者都能有所遵循；必待法治建立，人民方能享有自由。但自由並非漫無限制的行動，自由就是有權利去做法律所允許的事情；假使有人有權利去做法律所禁止的事情，則基於法律平等之原則，人人亦要有享此相同的權利，則自由必將喪失。但要維護人民的自由，固有賴於法治，但僅有客觀的法律，統治者仍可曲解法律、濫用權力，而侵害人民的自由。所以他認為要防止專制、保障自由，必須在政治制度上實行分權與制衡，以防止統治者枉法擅權。他說：「由歷史上之經驗所推知，凡人有權，很少能不倒行逆施者，必盡其權力之所能而為所欲為。」因此他主張將政府的權力分為立法權、行政權和司法權三者，並以以權制權建立一種「制衡原則」(The principle of check and balance)，使彼此間互相平衡又相互牽制。於是他參考當時英國的政治制度，將政府權力機關分為三種：立法權屬於議會、行政權屬於政府（內閣）、司法權屬於法院。任何機關在分立與制衡之下，不得濫權、越權造成專制獨裁，如此人民的自由權利才能得到保障。

孟德斯鳩三權分立且相互制衡的理論，其主要目的在於防止統治者專制，以保障人民的自由，因此他主張立法權、行政權和司法權必須獨立行使。他認為如將立法權和行政權合而為一，人民自由將必喪失，因為掌此權者未必賢明，將立繁苛的法律而又以威力去執行。若立法權與司法權不分，則處理爭訟以斷曲直的法官，亦即為議立法律者，則將無從定是非、辨黑白，人民之生命、自由與財產將不可保。

若司法權與行政權相合，則執行法令者也是判定是非曲直者，人民將被任意羅織，亦無自由之可言。如若三權集於一人或一機關則更危險，必為專制之治，人民自由的保障更不堪設想了。所以必須使三個機關分立而制衡，維持一種均勢，能如此憲法的尊嚴始能保持，人民的自由權利始有確實的保障。❸

二、國父的五權憲法理論

國父曾說：「我們要拿事實做材料才能夠定出方法，如果單拿學理來訂方法，這個方法是靠不住的。這個理由就是因為學理有真的、有假的，要經過試驗才曉得對與不對。」❹國父的五權憲法即是對於西方三權分立的代議政治，表現出議會獨裁、政府無能及民權不夠充分等流弊的事實，而提出的解決之主張，並且是經過深思熟慮、苦心構思、比較得失，才終底於成。國父於一九〇六年十二月二日演講「三民主義與中國民族之前途」，即提出五權憲法的主張。此後至民國十三年，許多重要著作及演講均把「三民主義」、「五權憲法」相提並論，足見五權憲法在他的心目中占有很重的分量。五權憲法可說是「以三民主義為思想基礎，以權能區分為前提，並將政府的治權區分為行政、立法、司法、考試、監察五權分立的憲法」。❺茲將國父五權憲法的理論簡述於次：

❸ 逯扶東，「西洋政治思想史」（作者發行，五十九年一月），頁三〇八～三〇九。
❹ 國父講，「民生主義」第二講，見「國父全集」第一冊，頁一八〇。
❺ 高旭輝，「五權憲法與三權憲法之比較研究」（中央文物供應社，七十年七月），頁三一。

(一)五權憲法創立的目的

國父創立五權憲法，其目的有二：一為補救三權分立的缺點；二為集合古今中外政治制度的精華，以創立新的政府制度。茲分別說明之：

1.補救三權分立的缺點　國父說：「兄弟當亡命各國的時候，便很注意研究各國的憲法。研究所得的結果，見得各國憲法只有三權，還是很不完備。所以創出這個五權憲法，補救從前的不完備。」❻三權分立的缺點，歸納言之，有下列數項：

(1)行政兼考試權，容易發生盲從濫選及任用私人　國父說：「考選權如果屬於行政部，那權限未免太廣，流弊反多。」又說：「美國官吏有由選舉得來的，有由委任得來的。從前本無考試的制度，所以無論是選舉、是委任，皆有很大的流弊。」❼其流弊有二：一為濫用私人，不能達到「選賢與能」的目的。二為政府官吏因選舉而變動，造成政黨的分贓制度 (spoils system)。所以行政機關兼掌考試權，權限太大，容易發生盲從濫選及任用私人的流弊。

(2)立法兼彈劾權，容易形成議會專制　三權分立制度是將彈劾權包括在立法權之內，因議員往往為政黨利益著想，或為個人權利打算，濫用彈劾權，形成議會專制。誠如國父所說：「比方美國糾察權歸議院掌握，往往擅用此權，挾制行政機關，使他不得不頫首聽命，因此常常成為議院專制。」(同❼)

---

❻ 國父講，「五權憲法」，前揭書，第二冊，頁四一二。

❼ 國父講，「三民主義與中國民族之前途」，前揭書，第二冊，頁二〇五～二〇六。

(3)三權互相牽制，造成政府無能　三權分立制度因立法、行政與司法三權各自獨立行使，其基本精神在預防專制政治復活，以保障人民自由權利。其在觀念上既提倡自由放任主義，以管事最少的政府為最好的政府，故減少政府的職能；又主張政府權力分散，三權分開，獨立行使且相互牽制，限制政府權力的擴張。由於權力相互牽制的結果，使政府的權力對消，造成政府無能。

國父創立的五權憲法，是要把考試權和監察權分別從行政權和立法權中獨立起來，以補救三權分立之弊。考試權獨立，可以救選舉不得其人與分贓制度的流弊。所以國父說：「將來中華民國憲法，必要設獨立機關專掌考選權，大小官吏必須考試，定了他的資格，無論那官吏是由選舉的，抑或由委任的，必須合格之人，方得有效。這法可以除卻盲從濫舉及任用私人的流弊。」(同❼)再把監察權獨立於立法權之外，既可「分國會之權」，避免國會專制，又可使行政機關不受挾制，政府便有能了。這樣一來，政府便可任用賢能，造成萬能政府，所以五權憲法可以補救三權分立的缺點。

2.創立新的政府制度　國父說：「我們現在要集合中外的精華，防止一切的流弊，便要採用外國的行政權、立法權、司法權加入中國的考試權和監察權，連成一個很好的完璧，造成一個五權分立的政府。」❽這個五權分立的政府，是國父鑒於西方三權分立的政府制度有許多缺點，所創立的新的政府制度。他認為「用五權憲法所組織的政府才是完全政府，才是完全的政府機關。有了這種的政府機關去替人民做工夫，才可以做很好很完全的工夫」，❾「像這樣的政府，才是世界上最完整、最良善的政府。國

---

❽ 國父講，「民權主義」第六講，前揭書，第一冊，頁一五四。

❾ 同❽，頁一五二。

家有了這樣純良的政府，才可做到民有、民治、民享的國家」。（同❽）

㈡五權憲法的內容構架

國父的五權憲法在學理上有兩個依據：一是權能區分的理論，二是融貫歐美近代三權憲法及中國古代的三權制度。關於前者——權能區分的理論已如第五節所述，茲就後者——融貫歐美近代三權憲法及中國古代的三權制度說明之：

1.歐美的三權憲法　歐美的三權憲法，乃是以孟德斯鳩三權分立相互制衡的學說為基礎。國父說：「憲法是從英國創始的，英國自經過了革命之後，把皇帝的權力漸漸分開成了一種政治習慣，好像三權分立一樣。……後來有位法國學者孟德斯鳩著了一部書叫做『法意』，有人把他叫做『萬法精義』，這本書是根據英國的政治習慣發明三權獨立的學說，主張把國家的政權分開成立法、司法和行政三權。」❿美國獨立革命成功後，「根據於孟氏三權分立的學說，用很嚴密的文字成立一種成文憲法」，⓫建立三權分立的聯邦政府之政治組織。其後法、義、德、日等國家又拿美國的憲法做藍本，各自建立三權分立的政府制度。

2.中國古代的三權制度　國父認為拿英國的不成文憲法來比較，中國專制時代亦有不成文的憲法，像下圖所列：

❿ 同❻，頁四一八。
⓫ 同❻，頁四一九。

比較憲法圖

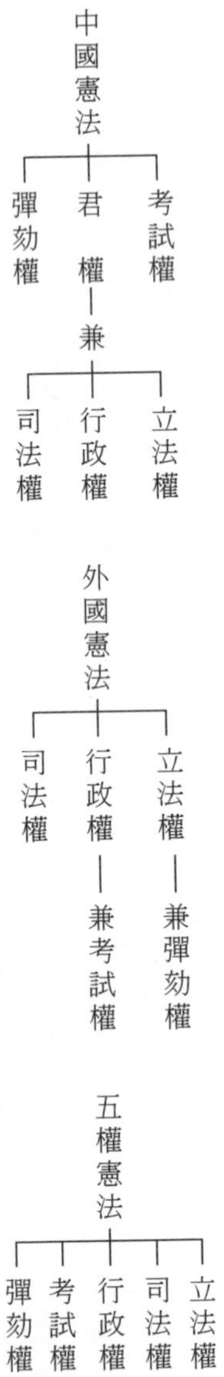

國父說：「照這樣的圖看來，可見中國也有憲法：一個是君權，一個是考試權，一個是彈劾權；不過中國的君權兼有立法權、司法權和行政權。這三個權裡頭的考試權，原來是中國一個很好的制度，也是一件很嚴重的事。從前各省舉行考試的時候，把試場的門都關上，監試看卷的人都要很認真，不能夠通關節、講人情，大家想想是何等鄭重。」又說：「說到彈劾權，在中國君主時代有專管彈劾的官，像唐朝諫議大夫和清朝御史之類，就是遇到了君主有過也可冒死直諫，這種御史都是耿直得很，風骨凜然。」（同⓫）國父認為監察權就是彈劾權，因此中國專制時代是行君權、考試權、監察權三權分立的政治制度。雖君權為高，但君權也能尊重考試權和監察權，所以在政治上對君權發生牽制與制衡的作用，中國古代的君權並非漫無限制。

3.國父創立的五權憲法

國父說：「中國從前實行君權、考試權和監察權的分立，有了幾千年；外國實行立法權、司法權和行政權的分立，有了一百多年。不過外國近來實行這種三權分立，還是不大完全；中國從前實行那種三權分立，更是有很大的流弊。」（同❽）因此，國父取精用宏，創立了五權憲法。他說：「外國從前只有三權分立，我們現在為什麼要五權分立呢？其餘兩個權是從什麼地方來的呢？

這兩個權是中國固有的東西。」⓬所以五權憲法是採取外國立法、行政、司法三權憲法的長處，並融入我國古代政治制度中，考試權和彈劾權獨立的優點而建立的。

從以上所述可知，國父創立五權憲法，與西方原有的憲法不只是五權與三權「量」方面的不同，而且在前者加入二權之後，政府成為有能，這與後者之國會專制、政府無能相比，在「質」方面也迥然有別，正如張知本先生所言：「五權憲法絕不是把三權扯勻而成為五權，也不是把外國的東西加上中國舊有的制度，更不是三權憲法的改裝物，五權憲法完全是國父獨出心裁的創造品。」⓭五權憲法補救三權憲法的缺點，不僅切合中國的需要，並符合政治體系建制之分化與能力提昇的發展趨勢。

(三)五權憲法的特點

五權憲法的特點甚多，舉其最重要者有二：一是權能區分而平衡；二是五權分立而相成。茲分述於次：

1. 權能區分而平衡　五權憲法的理論前提是權能區分，主張人民有四個政權（權），政府有五個治權（能），權能彼此保持平衡，使人民與政府的關係獲得妥善的安排。五權憲法由權能區分而權能平衡的結果，就是人民行使政權不致使政府無能，政府行使治權亦無害於人民有權。如此，人民權與政府權兩者並行不悖，實現了「權」與「能」兩者各得其所，並保證人民有權、政府有能，這正是當今一般學者所

⓬ 同❽，頁一五三。

⓭ 張知本，「五權憲法的認識」，見王寵惠、張知本，「五權憲法之研究」，頁二〇〇。

企求的民主與效能兩相調和的政治理想。

2.五權分立而相成　這就是說五權一面各自獨立，各有權限，一面相需相成，互相合作。分立的作用是消極地防止弊害，避免專橫。譬如考試與行政分立以防止徇情用私，監察與立法分立以防止議會專制，立法與行政分立以防止自立自行，司法與行政分立以防止侵害民權，即是明顯的例證。相成的作用則在發揮積極的力量，修明政治。比方考試拔取真才，監察澄清吏治，立法制定良法，司法保障人權，都是足以增進行政效率，協助政令的推行，也是很明顯的事實。所以五權分立固然要發揮分立的精神，更要發揮相成的作用。國父說：「蓋機關分立，相待而行，不致流於專制，一也。分立之中，仍相聯屬，不致孤立，無傷於統一，二也。」[14]這種相互分工與相互聯屬的制度，可說是五權憲法第二個重要特點。

自修復習問題

一、明瞭洛克分權理論之內容及基本精神。

二、明瞭孟德斯鳩分權理論之內容及基本精神。

三、明瞭國父主張五權憲法的主要目的。

四、明瞭五權憲法的內容架構。

五、明瞭五權憲法較之三權憲法所具之重要特點。

---

[14] 國父著，「中華民國建設之基礎」，前揭書，第二冊，頁一七九。

討論問題

一、洛克與孟德斯鳩的分權理論有何不同？試加以比較。

二、五權分立的政府才是世界上最完全、最良善之政府，試說明其理由？

三、三權憲法有何缺點？五權憲法有何優點？

四、何以考試權與監察權要獨立行使？

五、國父主張權能區分與五權分立，其作用在於建立萬能政府。然則何謂萬能政府？其與極權制度的主要分別何在？

國父原著選讀

一、三民主義與中國民族之前途

二、五權憲法

三、民權主義第五、六講

第七節　五權憲法的中央政治制度

五權憲法的制度乃基於權能區分的理論基礎而來，而權能區分的理論之在中央，則由代表人民行使政權的國民大會與行使治權的五院以體現之。具體言之，五權憲法的中央政治制度是設置國民大會代表人民行使四種政權，用以管理五院和總統。五院為政府組織，行使五種治權；總統位居五院之上，總攬治權。而五院及總統均對國民大會負責。茲分述於次：

一、國民大會

(一)國民大會的性質與地位

國民大會的性質究竟如何？歷來學者有各種不同的主張。然而這些主張，有的基於代議政治而立論，有的以歐美的國會強為比附，有的為現行政制而辯解。顯然，其結果是否合於國父的原意是頗令人懷疑的。茲依照權能區分的理論，討論說明之：

1. **國民大會為管理中央治權的政權機關**　民國十年，國父演講「五權憲法」，曾繪治國機關圖以釋之。❶

❶ 國父講，「五權憲法」，見「國父全集」第二冊，頁四二四。

五權憲法治國機關圖

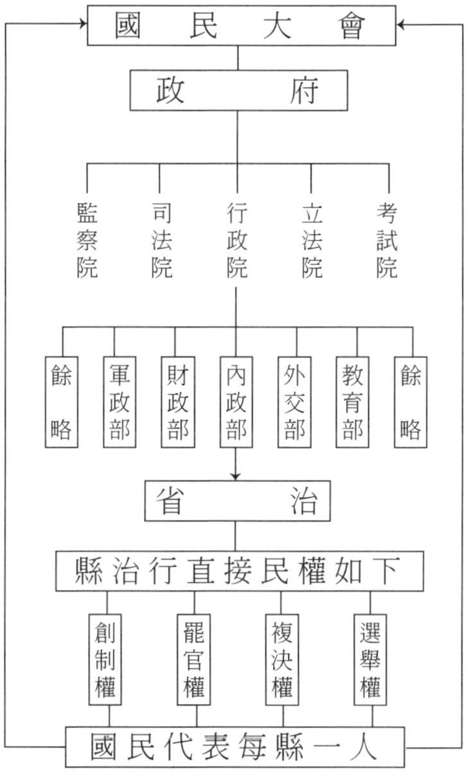

此治國機關圖，上端列國民大會是為政權機關，下端列五院是為治權機關，而「五院皆對國民大會負責」，❷於此可明國民大會之崇高地位。又「建國大綱」第二十四條規定：「憲法頒布之後，中央統治權則歸於國民大會行使之。即國民大會對於中央政府官員有選舉權、有罷免權；對於中央法律有創制權、有複決權。」這裡所謂「統治權」，實即指政權而言，亦即表明國民大會是代表人民行使選舉、罷免、創制、複決四權的政權機關。有人認為國民大會不只為政權機關，而且亦為主權機關，主張國民大會是代

❷ 國父著，「中國革命史」，前揭書，第二冊，頁一八四。又「孫文學說」第六章也有相同的話，前揭書，第一冊，頁四六四。

表人民行使主權的權力機構。其實主權為至高無上之權，沒有其他權力比其優越，現今「主權在民」已為民主政治的基本原則。國父曾說：「官治云者，政治之權付之官僚，於人民無與。……政治主權在於人民，……是以人民為主體，人民為自動者。」❸他既未言明主權在於國民大會，亦未指出國民大會是行使主權之機關，而只說國民大會行使四種民權。國民大會行使四種政權時不得違反人民之意志與利益，否則人民最後尚有罷免權或創制權、複決權以為控制。人民直接行使四個政權，實即人民直接行使主權的表現。如人民不能自己掌握主權，而由國民大會行使，則「主權在民」必成為空言。

2. 國民大會為全國之直接民權　國父固然說過，在建設完成時期實施憲政，「此時一縣之自治團體，當實行直接民權。……而對於一國政治，除選舉權之外，其餘之同等權則付託於國民大會之代表以行之。」（同❷）論者遂認為國民大會之設計仍是間接民權，而非直接民權。然而國父所再三為念的是直接民權，全民政治的實現。在廣土眾民之國實行直接民權，必須以地方自治為基礎，所以他主張「人民對於本縣之政治，當有普通選舉之權、創制之權、複決之權、罷官之權」。（同❷）在中央，則主張「民權以縣為單位……各舉一代表；此代表完全為國民代表，即用以開國民大會，得選舉大總統。其對於中央之立法，亦得行使其修正之權，即為全國之直接民權」。❹所謂「此代表完全為國民代表」，其意在代表人民行使政權時，「只盡其能，不竊其權」，（同❸）一切都要依據其所代表之民意，而不可憑個人的意見來決定，這無異以間接民權形式來行使直接民權，亦即將直接民權的精神由地方貫徹到中央，國父特稱

---

❸ 國父著，「中華民國建設之基礎」，前揭書，第二冊，頁一七九。

❹ 國父講，「自治制度為建設之礎石」，前揭書，第二冊，頁三五七。

之為「全國之直接民權」。

3. 國民大會不同於一般民主國家的國會　一般民主國家的國會是歐美三權分立、代議政治觀念下的機構；而國民大會是國父權能區分理論下的政權機關，乃是「濟代議政治之窮」的，所以理論上國民大會自不同於一般民主國家的國會。有人認為，國民大會是一院制的國會，因為是單獨代表人民行使統治權的機構，與一般民主國家代表人民行使統治權的國會相同。其實，一般民主國家的國會原有三種職權：一為代表人民，二為制定法律，三為監督政府。因之，其性質也即是一為人民代表機關，二為立法機關，三為監督機關。而國民大會代表人民行使四種政權，為一純粹代表人民之機關。就代表人民權而論，國民大會代表，人民對之可以罷免；但在代議政治下，人民對國會議員則無罷免權。就立法權而論，國民大會的創制、複決為控制立法；代議政治下的國會則為制定法律。國父認為在代議政治下，人民只有一個選舉權，國會議員「其始藉人民之選舉，以獲此資格，其繼則悍然違反人民之意思以行事，而人民亦莫之如何」。❺而議會有立法權兼有彈劾權，常常形成議會專制。因之，國父以制定法律權歸於治權的立法院，以監督政府權歸於監察院，唯有代表人民權歸之於國民大會，因之國民大會實為純粹的人民代表機關，這與一般民主國家的國會兼具有這三種性質者大不相同。

(二)國民大會的職權

國父對於國民大會職權的主張，前後頗有出入。例如，民國五年講「自治制度為建設之礎石」說：

---

❺ 同❸，頁一八〇。

「國民大會得選舉大總統。其對於中央之立法，亦得行使其修正之權。」（同❹）民國七年手著「孫文學說」及民國十二年「中國革命史」中均主張：「由各縣人民投票選舉總統，……五院皆對國民大會負責。各院人員失職，則由國民大會自行彈劾而罷黜之。國民大會職權，專司憲法之修改，及制裁公僕之失職。……第三為建設完成時期，……對於一國政治，除選舉權外，其餘之同等權則付託於國民大會之代表以行之。」（同❷）民國十三年制訂「建國大綱」，第二十三條規定：「全國有過半數省分達至憲政開始時期，即全省之地方自治完全成立時期，則開國民大會決定憲法而頒布之。」第二十四條規定：「憲法頒布之後，中央統治權則歸國民大會行使之，即國民大會對於中央政府官員有選舉權、有罷免權；對於中央法律有創制權、有複決權。」從以上所舉，可知對於國民大會的職權，國父的主張並不相同。不過，「建國大綱」是國父最後所發表的，所以關於國民大會的職權應以「建國大綱」為依據，即國民大會職權應包括：選舉權、罷免權、創制權、複決權及制憲、修憲權（理論上可歸之於創制及複決兩權中，即國民主動予以制憲即為憲法之創制，被動而為修憲決議即為憲法之複決）。至於預算權、宣戰權、媾和權、締約權、任官同意權等，均不應歸之於國民大會行使，否則國民大會職權一如上述非常廣泛，若經常集會且會期長，將如同一般民主國家的國會對政府造成牽制；反之，則無法行使其職權，將形同虛設。總之，國民大會的功能在使能管理或監督政府，而非事事牽制政府，如此才符合權能區分的精神，這是研究國民大會的職權時所必須把握的原則。

二、五院制的政府

(一)五院的性質與地位

五權憲法是以五院制為中央政府的治權機關。國父在「中國革命史」中說：「以五院制為中央政府：一曰行政院，二曰立法院，三曰司法院，四曰考試院，五曰監察院。」（同❷）「建國大綱」第十九條也規定：「在憲政開始時期，中央政府當完成設立五院，以試行五權之治。其序列如下：曰行政院，曰立法院，曰司法院，曰考試院，曰監察院。」可見在權能區分之下，政府所實行的就是治權，並設立五院以行五權之治。茲將五院的性質與地位，略述於次：

1.行政院　行政權是在法令規定限度內，除了立法、司法、考試、監察機關職權以外，為達成國家和社會的目的，決策並處理國家政務的一種職權。此種職權無論古今中外的君主國或共和國，獨裁或民主的政體，都是政府職權不可或缺的一環。不過在舊日三權分立之下，由於立法至上，議會獨裁，行政須受立法的支配，行政權成了立法權的附屬。孟德斯鳩在論及三權分立時，以立法權為首，行政權次之；而各民主國家的憲法，也是先列行使立法權的國會，次才及行政機關。但國父在論及五權時，總是先提行政權，在述及五院時，亦以行政院居首。「建國大綱」第二十條特規定行政院應暫設之各部，是既將行政院列為五院之首，又獨將行政院所屬各部明文列舉。又國父在「民權主義」第六講所繪「政權治權圖」，及在「五權憲法」演講所繪「治國機關圖」，均將行政權或行政院列於五權或五院的中心。凡此均可見國父是如何地重視行政院。就五權憲法的理論上說，五權分立的目的在建立萬能的政府，為人民謀幸福，而行政權最能表現政府的功能，因為國家政治的隆污要看行政的效果如何。同時行政院為國家最高行政機關，在國家行政系統上具有行政決策、行政指揮與監督之權，因此不僅職責最繁重，而且是國家行政的總樞紐，居承上（總統）啟下的重要地位。此外，行政院與三權分立的內閣不同，三權分立的行政機關——內閣，受立法機關——國會的控制，而五權分立下的立法機關則在配合行政機關，行政院與立法院分工合作，以造成萬能政府，為人民謀幸福。

2.立法院　五權憲法之立法權純為制定法律之權，屬於治權；亦即設置立法院，其職權專在立法，為五院之一。在政權治權區分下，立法院在性質上與各國立法機關的國會並不相同，它是純為行使治權之一的立法機關，並非人民代表機關。雖然國父曾說過：「立法機關就是國會。」「五權憲法的立法人員就是國會議員。」❻但這是他較早的言論。民國十三年演講「民權主義」時，已確立權能區分的理論，立法權為治權，立法院便是行使立法權的治權機關。再者，國會乃是代議政治下的產物，五權憲法是為解決三權分立代議政治之流弊所提出的方案，所以如果視立法院等同於歐美國家的國會，則顯然與國父的原意相左。更進而言之，立法權在實際運作上，專家立法的制度是近代歐美各國共同的趨勢，國父說：「國家的政治，根本上要人民有權，至於管理政府的人，便要付之於有能的專門家。」❼五院制的立法院是立法專家的立法院，可說非常符合現代專家立法的潮流趨勢。

---

❻ 同❶，頁四二一～四二三。

❼ 國父講，「民權主義」第五講，前揭書，第一冊，頁一三六。

3. 司法院

司法與行政同為執行國家法律，故司法權本質上即為行政權。雖兩者同是執行法律的作用，但也有其不同之點：其一是司法必以法律為根據，對於具體的事實，解釋法律而適用之。反之，行政只要不牴觸法律，縱令無法律依據，亦得便宜行事，即司法的羈束裁量成分多，行政的自由裁量成分多。其二是司法的主要任務在於法秩序受到擾亂或侵害時，設法維持或恢復之。反之，行政的任務不但在維持或恢復法秩序而已，最重要的還是講求政策，以增加公共福利。即司法的任務是消極的，行政的任務是積極的。[8]司法權之在往昔均歸於政府，原為政府權之一。不過，自三權分立之說倡行，司法脫離行政，始樹立司法獨立制度。五權憲法的司法權，雖則國父少有論及，但在理論上與三權分立的司法權應不盡相同。三權分立的司法權僅指審判權而言，乃是狹義的；五權憲法的司法權既是治權之一，則舉凡具司法性質者均應屬之，其內容包括審判權、檢察權、司法行政權、解釋權、懲戒權五種。[9]而五權憲法的司法機關並不限於法院，而要包括各種司法機關。雖然各司法機關均各自獨立行使職權，不受任何干涉，但為免機能割裂，違背機關完整統一之原則，所以必須有最高司法機關的司法院，以負統一督率之責。

4. 考試院

考試制度原為我國優良的傳統，至十九世紀中葉，英國首先倣效採行，美、法、德等國繼之，遂行於今日世界。考試權之在我國舊時原屬政府行使，在外國亦由政府行使，這表明考試權為政府權，亦即是治權。但歐美在三權分立之下，考試附屬於行政權，只是一種行政措施，在憲法上沒有獨

---

[8] 薩孟武，「政治學」（三民書局，七十二年一月），頁三七七。

[9] 高旭輝，「五權憲法的理論與制度」（國父遺教研究會，六十年五月），頁九八。

立地位，並不成其為權；而五權憲法的考試權，則與其他四種治權並列，為獨立之權。國父研究中外政治，鑑於外國以往「盲從濫選及任用私人的流弊」，所以要把我國歷代的考試制度除去其缺點，而對其優點則加以發揚光大，主張設獨立機關專掌考選權，無論民選抑或委任的大小官員，必須經考試銓定其資格才可。考試權由考試院行使，與其他四院並立，採行公開的考試制度，以甄拔官吏、保證官吏的賢能，以實現專家政治的理想。

5. 監察院　現代一般民主國家，監察權交由立法機關的國會行使，國父對此曾加以批評，認為往往成為「議會專制」，他並舉美國哥倫比亞大學教授喜斯羅 (Hagh Cecil) 要把國會中的彈劾權拿出來獨立，用彈劾權同立法權、行政權、司法權作為四權分立的主張，印證其主張將監察權脫離立法機關的正確性。[10]因此，他具體的主張師承我國古代的監察制度，使監察權成為一種獨立的職權，以發揮監察的效果，即主張將監察權列為五種治權之一，由獨立的監察院行使。國父認為司法機關是「裁判人民的機關」，監察機關為「裁判官吏的機關」，二者既皆是裁判機關，性質相同，司法機關既為治權機關，為五院之一，獨立行使職權，則監察機關何能例外？所以監察機關獨立行使職權，必能發揮整肅政風、澄清吏治的功效。

(二)五院的關係

五院的關係，從原則上來說，下述二點最為重要：

---

[10] 同❶，頁四一三。

1. **五院分立而非孤立** 國父主張五權分立，但並非五權各不相涉，而是五院各有其職權，各有其界限，互不干涉侵犯之意。國父說：「蓋機關分立，相待而行，不致流於專制，一也。分立之中，仍相聯屬，不致孤立，無傷於統一，二也。凡立憲政體莫不由之。」（同❸）這即是說，所謂分立並非絕對，所謂五權分立並非各自孤立，而是分立之後「相待而行」、「仍相聯屬」。各權的分立是為了「不致流於專制」，但分立之中還必須顧慮到「無傷於統一」。事實上，三權分立的理論自孟德斯鳩倡導而成一家之學後，權力分立成為立憲的原則。但在民主國家中找不出絕對的、嚴格的三權各自分立、不相聯屬的實例。國父曾說：「因為政黨發達，漸漸變化，到了現在並不是實行三權政治，實在是一權政治。英國現在的政治制度是國會獨裁，實行議會政治，所謂以黨治國的政黨政治。」⓫以美國來說，美國總統有權向國會提出國情咨文，對所認為必需的法案提請議員注意，且總統為執政黨領袖，運用政黨關係足以影響在國會的同黨議員，以與行政部門的政策相協調，如此行政與立法並非絕對孤立。這說明絕對的分權並不切合實際，而要「分立之中，仍相聯屬，而無傷於統一」，才是適當的。

2. **五院分工而合作** 國父說：「五權憲法是根據於三民主義的思想，用來組織國家的。好像一個蜂窩一樣，全窩內的覓食、採花、看門等任務，都要所有蜜蜂分別擔任，各司其事。」⓬又說：「五權是屬於政府的權，就他的作用說，就是機器權。一個極大的機器發生了極大的馬力，要這個機器所做的工夫很有成績，便要把他分成五個做工的門徑。……政府替人民做事要有五個權，就是要有五種工作，要

⓫ 同❶，頁四一九。

⓬ 國父講，「國民黨奮鬥之法宜兼注重宣傳不宜專注重軍事」，前揭書，第二冊，頁五九九。

分成五個門徑去做工。……政府有了這樣的能力，有了這些做工的門徑，才可以發出無限的威力，才是萬能政府。」⓭凡此均表明五院之間是分工合作的關係。五權分立是為了分工而分權，與孟德斯鳩為防止專制、為制衡而分權有所不同。在政府中，行政、立法、司法、考試、監察等五院「分成五個門徑去做工」，「各司其事」，但分工之後仍須聯屬，相互合作，相互配合，分工、合作、配合彼此都有連帶性，如此始足以發揮政府的效能，造成萬能政府。

三、五院制的總統

共和國家設置總統，為國家元首，對外代表國家，此為各國的通例。國父主張在中國要實行共和，在制度上當然亦須設置總統，作為國家元首，並對外代表中華民國。然則在五院制之中，總統的地位是如何？總括來說，總統居於總攬治權的獨特地位；分析來說，總統位居於五院之上並督率協調五院：⓮

㈠總統居於五院之上

國父在「五權憲法」演講中繪製的「治國機關圖」，明白揭示國民大會之下為政府，政府之下為行政、立法、司法、考試、監察五院。行政院雖為五院的中心，但五院地位平等，各院均為構成政府部門之一，任何一院皆不得謂為整個政府。「建國大綱」第二十一條規定：「憲法未頒布以前，各院長皆歸總

⓭ 國父講，「民權主義」第六講，前揭書，第一冊，頁一五五。

⓮ 同❾，頁一四六～一四八。

統任免而督率之。」此一規定雖是對於憲法頒布以前而言，憲法頒布之後縱有不同規定，但總統位居五院之上應無疑義。於此可見，五權憲法是以「五院制為中央政府」，五院之上唯有總統居臨其上，並且居於代表政府的地位。

㈡總統督率協調五院

五權憲法在制度上就是五院分立，但「分立之中，仍相聯屬，不致孤立，無傷於統一」，所以五院制政府不能不有一個總樞紐。五院之上的總統，就居於督率協調的地位。本來，根據組織原理，組織功能的發揮必須基於「均衡與協調」的原則。「均衡」是謂各有其職權，不使有偏枯偏榮的現象；「協調」是謂脈絡相通，決無矛盾衝突或痛癢無關的情事。五院制政府要發揮其功能，也必須要求院與院間的協調。五院分立就是五院分工，各有職權，各司其事；但分立之中仍須無傷於統一，則必須步調一致，精神一貫，才能發揮政府的功能。五院既居於同等的地位，因此必須五院之上的總統「督率」五院，並從事居間協調彼此的關係，亦即總統以超然的地位使五院分工合作，和諧推動國家的政務。所以憲法第四十四條亦明文規定：「總統對於院與院間之爭執，除本憲法有規定者外，得召集有關各院院長會商解決之。」

自修復習問題

一、明瞭國父所繪「五權憲法治國機關圖」的內容。

二、明瞭五權憲法中國民大會的性質、地位與職權。
三、明瞭五院制政府中各院的性質、地位與關係。
四、明瞭五院制總統的地位。

討論問題

一、根據國父遺教說明國民大會的性質與地位。
二、修憲後憲法增修條文規定，司法院與考試院人員，以及監察院院長、監察委員，均由總統提名經立法院同意後任命。試依權能區分的觀點加以評析。
三、五院制政府中，各院的性質如何？
四、五院制政府中，各院應有何種原則上的關係及運作上的關係？
五、五院制的總統，其地位如何？

國父原著選讀

一、五權憲法
二、中國革命史

三、建國大綱

四、民權主義第五、六講

第八節　均權制度與地方自治

一、均權制度

關於中央與地方權限的劃分，古今中外常有中央集權與地方分權之爭，而兩者各有其優劣。國父則獨創均權制度，作為釐訂中央與地方權限分配的標準。茲分別說明之：

(一)中央與地方權限的劃分

1. **中央集權制**　所謂中央集權制，即事權集中於中央政府，地方政府僅為其分派機關，一切聽命於中央，地方不能自作主張。此一制度的優點是：權力集中，法律政令統一，國家對內對外均可表現一致的力量，可促進行政的效率。缺點是：中央對地方實際情形隔膜，政令不能適應各地情勢，尤以幅員廣闊的國家，中央常有鞭長莫及之感，又地方政府無自治權力，不易啟發人民政治興趣。

2. **地方分權制**　所謂地方分權制，即中央與地方各有一定權限，不容干涉，雙方權限的劃分不僅規定於憲法，而且此一權限劃分的原則必須經雙方同意始可變更。此一制度的優點在：政令能適應各地的需要，易於培養人民政治興趣與自治能力，地方措施易得人民合作。缺點在：政令不能一致，不僅影響效率，且易影響國家團結；中央對地方不易節制，易造成分裂與割據的後果。

3. **均權制度**　國父鑑於中央集權制與地方分權制各有所偏弊，為補偏救弊乃提出均權制度的主張。他在「中國國民黨第一次全國代表大會宣言」所附政綱對內政策第一項即明白規定：「關於中央及地方之權限，採均權主義。凡事務有全國一致之性質者，劃歸中央；有因地制宜之性質者，劃歸地方；不偏於中央集權制或地方分權制。」❶這是均權制度最簡要的說明。其後在「建國大綱」第十七條的規定，其內容文字幾完全相同。國父提出均權制度的主張是經過深思熟慮的，它是一方面根據中國國情，一方面參酌中外學理折衷至當所得的結論。此種制度實具有以下三個優點：

(1)適合國情：中國區域遼闊，歷代以來，中央與地方關係調劑得宜時，則天下太平；反之，則禍亂頻仍。過度的中央集權固易形成中央專制，引起地方反抗；過度的地方分權又常造成地方割據。要使中央與地方的關係恰得其分，均權制度是最合理的安排。

(2)避免極端：中央集權與地方分權各有其優點與缺點，而均權制度的特點即在「不偏於中央集權或地方分權」，故能取二者之長而去其短，避免各走極端的流弊。

(3)賦有彈性：國父未將中央與地方權限逐項列舉劃分，只作「凡事務有全國一致之性質者劃歸中央，有因地制宜之性質者劃歸地方」的概括規定，如此可使權限劃分賦有彈性。因為一種具有因地制宜的事務，也可能因情勢需要而必須取得全國一致的性質，所以概括性的原則規定較能適應事務性質隨時有改變可能的情勢。

❶「中國國民黨第一次全國代表大會宣言」，見「國父全集」第一冊，頁八八五。

(二)均權制度的理論

中央與地方權限劃分的標準，依國父之意是以事權的性質為劃分的標準，他說：「權之分配，不當以中央或地方為對象，而當以權之性質為對象。權之宜屬於中央者，屬之中央可也；權之宜屬於地方者，屬之地方可也。例如：軍事、外交，宜統一不宜紛歧，此權之宜屬於中央者也。教育、衛生，隨地方情況而異，此權之宜屬於地方者也。更分析以言，同一軍事也，國防固宜屬之中央，然警備隊之設施，豈中央所能代勞？是又宜屬之地方矣。同一教育也，濱海之區宜側重水產，山谷之地宜側重礦業或林業，是固宜予地方以措置之自由。然學制及義務教育年限，中央不能不為畫一範圍，是中央亦不能不過問教育事業矣。是則同一事實，猶當於某程度以上屬之中央，某程度以下屬之地方。」❷因此他主張：「權力之分配，不當挾一中央或地方之成見，而惟以其本身之性質為依歸，事之非舉國一致不可者，以其權屬於中央；事之因地制宜者，以其權屬於地方。易地域的分類，而為科學的分類，斯為得之。」❸至於事權的性質為何？國父曾略述其原則說：「中央行政消極的多，地方行政積極的多。」「中央行政對外的多，地方行政對內的多。」「中央行政政務的多，地方行政事務的多。」❹這樣，依事務的性質作為中央與地方權限劃分的標準，中央與地方的關係得到合理解決，如此將使國家統一與地方自治，兩不相妨。

---

❷ 國父著，「中華民國建設之基礎」，前揭書，第二冊，頁一七七。

❸ 同❷，頁一七八。

❹ 「國民黨政見宣言」，前揭書，第一冊，頁七九九。

㈢均權制度在現行憲法中的規定

中華民國憲法第十章，特將「中央與地方之權限」分別加以列舉並作概括的規定，內容凡五條。計第一百零七條規定「由中央立法並執行之事項」，第一百零八條規定「由中央立法並執行，或交由省縣執行之事項」，第一百零九條規定「由省立法並執行，或交由縣執行之事項」，第一百十條規定「由縣立法並執行之事項」。第一百十一條則係有關剩餘權分配之規定，其條文為：「除第一百零七條、第一百零八條、第一百零九條及第一百十條列舉事項外，如有未列舉事項發生時，其事務有全國一致之性質者屬中央，有全省一致之性質者屬於省，有一縣之性質者屬於縣。遇有爭議時，由立法院解決之。」憲法的這些規定，將中央、省及縣的事權明文列舉，其有未列舉者則依國父均權主義的原則加以劃分，故明確而仍具有彈性，所以不特符合國父原意，尤能適應我國國情。

二、地方自治

㈠地方自治的意義

國父解釋地方自治的意義是：「將地方的事情，讓本地方人民自己去治，政府毫不干涉。」❺可見地方自治是以地方人民為主體，以地方公共事務為對象。詳言之，就是地方上的人民在國家法律範圍內，

❺ 國父講，「國民以人格救國」，前揭書，第二冊，頁五五二。

自己制定自治法規，自己選舉自治人員組成自治團體，來管理本地方的公共事務之謂。

㈡地方自治的重要性

地方自治的重要性，可分兩方面說明：

1. 地方自治為建設國家的基礎　國父說：「地方自治者，國之礎石也。礎不堅，則國不固。」又說：「三千縣之民權，猶三千塊之石，礎堅則五十層之崇樓不難建立。建屋不能猝就，建國亦然。」❻建設國家譬如造屋，「而建造新屋首重基礎，地方自治乃建設國家之基礎。民國建設後，政治尚未完善；政治之所以不完善，實由於地方自治未發達。若地方自治已發達，則政治即可完善，而國家即可鞏固」。❼因此國父非常重視地方自治。

2. 地方自治為實施民權的根本　國父說：「民治萬端，而切要當急者，莫如地方自治；蓋自治不立，則民權無自而生。」又說：「真正民治，是要兄弟所主張的民權主義能夠極端做到，可以讓人民在本地方自治，那才完事。」(同❺)因為必須地方自治已有成績，才可行使直接民權之制。「建國大綱」第九條規定：「一完全自治之縣，其國民有直接選舉官員之權、有直接罷免官員之權、有直接創制法律之權、有直接複決法律之權。」可見直接民權的行使以地方自治為前提，所以地方自治為實施民權的根本。

❻ 國父講，「自治制度為建設之礎石」，前揭書，第二冊，頁三五四、三五七。
❼ 國父講，「辦理地方自治是人民之責任」，前揭書，第二冊，頁三六五。

㈢地方自治團體

地方自治的實施，必須透過地方自治團體（即地方政府）。依「建國大綱」及現行憲法第十章「地方制度」的規定，地方自治團體分省（含直轄市）、縣（含省轄市）兩級。但臺灣省於民國三十九年起實施地方自治，其所依據的法令——「臺灣省各縣市實施地方自治綱要」，規定鄉、鎮、縣轄市為基層地方自治團體，承認其亦有法人資格。不過，民國八十六年第四次憲法增修條文施行後，省為地方制度層級之地位雖未喪失，惟不再有憲法規定之自治事項，亦不具備自主組織權，自非地方自治團體性質之公法人。故現行地方自治團體分為直轄市、縣（市）及鄉、鎮（市）三級。茲根據國父的主張以及現行憲法、憲法增修條文及相關法律的規定，說明之：

1.縣為地方自治單位　國父說：「以一縣為自治單位，縣之下再分為鄉村區域，而統於縣。」❽又說：「先以縣為自治單位，於一縣之內努力除舊佈新，以深植人民權力之基本，然後擴而充之，以及於省。」❾「建國大綱」第十八條規定：「縣為自治單位，省立於中央與縣之間，以收聯絡之效。」國父之所以主張地方自治以縣為單位，其主要理由要言之有三：一是區域過小則人力財力不足，區域過大則失去地方自治的價值，而縣的大小最為適中。二是縱橫數十里、人口數十萬之縣，較便於實行直接民權。三是「國人對於本縣，在歷史習慣上有親暱的感覺」，❿而有團體的觀念。

❽ 國父著，「孫文學說」第六章，前揭書，第一冊，頁四六四。

❾ 「制定建國大綱宣言」，前揭書，第一冊，頁九一八。

2. 縣自治的條件　何者為完全自治之縣？即縣實行自治應具備哪些條件？國父在「建國大綱」第八條有如下規定：「其程度以全縣人口調查清楚，全縣土地測量完竣，全縣警衛辦理妥善，四境縱橫之道路修築成功，而其人民曾受四權使用之訓練，而完畢其國民之義務，誓行革命之主義者，得選舉縣官，以執行一縣之政事；得選舉議員，以議立一縣之法律，始成為一完全自治之縣。」

3. 縣自治機關　縣為推行地方自治事務，完成地方自治目標，依現行憲法規定得設立下列機關：

(1)縣民代表大會：憲法第一百二十二條規定，「縣得召集縣民代表大會，依據省縣自治通則，制定縣自治法，但不得與憲法及省自治法牴觸。」縣民代表大會為制定縣自治法而召集，為臨時組織，而非常設機關。不過「憲法增修條文」第九條排除了第一百二十二條之適用，當前臺灣省各縣市實施地方自治，是依據立法院於民國八十八年一月通過的「地方制度法」，而不必先經召集縣民代表大會，依據「省縣自治通則」制定「縣自治法」的程序。

(2)縣議會：為縣的立法機關，按憲法第一百二十四條規定：「縣設縣議會，縣議會議員由縣民選舉之。屬於縣之立法權，由縣議會行之。」

(3)縣政府：為縣的行政機關。憲法第一百二十六條規定：「縣設縣政府，置縣長一人。縣長由縣民選舉之。」第一百二十七條規定：「縣長辦理縣自治，並執行中央及省委辦事項。」

4. 省的地位立於中央與縣之間　「建國大綱」第十六條規定：「凡一省全數之縣皆達完全自治者，則為憲政開始時期，國民代表會得選舉省長，為本省自治之監督。至於該省內之國家行政，則省長受中

---

❿ 國父講，「中華民國的意義」，前揭書，第二冊，頁三五二一。

央之指揮。」憲法第一百十二條規定：「省得召集省民代表大會，依據省縣自治通則，制定省自治法，但不得與憲法牴觸。」這是憲法規定，省實行省自治應經的程序。憲法第一百十三條又規定：省設省議會，省議會議員由省民選舉；省設省政府，省長由省民選舉。依憲法的規定，省實施自治，為法人，其地位係「立於中央與縣之間，以收聯絡之效」。省的任務有三：一是在中央監督之下，辦理本身自治權限以內之事務；二是受中央之指揮，執行該省內國家行政；三是監督所屬各縣，辦理地方自治事務。惟「憲法增修條文」第九條，排除了憲法第一百十二條、第一百十三條之適用，依「地方制度法」之規定，省設省政府、省諮議會。省政府置委員九人，其中一人為主席；省諮議會對省政府業務提供諮詢及興革意見，置諮議員五人至二十九人，其中一人為諮議長，均由行政院院長提請總統任命之。省政府之職權為：受行政院指揮監督，辦理下列事項：一、監督縣（市）自治事項；二、執行省政府行政事務；三、其他法令授權或行政院交辦事項。

㈣地方自治工作

國父在「地方自治開始實行法」中，指出地方自治的工作依次有六項：「㈠清戶口；㈡立機關；㈢定地價；㈣修道路；㈤墾荒地；㈥設學校。」「以上自治開始之六事，如辦有成效，當逐漸推廣，及於他事。此後之要事，為地方自治團體所應辦者，則農業合作、工業合作、交易合作、銀行合作、保險合作等事。」⓫此外「建國大綱」第十一條規定：「土地之歲收，地價之增益，公地之生產，山林川澤之息，

⓫ 國父著，「地方自治開始實行法」，前揭書，第二冊，頁一七三。

礦產水力之利，皆為地方政府之所有，而用以經營地方人民之事業，及育幼、養老、濟貧、救災、醫病與夫種種公共之需。」亦可列為地方自治工作的範圍。總括上述地方自治的條件及地方自治的工作來說，可知地方自治是「以實行民權、民生兩主義為目的」，所以說地方自治團體「不止為一政治組織，亦且為一經濟組織」。⓬

自修復習問題

一、明瞭中央與地方權限分配的方式及其優劣點。
二、明瞭國父所主張均權制度的內容及其優點。
三、明瞭地方自治的重要性。
四、明瞭國父所以主張縣為地方自治單位的理由。
五、明瞭地方自治工作事項。

討論問題

一、何謂均權制度？中央集權制與地方分權制的利弊如何？

⓬ 同⓫，頁一六九、一七四。

二、國父主張實行地方自治以縣為單位，其理由何在？
三、國父主張縣籌備自治應達到什麼程度，始能成為一完全自治之縣？
四、地方自治事項應包括哪些？
五、何以國父主張地方自治團體不止為一政治組織，亦且為一經濟組織？

國父原著選讀

一、中華民國建設之基礎
二、地方自治開始實行法

第四章

民生主義

第一節　民生的意義

一、國父對「民生」的定義

國父為「民生」下定義說：「民生兩個字是中國向來用慣的一個名詞，我們常說什麼國計民生，不過我們所用的這句話，恐怕多是信口而出，不求甚解，未見得涵有幾多意義的。但是今日科學大明，在科學範圍內，拿這個名詞來用於社會經濟上，就覺得意義無窮了。我今天拿這個名詞來下一個定義，可說民生就是人民的生活、社會的生存、國民的生計、群眾的生命便是。」❶但這個定義，由於後來發現有版本、句讀、文字的不同，以致引起義理解釋上的差異，而學者們迄今仍有不同意見。❷

二、先總統蔣公的闡釋

先總統蔣公說：「全三民主義雖分為民族、民權、民生三部分，最後實在都可以歸結於『民生』。所謂『民生』，就是『人民的生活、社會的生存、國民的生計、群眾的生命』，必須這四種關涉到『民生』的問題能夠澈底地圓滿地解決，三民主義才算是真正實現了。所以我們要實現三民主義，就務必以最大

❶ 國父講，「民生主義」第一講，見「國父全集」第一冊，頁一五七。

❷ 涂子麟，「民生釋義的商榷」，見「三民主義專題研究」（幼獅文化事業公司，六十六年三月），頁一～一八。

努力改善人民的生活、確保社會生存、發達國民的生計和光大群眾的生命。」❸蔣公在此已將「民生」一詞的真義以及與三民主義的關係闡述得很透徹。很顯然，蔣公在此將國父為「民生」二字所下定義中的四句話——「人民的生活」、「社會的生存」、「國民的生計」、「群眾的生命」是一樣看待的，並無主從輕重之別，亦未認為「人民的生活」這句話特別重要，可以用來概括「民生」定義的全部涵義；或者認為這四句話中的任何一句，可以用來單獨詮釋「民生」二字。所以關於「民生」定義的正確解釋，應以蔣公所作的解釋為準據；即是說，我們必須把「人民的生活、社會的生存、國民的生計、群眾的生命」這四句話加以融會貫通來認識，始能領悟「民生」定義的真諦所在。❹

三、社會問題便是民生問題

社會問題其實便是民生問題。歐美近代社會問題之產生，是由於貧富懸殊所引起的。本來貧富不均的問題古來就有，不過於今為烈。國父說：「貧富不齊，豪強侵奪，自古有之，然不若歐美今日之甚也。」❺又說：「古時雖有貧富階級的分別，但是沒有今日的厲害。今日貧富懸殊，不可方物，正所謂富者敵國，貧者無立錐之地。」❻歐美之所以形成這種貧富不均的現象，一則是由於實業革命之影響，

❸ 先總統蔣公著，「國父遺教概要」第五講，見「蔣總統集」第一冊，頁四九。
❹ 同❷，頁九～一八。
❺ 同❶，頁一五九。
❻ 國父講，「三民主義之具體辦法」，前揭書，第二冊，頁四〇七。

再則是由於資本主義所產生的流弊。

就前者言，國父說：「民生問題今日成了世界各國的潮流，推到這個問題的來歷，發生不過一百幾十年。為什麼近代發生這個問題呢？簡單言之，就是因為這幾十年來，各國的物質文明極進步，工商業很發達，人類的生產力忽然增加。著實言之，就是由於發明了機器，世界文明先進的人類，便逐漸不用人力來做工，而用天然力來做工，就是用天然的汽力、火力、水力及電力來代替人的氣力，用金屬的鋼鐵來代替人的筋骨。機器發明之後，用一個人管理一副機器，便可以做一百人或一千人的工夫，所以機器的生產力和人工的生產力，便有大大的分別。」（同❶）「機器之生產力較人工之生產力為大，則用機器以生產者，亦較用人工以生產者多，於是工人多失其業。」❼「所以從機器發明了之後，便有許多人一時失業，沒有工做，沒有飯吃。這種大變動，外國叫做實業革命。因為有了這種實業革命，工人便受很大的痛苦；因為要解決這種痛苦，所以近幾十年來，便發生社會問題。」（同❺）這是說近代的社會問題，是由於實業革命以機器代替手工生產、工人大量失業而發生的。

就後者言，歐美實業革命的結果產生了資本家，並且服膺自由競爭的學說而逐漸形成資本主義。所謂資本主義，簡言之，就是一個社會將私有財產、機器生產、自由競爭三者相結合為手段，以追求利潤為目的之一種經濟制度。歐美近代社會問題，雖由於實業革命用機器代替手工生產，因而工人大量失業而發生，但問題的癥結則在於資本主義產生的流弊。按資本主義主張自由競爭。自由競爭學說始於英國經濟學者亞當斯密（Adam Smith），其說用之於生產，則擁有機器之富人與無機器之窮人，根本沒有平等

---

❼ 國父講，「社會主義之派別及方法」，前揭書，第二冊，頁二八八～二八九。

競爭的機會，因為「有機器者，其財力足以鞭笞天下、宰制四海矣。是時而猶守自由競爭之訓者，是無異以跛足與自動車競走也，容有倖乎？」❽而在今日機器大量生產之時代，自由競爭之說用在分配尤為不當，「按斯密亞丹經濟學生產之分配，地主占一部分，資本家占一部分，工人占一部分，遂謂其深合於經濟學之原理。殊不知此全額之生產皆為人工血汗所成，地主與資本家坐享其全額三分之二之利，而工人所享三分之一之利又析與多數之工人，則每一工人所得較資本家所得者，其相去不亦遠乎？宜乎富者愈富，貧者愈貧，階級愈趨愈遠，平民生計遂盡為資本家所奪矣」。（同❼）由於資本主義的自由競爭、生產工具之絕對私有與生產結果分配之不當，於是形成貧富懸殊、階級對立、資本家操縱國計民生、少數人享受文明善果而多數人痛苦不堪的現象，社會問題於焉產生矣。

綜上所述，所以國父指出：「因為機器發明以後，經過了實業革命，成為社會問題，便發生社會主義，……社會主義中的最大問題，就是社會經濟問題。這種問題就是一般人的生活問題，因為機器發明以後，大部分人的工作都是被機器奪去了，一班工人不能夠生存，便發生社會問題。所以社會問題之發生，原來是要解決人民的生活問題。故專就這一部分的道理講，社會問題便是民生問題。」❾

❽ 國父著，「孫文學說」第二章，前揭書，第一冊，頁四四〇。

❾ 同❶，頁一五九～一六一。

自修復習問題

一、明瞭國父對「民生」的定義及先總統蔣公對它的闡釋。

二、明瞭歐美近代社會問題發生的原因。

討論問題

一、何謂民生？

二、何以說社會問題便是民生問題？

國父原著選讀

民生主義第一講

第二節　民生主義的意義與特質

一、民生主義的意義

(一)民生主義即是大同主義

國父在「民生主義」第一講中說：「故民生主義就是社會主義，又名共產主義，即是大同主義。」❶這是國父用「已知」釋「未知」的方法來解釋民生主義。因為「社會主義」、「共產主義」、「大同主義」三個名詞，都是大家所熟習的，所以國父就借用這為大家所熟習的三個概念，來說明他新創的民生主義的意義。不過在此必須指明的是：「社會主義」與「共產主義」在當時是很流行的新名詞，而且二者並無很嚴格的區別。如國父即說：「共產主義和社會主義兩個名詞在外國是一樣並稱的。其中辦法雖然各有不同，但是通稱的名詞都是用社會主義。」❷又說：「社會主義之中又有叫做共產主義的，因為社會主義現在中國很流行，所以共產主義之名現在中國也很流行。」❸所以國父在這裡所用「社會主義」與

❶　國父講，「民生主義」第一講，見「國父全集」第一冊，頁一五七。
❷　同❶，頁一六〇。
❸　同❶，頁一五九。

「共產主義」兩個名詞並無嚴格區別，認為二者都「很流行」，都是「一樣並稱」，而且也都是主張「求均」或「經濟平等」的。至於「大同主義」一詞，乃是我國自古以來最受推崇的政治理念，其內容具見於「禮記‧禮運篇」：「大道之行也，天下為公，……是謂大同」一百零七字所描述的大同理想境界。因此「大同主義」就不止於「求均」一項目標，此外尚包括「求富」以及「養民」、「教民」等目標在內。所以國父用「即是大同主義」來作為民生主義定義的總結，是最適宜於闡明民生主義的全部義蘊。

(二)民生主義就是均富主義

國父說：「民生主義之意義為何？吾人所主張者，並非如反動派所言，將產業重行分配之荒謬絕倫；但欲行一方策，使物產之供給得按公理而互蒙利益耳。此即余所主張民生主義的定義。……將來中國之實業建設於合作的基礎上，政治與實業皆民主化，每一階級皆依賴其他階級，而共同生活於互愛的情形之下。」❹國父在這裡是第一次為民生主義下定義，但已明顯指出，民生主義是根本反對階級鬥爭、反對共產主義的；同時另一方面，國父已在此首次闡明了「社會互助論」的民生主義的理念。由此亦可證明國父所說「民生主義就是共產主義」一詞中的共產主義絕不是指以階級鬥爭為基礎的馬克思共產主義。❺至於國父在這裡所說：「但欲行一方策，使物產之供給得按公理而互蒙利益耳。」即表示民生主

❹ 國父著，「中國之鐵路計劃與民生主義」，前揭書，第二冊，頁九一。
❺ 涂子麟，「民生主義就是共產主義析疑」，見「三民主義專題研究」（幼獅文化事業公司，六十六年三月），頁一九～四〇。

義是主張「生產」與「分配」並重，亦即主張「求均」與「求富」兩個目標要同時達成。「求富」即要「發達生產以求富」，「求均」即要「平均社會財富以求均」；既富且均，即是民生主義理想目標的實現，這正與先總統蔣公所闡述的「均富是總理民生主義的真諦」❻之旨趣是完全一致的。所以說，民生主義就是均富主義。

㈢民生主義就是民享主義

國父說：「民生主義是由人類思想覺悟出來的。因為我們既有了土地和主權，自然要想一個完全方法來享受，才能夠達到生活上圓滿幸福。怎樣享受生活上幸福的道理，便叫做民生主義。」❼國父在這裡用「怎樣享受生活上幸福的道理」來解釋民生主義，足見民生主義即在滿足人民食衣住行育樂的生活需要，要使人人都能過著幸福的生活。所以國父說：「民生主義就是用國家的大力量去開礦，好像南洋礦商把各種礦產開出來之後，大家都可以發財一樣。此外還有開闢交通、振興工業、發展商業、提倡農業，把中華民國變成一個黃金世界；達到這個目的之後，大家便可以享受人生的真幸福。」❽又說：「民生主義就是要人人有平等地位去謀生活，人人有了平等的地位去謀生活，然後中國四萬萬人才可以享幸福。」❾由此可知，求富與求均的目的都在謀求全體人民能夠享受幸福的生活。所以國父說：「民生主

❻ 先總統蔣公講，「土地國有要義」，見「蔣總統集」第二冊，頁一八三〇。
❼ 國父講，「三民主義為造成新世界之工具」，前揭書，第二冊，頁四六一。
❽ 國父講，「革命軍不可想升官發財」，前揭書，第二冊，頁六五一。

義是以養民為目的。」❿又說：「民生即民享也。」⓫這些話都是著重在使人民享受幸福的生活。所以說，民生主義就是民享主義。

以上是國父對民生主義意義所作的三次不同的解釋。概括地說，就民生主義的理想來說，民生主義即是大同主義；就民生主義的內容來說，民生主義就是均富主義；就民生主義的目的來說，民生主義就是民享主義。

二、民生主義的特質

㈠以科學為本質

馬克思曾自詡共產主義是「科學的社會主義」，其實共產主義根本是反科學的，而民生主義是國父「拿事實做材料」來定方法才發明的，⓬所以民生主義才是科學的。而且我們知道「實行民生主義的兩個方法：一個是平均地權，一個是節制資本；無論平均與節制，都要用科學的方法來從事，尤其是要在民生的食、衣、住、行四大需要上去從事科學之計畫、科學之管理與科學之發展。易言之，就是要用科

❾ 國父講，「農民大聯合」，前揭書，第二冊，頁七一五。
❿ 國父講，「民生主義」第三講，前揭書，第一冊，頁二〇七。
⓫ 國父講，「黨員須宣傳革命主義」，前揭書，第二冊，頁四五三。
⓬ 國父講，「民生主義」第二講，前揭書，第一冊，頁一八〇。

學的方法來使我們的農業工業化，來使國家與私人的資本合理化，如此始足以經由『耕者有其田』與『節制私人資本，發達國家資本』的途徑，確實做到總理所說的『以足民食』、『以裕民衣』、『以樂民居』、『以利民行』，也就是『以裕民生』、『以充國力』的目的。所以惟有民生主義，必須利用科學才能建設民生」。「由此可知民生主義就不能離開科學；如果離開了科學而談民生主義，就無從實現。」所以先總統蔣公說：「我們為著要使大家知道實行民生主義，就必先從發達科學來著手，乃可以說科學就是民生主義的本質。」[13]

㈡以養民為目的

國父說：「民生主義以養民為目的。」（同[10]）所謂「養民」就是消費。吃飯、穿衣、住屋、乘車坐船等活動都是消費。國父說：「消費是什麼問題呢？就是解決眾人生存的問題，也就是民生問題。」[14]眾所周知，一般所謂消費是指假手於財貨效用的消滅或減少，以滿足人類欲望的一種經濟行為。民生主義就是要「政府當與人民協力，共謀農業之發展，以足民食；共謀織造之發展，以裕民衣；建築大計畫之各式屋舍，以樂民居；修治道路、運河，以利民行」。[15]要使全國人民人人有飯吃、人人有衣穿、人人有屋住、人人出門有舟車之便利。「不但是要把這四種需要弄到很便宜，並且要全國人民都能夠享受。

[13] 先總統蔣公講，「三民主義的本質」，前揭書，第二冊，頁一八四三～一八四四。
[14] 同[1]，頁一七六。
[15] 「建國大綱」第二條。

……如果國家把這四種需要供給不足，無論何人都可以向國家要求」。⓰此外還有育樂問題，也是一樣要由政府來負責通盤安排解決的。所以民生主義是以消費為中心來設計食、衣、住、行、育、樂各項民生問題的，這與資本主義是以交換（賺錢）為中心，社會主義與共產主義是以分配為中心顯有不同。而且國父重視消費（養民），亦與凱因斯 (J. M. Keynes, 1883~1946) 主張「刺激消費」，以及羅斯陶 (W. W. Rostow, 1916~1965) 主張「高度大眾消費」，其動機也不盡相同。所以民生主義首先提出以養民為目的的經濟理論，確是民生主義另一重要特質。

(三)以均富為原則

國父說：「國民黨的民生主義，目的就是要把社會上的財源弄到平均。」⓱又說：「我們要改造中國的主義是三民主義，三民主義的精神就是建設一個極和平、極自由、極平等的國家，不但在政治上要謀民權的平等，而且在社會上要謀經濟的平等。」⓲所謂謀經濟的平等，是就民生主義而言的，而且民生主義的經濟平等，是建立在和平與自由的基礎上，「並非如反動派所言，將產業重行分配之荒謬絕倫」。（同❹）以均富為原則，是既要求富，又要求均。所以國父說：「我們的民生主義是做全國大生利的事，要中國像英國、美國一樣的富足。所得富足的利益不歸少數人，有窮人富人的大分別；要歸多數人，大

⓰ 同❿，頁二〇八。

⓱ 同⓬，頁一八六。

⓲ 國父談話，「與戴季陶關於社會問題之談話」，前揭書，第二冊，頁八四五。

家都可以平均受益。」❶⓳又說：「歐美經濟之患在不均，不均則爭；中國之患在貧，貧則宜開發富源以富之。惟富而不均，則仍不免於爭，故思患預防，宜以歐美為鑑，力謀社會經濟之均等發展。」⓴這裡已將為什麼要「求富」與「求均」的理由說得非常清楚。國父又說：「中國今尚用手工為生產，未入工業革命之第一步，比之歐美已臨其第二革命者有殊。故於中國兩者革命必須同時並舉，既廢手工採機器，又統一而國有之。」㉑這裡是說明「求富」的方法在「廢手工採機器」，亦即要生產工業化；而「求均」的方法在「統一而國有之」，亦即要分配社會化；並且二者要「同時並舉」。因為國父鑒於歐美資本主義社會在進行生產工業化的過程中，未曾同時注意分配社會化的問題，所以導致貧富不均的流弊。民生主義為了要同時實行生產工業化以求富和分配社會化以求均，所以「均富」必然成為民生主義的原則。

(四)以思患預防為方法

國父提倡民生主義來解決中國的社會經濟問題，採用和平漸進的方法，而反對用馬克思階級鬥爭的暴力激進手段。國父說：「用革命手段來解決政治、經濟問題的辦法，俄國革命的時候已經採用過了。不過俄國革命六年以來，我們所看見的，是他們用革命手段只解決了政治問題。」「但是說到用革命手段來解決經濟問題，在俄國還不能說是成功。」「由此便知純用革命手段不能完全解決經濟問題。」㉒國父

⓳ 國父講，「女子要明白三民主義」，前揭書，第二冊，頁六七〇。
⓴ 「中國國民黨宣言」，前揭書，第一冊，頁八六〇。
㉑ 國父著，「實業計畫」緒言，前揭書，第一冊，頁五一二。

的著眼點是在防微杜漸，預防社會革命在中國發生。國父說：「在我國之大資本家尚未發生，似可無庸言及社會革命，何如防微杜漸而弭此貧富戰爭之禍於未然乎？」㉓又說：「譬如一人醫病，與其醫於已發，不如防於未然。吾人眼光不可不放遠大一點，……如以前中國資本家未出，便不理會社會革命，及至……貧富階級已成，然後圖之，失之晚矣。」㉔又說：「故一面圖國家富強，一面當防資本家壟斷之流弊。……本會政綱中，所以採用國家社會主義政策，亦即此事。現今德國即用此等政策，國家一切大實業如鐵道、電氣、水道等務皆歸國有，不使一私人獨享其利。唯德國後起，故能思患預防，全國鐵道皆為國有，中國當取法於德。」㉕所以國父為民生主義所定實行方法，如平均地權、節制私人資本、發達國家資本、耕者有其田等，都是和平漸進的方法，也即是「思患預防」的方法。國父就是要用這些和平的和理性的方法，來解決中國的民生經濟問題，一方面「圖國家富強」，一方面「防資本家壟斷之流弊」，避免暴力流血的社會革命在中國發生，所以「思患預防」是民生主義又一重要特質。

(五)以自由安全社會為理想

國父有關社會安全制度的主張很多，其重要者如：「孕婦於孕育期內免一年之義務，而享有地方供

㉒ 同⑫，頁一七七～一七八。
㉓ 國父講，「社會主義之派別及方法」，前揭書，第二冊，頁二八六。
㉔ 國父講，「民生主義與社會革命」，前揭書，第二冊，頁二二五。
㉕ 同㉔，頁二二八。

養權利。」「凡在自治區內之少年男女，皆有受教育之權利。學費、書籍與及學童之衣食，當由公家供給。」「未成年之人悉有享受地方教育之權利。」「老年之人有享受地方供養之權利。」「殘疾之人有享受地方供應之權利。」❷❻「設公共養老院，收養老人，供給豐美，俾之愉快，而終其天年，則可補貧窮家庭之缺憾。」「設公共病院以醫治之，不收醫治費，而待遇與富人納貲者等，則社會可少屈死之人矣。」「其他如聾啞殘廢院，以濟天造之窮。」❷❼現行憲法第十三章規定基本國策，其第四節「社會安全」即是根據民生主義的主張予以法律化，使國家關於建立社會安全制度的施政有了憲法上的依據。而八十一年第二階段修憲時，更將憲法有關「社會安全」原規定有所不足之處予以增訂，如規定：「國家應推行全民健康保險，並促進現代和傳統醫藥之研究發展。」「國家對於殘障者之保險與就醫、教育訓練與就業輔導、生活維護與救濟，應予保障，並扶助其自立與發展。」這些都是建設社會安全制度的有效措施。

所以先總統蔣公曾指出：民生主義的最高理想在建立自由安全的社會。❷❽但民生主義何以能建立自由安全的社會呢？主要是由於民生主義主張公有、私有並存的財產制度。因為人類的欲望因人而異且永無止境，因此人類要滿足欲望就必需享有個人生活的自主權，而個人生活自主權的根本就是私有財產。如果取消了私有財產，則舉凡消費的自主權、休閒的自主權、擇業的自主權，都將化為烏有。正如共產主義社會制度內的人民，由於私有財產被取消，於是一切仰賴公家配給，一切生活行為都要受控制，完全喪

❷❻ 國父著，「地方自治開始實行法」，前揭書，第二冊，頁一七〇～一七三。

❷❼ 同❷❸，頁二九九。

❷❽ 先總統蔣公著，「民生主義育樂兩篇補述」第四章，前揭書，第一冊，頁二八一～二八三。

失了個人生活的自由。所以私有財產與個人生活自由是分不開的。但是在另一方面，我們如要謀求整個社會全體成員最低生活需要的保障，則又需要公有財產。因為政府有了大量的經費，才能在教育、衛生、公共工程、公用事業等方面進行大規模的投資，如實施義務教育、舉辦公醫制度、全民健康保險和其他社會保險等。而這些經費要輔以國家掌握有公有財產，才能有經常的、穩定的、豐厚的來源。正如國父所說：「土地之歲收、地價之增益、公地之生產、山林川澤之息、礦產水力之利，皆為地方政府之所有；而用以經營地方人民之事業，及育幼、養老、濟貧、救災、醫病、與夫種種公共之需。」㉙如此全國人民食、衣、住、行、育、樂的生活需要，皆有最低程度的安全保障，亦即人人享有無虞匱乏之自由。既不像以私有財產為基礎的資本主義社會只有「個人生活自由」而缺少「社會安全保障」，也不像以公有財產為基礎的共產主義社會僅有形式上的「社會安全保障」而根本缺乏「個人生活自由」，甚至「社會安全保障」與「個人生活自由」兩者都沒有。所以只有以公有、私有並存的財產制度為基礎的民生主義，才能建立既有「個人生活自由」又有「社會安全保障」的自由安全的理想社會。因此，以自由安全社會為理想是民生主義的重要特質。

自修復習問題

一、明瞭國父對於民生主義所作的解釋。

㉙「建國大綱」第十一條。

二、明瞭民生主義所具有之特質。

討論問題

一、何謂民生主義？
二、民生主義的真諦是什麼？如何實現？
三、民生主義第一講中說：民生主義又名共產主義。國父在此所說的共產主義是否即為馬克思共產主義？
四、國父主張以和平方法解決中國的社會問題，其理由及方法為何？
五、建立「自由安全的社會」，何以是民生主義建設的最高理想？

國父原著選讀

一、民生主義第一講、第二講
二、民生主義與社會革命
三、女子要明白三民主義

第三節　社會主義的派別與主張

一、社會主義的起源與意義

人類自古以來即有社會主義的思想。其在我國，國父曾說：「社會主義，一言以蔽之，曰社會生計而已。……考諸歷史，我國固素主張社會主義者。井田之制，即均產主義的濫觴；而累世同居，又共產主義之嚆矢。足見我國人民之腦際，久蘊蓄社會主義之精神。」❶而「禮運篇」所描述的大同世界，即是社會主義思想的表現。其在西方，數千年前便有許多思想家也持同樣的論調，譬如柏拉圖(Plato)，他的「理想國」(*The Republic*)一書強調公道的生活，主張無有貧富，重視眾人的幸福，甚至提出家族關係亦採共產制。柏拉圖以後，英國的湯瑪斯・摩爾(Thomas More, 1477～1535)可說是偉大的社會主義思想家，他創造了烏托邦(utopia)這個名詞。他在一五一六年著「烏托邦及安寧之辯論」(*Utopia and the Dialogue of Comfort*)一書，攻擊私有財產制度，鄙視金錢與珠寶，主張民主選舉、信仰自由及取用所需物品。在西方歷史上第一個提出理想社會藍圖的是摩爾，他也是第一個批判資本主義原始累積的罪惡之人。他的「烏托邦」成為日後許多社會主義者的思想來源，影響甚鉅。之後，社會主義思想家輩出，譬如義大利的康帕內拉(Tommaso Campanella, 1568～1639)著「太陽之都」(*The City of Sun*)，主張財產公

❶ 國父講，「社會主義之派別及方法」，見「國父全集」第二冊，頁二八三～二八四。

有，完全廢除私有財產，人人各盡所能，而按需要分配。至十八世紀盧梭的「社約論」中，也有因私產制度而發生不平等的憤慨。而法人摩萊里 (Morelly) 著「自然法典」(*Code de la Nature*, 1775) 譴責私有制帶來了壓迫、貪欲及道德的頹廢，而主張回歸自然而理性的社會。法人巴貝夫 (Francios Noel Babeuf, 1760~1797) 主張絕對平等的觀念，認為在財富或經濟機會未能均等之前，政治或社會平等之說實為空談。他為建設平等共和國，積極從事革命運動，終被判處死刑。這些人的言論，對於十九世紀的社會主義皆有所影響。

現代社會主義的思想乃起源於十九世紀，它是工業革命的產物。工業革命以機器代替手工生產，生產為之激增，加以當時在政治思想上主張個人主義、自由主義，在經濟上主張自由放任學說，於是促成資本主義的發展。資本主義對於人類文明的進步固然有極大的貢獻，但也造成許多嚴重的困難和問題。由於過去的手工生產者喪失了生產工具，也喪失了生存的憑藉，社會問題接踵而起，社會病態日趨嚴重，此至十九世紀之中葉已極顯露。經濟自由只造成少數資本家，他們擁有鉅資而握有權勢，有特權去扼住別人的咽喉。勞工則因無資本，僅賴工資糊口，淪入貧困之境，所謂無產階級於是產生。他們工時極長，工資又極為低廉，工廠衛生條件又差，女工與童工受害尤深，由於生活枯燥，缺乏家庭歡樂，容易墮入歧途，放僻邪侈，風俗亦因而敗壞，兒童乏人照料，青少年問題嚴重。同時失業問題相隨發生，人口集中於城市，農村凋落，農業生產大受影響。至此，資本主義所強調的自由放任，其缺點日益顯現，過分重視個人自由，而忽視人人的平等，只知個人利益的重要，卻不了解全體利益之所在，於是在資本主義發展到極點、產生重重問題之時，社會主義 (Socialism) 於焉發生。

社會主義一詞，一般公認為英人歐文（Robert Owen, 1771～1858）所首先使用，他於一八三四到三五年間，曾倡導組織「各民族各階級協會」（The Association of all Classes of all Nations），此後社會主義一詞開始流行。社會主義的涵義為何？實在是眾說紛紜。耶訥（Janet）說：「倘若有一種主義，所講的是國家有一種權力足以矯正現時人人財產的不平等，依法將財產平均，取有餘以補不足，而且這種情形是屬於永久的，這種主義我們就稱之為社會主義。」❷拉威烈（Laveleye）說：「社會主義的目的，第一、在使社會裡面的各種情形更加平等；第二、在藉法律或國家的權力，使種種改革的事體實現出來。」（同❷）國父說：「社會主義的範圍，是研究社會、經濟和人類生活的問題，就是研究人民生計問題。」❸就一般觀念而言，「社會主義是以社會公共的勢力來管理一切經濟活動，將生活與享受的各種資料公平分配，以謀求社會全體的幸福為目標。」❹

二、社會主義的派別與主張

十九世紀以後，社會主義之派別非常龐雜，流派甚多。國父曾說：「因為社會主義已經發生了幾十年，研究這種學理的學者不知道有千百家，……其中關於解決社會問題的學說之多，真是聚訟紛紛。所以外國的俗語說，社會主義有五十七種。」（同❸）可見社會主義派別之紛歧。茲將重要的派別簡介於

❷ 張亞澐，「比較主義」（三民書局，六十七年二月），頁一八八。

❸ 國父講，「民生主義」第一講，前揭書，第一冊，頁一六〇。

❹ 逯扶東，「西洋政治思想史」（作者發行，五十九年一月），頁五二〇。

次：

㈠空想的社會主義

空想的社會主義又稱烏托邦社會主義（Utopian Socialism），是十九世紀早期的社會主義，其主要人物有：

1. **聖西蒙（Saint-Simon, 1760～1825）** 出身於法國貴族，曾參加美國獨立戰爭，主要著作有「工業制度」(*Industrial System*)、「工業問答」(*Catechism of Industry*) 及「新基督教」(*New Christianity*)。聖西蒙主張廢除自由主義的經濟組織，而創立一種以生產階級為領導的新制度，各按能力從事勞動與分配。他重視直接勞動生產的人，認為理想的社會是一個勤勉奮發的工業社會，只應存在有農人、工人、製造者、學者等有益於社會的人，而使一切寄生階級消滅，人人都要做些工作，增加社會全體的福利，是每一個人的責任。他並認為社會與政治之有效改革，須依賴宗教為基礎，因此主張廢除現存的宗教組織，另創立新的宗教制度，惟仍以基督教義為依據，而以改善貧民生活為目的。聖西蒙重視智識階層，亦未主張廢止私產，雖含一些社會主義的色彩，但是以工業主義為中心，其思想實代表一種新的中產階級之希望。

2. **傅立葉（Charles Fourier, 1772～1837）** 出身於平民家庭，為法國另一富理想精神的社會主義者。他認為如能施行良好的社會制度，將會導人性於友善、愛心仁慈及高尚道德情操的途徑，於是創立一種具體的社會組織，使人共同生活及共同生產於一名為「方形村」(phalange) 的集團中。「方形村」由志趣相同、自願相結合的七至九人為一小組，五個或較多的小組為一更大的聯合，然後再由若干聯合構成一個「方形村」，每個「方形村」由數百人至二千人，分別擔任農業、工業各方面的工作。每個「方形村」有一個大的公共大廈，其中分住所、會議廳、圖書室、餐廳、工作房等，採會食制度，可自由選擇工作，一切生活必需品，均由合作社供給，年終結算剩餘，按勞動、資本、才能三部分分配，勞動得十二分之五，資本得十二分之四，才能得十二分之三。他並將勞動分為必須勞動、有用勞動及適宜勞動三級，第一級接受報酬較高，第二、三級因為所需犧牲少，故接受報酬亦較小。傅立葉相信在這種社會制度中，必可消滅貧窮、保障自由，且可使人對家庭的愛移至社會大家庭，因此婚姻與家庭會逐漸消失。他主張的社會是共產制度的社會，但他不主張暴力，而是用和平的方法去實現這種制度。他曾從事實驗，結果失敗，證明他的思想幾近虛幻。

3.歐文 (Robert Owen, 1771～1858)　歐文是英國第一位社會主義的先知，出身勞工，深知工人之疾苦，極富同情心。一八〇〇年初，他買下新蘭納克 (New Lanark) 的一處紡紗工廠，並以此為實驗。他首先將工人每日十七小時的工時減為十小時，不用十歲以下的童工，並給予免費教育，改善工廠衛生，建造工人住宅，糾正工人酗酒敗德惡習，供應工人廉價的日用必需品，提高工資，贏利中之若干用以增加工人福利。一八〇六年，經濟不景氣，美國禁止棉花出口，英國紗廠因而停工，工人失業無以為生，他卻仍能發給全部工資，遣散工人。他的成就有目共睹，從此聲名遠揚。歐文認為人生之目的在快樂，而快樂必須由一切人分享，否則少數人的獨樂無法維持，因此人類的志趣只有一個，即全人類行為的和平及感覺的快樂。人類的不快樂與生活環境有密切的關係，故改善環境是使人性向善的要務，因此他重視教育的陶冶，而生活的豐足亦是一個正當環境所必須的條件。貧窮與無知同為罪惡的來源，由資本社會中所形成的私產制度是社會進步的障礙，所以他認為在新社會的建設中，首先要廢止利潤。歐文的改革態度是溫和的，他願意捨身幫助勞工自貧窮與無知中解脫出來，但要求他們放棄一切暴力及仇恨。他主張應以積極的方法改造社會，而改造的步驟則由教育訓練開始。對於兒童盡力防止其學到壞習慣，並使其培養良好的行為，對貧窮的成年人則設法給予正當的工作，並教導他們職責的觀念及生活的情趣。歐文的努力目的不止在為工人與窮人，而是在為整個社會著想。

(二)無政府主義 (Anarchism)

無政府主義又音譯為安那其主義，於民國十年前後傳入我國，人稱為安先生，以與德先生（民主）、賽先生（科學）並舉，在當時思想界有鼎足而三之勢，其代表人物有：

1.普魯東 (Pierre Joseph Proudhon, 1809～1865)　普魯東為法國人，出生於貧寒家庭，為無政府主義的先驅。他攻擊私有財產，認為財產即賊贓；惟所謂如同賊贓的私產是指不勞而獲、坐享其成者而言。他反對烏托邦的社會主義，認為那全屬虛幻。也反對共產主義，認為「私產制度是強者搾取弱者，共產制度是弱者搾取強者」。在私產制度下，不平等的形成無論是何種方式與藉口，是皆由於暴力之掠奪；而在共產制度之下，其不平等在優劣不分、等量齊觀。可見他重視比例的真平等。他又極端重視自由，他所指的自由係包括信仰、出版、工作貿易、教育的自由，以及工作與勤勞結果之處理的自由。自由是絕對的，為超越一切的力量，所以他反對任何政府，要建立一個無政府的自由社會。

2.巴枯寧 (Bakunin, 1814～1876) 與克魯泡特金 (Kropotkin, 1842～1921)　巴枯寧與克魯泡特金兩

人均出身於俄國貴族，他們重視個人權利及人格之充分發展，崇尚人道思想，主張人人相互善意與平等共處。他們一如社會主義者反對私產，並亦歸罪於政府，因為法律的目的乃在保護私產，政府的真正職能盡在於此。而一切用以保護私產的法律亦即在保護政府，政府乃是私產的基礎，二者狼狽為奸，為害大多數人，此實為人類進化的最大障礙。他們既憎恨政府及私產，乃主張無政府與共產。他們所希望實現的是一個沒有權力、沒有壓迫，而由人們自由訂約組織的新社會，以互助合作為唯一條件，因為個人既是社會的一員，應增進社會全體的利益，因此便要互助。關於此點，克魯泡特金在其「互助論」中有極好的發現，也是無政府主義思想的重心。

(三)馬克思共產主義

在社會主義諸流派中，思想最走極端而有暴力傾向者為馬克思共產主義，是馬克思（Karl Marx, 1818～1883）所創始，故人或稱之為「馬克思主義」（Marxism）。又因馬克思與恩格斯二人曾於一八四八年發表「共產黨宣言」，所以又被稱為「共產主義」（Communism）。又馬克思譏評以前的烏托邦社會主義缺乏歷史基礎，忽視階級差異，其計畫全屬幻想，他則自稱其主義是為「科學的社會主義」（Scientific Socialism）。馬克思共產主義的主要理論有三：

1. **唯物史觀**　馬克思以唯物論為其基礎，並襲取黑格爾的辯證法則廣為應用，而組成他的唯物辯證法則，並首先在歷史觀中提出唯物史觀，以經濟為主因去解釋歷史的演進。馬克思認為宇宙的本體是物質，是物質決定人類的思維，所以在他看來，人類社會中最主要的特質，就是每一時代的生產方法及其所形成的經濟制度。在各種生產力的交互作用，跟著產生反映人類生活的制度與觀念，所以法律、政治、宗教、意識型態等，皆為生產制度所決定，於是生產方式改變，人類的歷史亦隨之發展。每一時代的歷史行程，為一種事實上不可避免的環境造成的具體條件所左右，新的生產方式產生，社會的基礎動搖變遷，整個社會結構亦隨之動搖變遷，人類在歷史行進的洪流中，是毫無主宰的力量的。

2.階級鬥爭　馬克思認為在物質及生產為中心的歷史中，所有人類必分為兩個階級，一是控制生產及享有經濟利益的階級，一是被宰制剝削的階級。國家存在的意義只不過是占有階級壓迫搾取另一階級的工具。而握有國家工具的階級為了保持其既得利益，必排斥另一階級於利益之外，但被壓迫階級也必想要爭取利益，於是兩個階級的矛盾鬥爭必不可免。當一個社會生產方式改變，相適應的生產關係也發生了變化，本來視之為有助於生產發展的，現在卻成了桎梏，於是社會革命必然到來，經濟基礎動搖，一切上層建築乃因之蛻變，於是又有新的生產關係建立。人類社會就在這種內在矛盾的階級鬥爭中發展。工業革命後，整個社會已分成資產階級與無產階級，雙方的衝突日益尖銳，必須徹底推翻現狀，根本改造現存社會，廣大的無產階級才可獲得解救。

3.剩餘價值　馬克思認為一切物品的價值基礎乃是在於勞動的結晶，其價值的大小全依照生產時的需要勞動量的多少而定。在資本主義社會中，勞工們無生產工具，只有出售勞力，資本家付給工資購買其勞力，使之施用於生產工具以生產物品。假定以二十元一日的工資給予某工人，此即某工人的價值，但如果他在二小時內已將價值二十元的物品完成，此為必需勞動，而超過二小時以上的勞動則為剩餘勞動，此為無償的，凡在此無償的剩餘勞動中所生產的物品之價值，即稱為剩餘價值，皆為資本家所搜刮。

工資並未因剩餘價值增加而提高；相反地，資本家為獲利起見，往往延長工時、減低工資、抬高售價。剩餘價值所造成的結果，一方面是資本家的資本愈來愈集中，一方面是工人的生活愈來愈貧苦。

總之，馬克思認為在資本主義社會裡，有資產階級和無產階級的鬥爭，而這種階級鬥爭是實行共產主義的基本方法。同時無產階級的鬥爭應該打破國家界限，謀無產階級力量的集中，這就是所謂國際主義。馬克思以為這種國際主義是無產階級獲得勝利的一個重要條件。在無產階級革命獲得勝利後，他們掌握政權，變為統治者，這就是所謂無產階級專政，其目的在鎮壓有產階級的反抗，沒收其財產，以實現「公有財產」的共產社會理想。所以概括地說，一般所謂共產主義的意義，是指以資本主義為基礎，以階級鬥爭和無產階級專政為方法，以國際主義為範圍，以達到公有財產的共產社會為目的的馬克思主義。

(四)其他的社會主義

除上舉社會主義之派別外，尚有較重要者如：

1. 基督教社會主義 (Christian Socialism)　基督教社會主義是欲根據基督教的精神，且把此種精神普及而謀改良社會的一種思想。他們認為無論組織怎樣有力的國家，制定怎樣精密的法律，如果缺乏基督教的愛的精神，而恣情於私利和私欲，社會的禍根依舊不能斷絕。所以改革社會，一方面須使富者懷抱所謂「救濟窮人就是放債於耶和華，仍舊由耶和華償還」的精神，而窮人則懷抱所謂「安於貧窮就是福分，天國即是窮苦人所有」的自安信念；另一方面，則廣為組織合作團體，經濟自給，如有不足則由國家補助，如此美滿社會必能實現。其主要代表人物為英人摩利士 (J. F. D. Mourice) 及荊司雷 (Charles Kingsley)，均曾為牧師或神職人員。

2.工團主義 (Syndicalism)　工團主義發生於法國，是法國勞動者在備受摧殘壓迫之餘，由勞工與思想家相結合而不斷奮鬥後的產品，其首要理論家為索勒爾 (George Sorel, 1847～1922)。工團主義的目的是要以勞動者的團體組織來支配社會一切事務，根本地推翻資本主義的經濟組織，取消任何階級的支配，由各種職業的工人聯合起來直接謀求全體福利，所以他們極端反對國家及政府，亦如馬克思一樣，認為國家為資產階級所利用的統治工具。他們主張用直接行動以取得社會的改良，採取總罷工、怠工等手段去擊潰資產階級，尤以總罷工為致命的利器。罷工的目的不只是要求資方改善待遇，而是要把整個勞資關係打破，使工人獲得完全解放。

3.國家社會主義 (State Socialism)　國家社會主義產生於工業發達稍遲的德國，主張把生產工具集中於國家，由國家管理生產及分配。國家社會主義者認為，古典經濟學派之個人利益與社會利益相一致的看法與事實不符，自由放任的經濟政策只造福少數資產階級，形成貧富懸殊的不平等現象，於是主張賦與國家立法及行政的極大範圍，廢止私人的自由競爭，將資產階級握有的產業集中於國家，由國家來管理，以達到經濟分配的平等。此派主要代表人物為拉薩爾 (Lassalle Ferdinand, 1825～1864)。

4.費邊社會主義 (Fabian Scialism)　西元一八八四年英國一些知識份子組成費邊社 (Fabian Society)，該社以羅馬帝國名將費比尤斯 (Fabius)——一個謹慎伺機而動的遲滯者——為名，成為英國社會主義運動主要的領導中心。重要成員有蕭伯納 (George Bernard Shaw, 1856～1950)、韋伯 (Sidney

Webb, 1859～1947）及其夫人。他們反對私產制度下使社會造成敵對的階級，及貧富不均的不平等現象，所以主張土地國有及資本國有，將土地和企業資本從個人和階級的所有權中解放出來，歸社會掌管，利益為社會所共享。他們承認國家之存在，要求國家統制生產，而一切改革必須假手立法的途徑，採和平漸進的方式，所以他們在政治上所要求的是一個代表社會全體的民主政治之國家。由於費邊社會主義者努力的結果，使勢如狂濤的馬克思主義在英國發生不了效力，而配合民主政治依循序漸進的方式進行改革，對英國社會貢獻甚大。

5. 基爾特社會主義（Guild Socialism） 基爾特社會主義亦產生於英國，於第一次世界大戰前後十數年間，曾盛極一時。「基爾特」一語，原為中古時期一種同行業組合的稱謂，為當時經濟性的社團。基爾特社會主義主張工業自治，因為他們認為議會政治不能為生產勞動者謀利益，所以要把生產事務交由生產者自己支配管理。此外他們又有「職能原則」的理論，認為各種職業團體單獨組合後，更能發揮其職能，使社會價值更充分發展，社會結合更見和諧。他們所希望實現的社會，是一個包括許多職能不同之團體的複合體；在此一複合體中，各團體可為其各目的自治管理增進其福利。主張基爾特社會主義的人物中，許多原為費邊社員，後來雖同屬基爾特社會主義者，但意見並不一致，其中以柯爾（G. D. H. Cole, 1889～1959）為最重要，著述最多。❺

❺ 關於「社會主義之派別與主張」，參閱❹，前揭書，第二十二章～第二十四章。

三、民生主義包括社會主義

國父認為「社會主義中的最大問題就是社會經濟問題。這種問題就是一班人的生活問題，因為機器發明以後，大部分人的工作都是被機器奪去了。一班工人不能夠生存，便發生社會問題」。❻他又認為他用「民生」二字來講外國近百十年來所發生的一個最大問題——社會問題，「故民生主義就是社會主義」。❼但是他又主張不學外國直接來講社會主義，而用民生主義來替代社會主義，其始意乃在正本清源。國父認為「社會主義的範圍是研究社會、經濟和人類生活的問題，就是研究人民生計問題」，（同❸）可是社會主義發生了幾十年，派別甚多，各派的思想學說非常紛歧，不知哪一派別的主張才是對的，使人對於社會主義有無所適從的心理，所以用民生主義來替代社會主義，使一般人聽到這個名詞之後便可以了解，因為「社會主義中的最大問題就是社會經濟問題」，「這種問題就是一班人的生活問題」，也就是社會問題，「社會問題之發生，原來是要解決人民的生活問題。故專就這一部分的道理講，社會問題便是民生問題。所以民生主義便可以說是社會主義的本題」。（同❻）既然民生主義是社會主義的本題，所以國父要用民生主義來替代社會主義。

國父曾說：「嘗考社會主義之派別為：㈠共產社會主義、㈡集產社會主義、㈢國家社會主義、㈣無政府社會主義。在英、德又有所謂宗教社會主義、世界社會主義，其以宗教、世界而範圍社會主義者，

❻ 同❸，頁一六一。

❼ 同❸，頁一五七。

皆未適當。自予觀之，則所謂社會主義者僅可區別二派：一即集產社會主義，一即共產社會主義。蓋以國家社會主義本屬於集產社會主義之中，而無政府主義又屬於共產社會主義者也。」❽國父又說：「本黨既服從民生主義，則所謂『社會主義』、『共產主義』與『集產主義』，均包括其中。」茲將各主義之連帶關係與範圍圖示之如左：❾

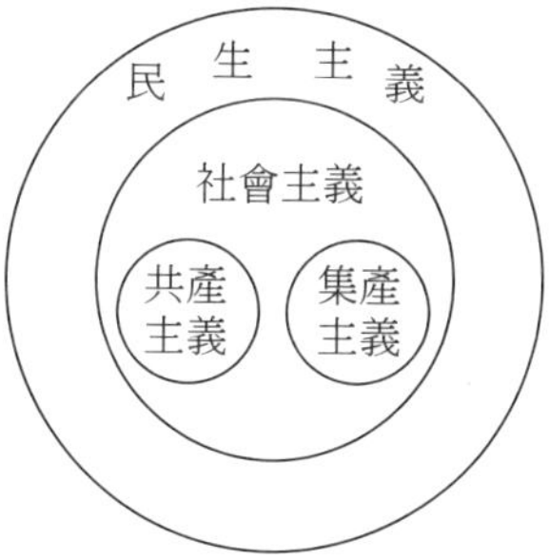

國父並解釋說：「『民生』二字為數千年已有之名詞。至用之于政治經濟上，則自本總理始，非獨中國向無所聞，即在外國亦屬罕見。數年前，有一服從馬克思主義之學者研究社會問題，發現社會上之生計問題與馬克思學說有不符合之點，於是提出疑義，……將其著作公之於世，名之曰『歷史之社會觀』。

---

❽ 同❶，頁二八五。

❾ 國父講，「關於民生主義之說明」，前揭書，第二冊，頁六二五。國父是以此圖說明民生主義之範圍，並未涉民生主義與社會主義、共產主義、集產主義之優劣比較。

其要點之大意有云：『在今日社會進化中，其經濟問題之生產與分配，悉當以解決民生問題為依歸』云云。由此可見本總理所創民生主義之名詞，至今已有學者贊同矣。由此亦可知『民生』二字，實已包括一切經濟主義。」（同❾）故如照前圖所示，就主義的範圍來看，民生主義的範圍比社會主義的範圍要大；就是說，民生主義可以包括社會主義，而社會主義並不能包括民生主義。總之，國父認為「我們提倡民生主義二十多年，當初詳細研究，反覆思維，就是覺得用民生這兩個字來包括社會問題，較之用社會或共產等名詞為適當，切實而且明瞭，故採用之。」❿何以適當？因為民生主義可以包括社會主義，而社會主義不能包括民生主義。何以切實？因為民生主義就是社會主義的本題。何以明瞭？因為民生二字把社會問題的真性質表明清楚了，使人一聽到民生主義這個名詞就容易了解，有正本清源的功效。

四、國父對馬克思共產主義的批判

國父在民生主義第一、二講裡面，曾對馬克思學說有極嚴峻的批評，可知國父是不贊成馬克思共產主義的。茲摘舉國父對於馬克思主義批判的要點於次：

(一)唯物史觀的謬誤

馬克思認為「世界一切歷史都是集中於物質；物質有變動，世界也隨之有變動。並說人類行為都是由物質的環境所決定，故人類文明史只可說是隨著物質境遇的變遷史。」⓫國父批判說：「馬克思以物

❿ 同❸，頁一六六。

質為歷史的重心是不對的，社會問題才是歷史的重心；而社會問題中又以生存問題為重心，那才是合理。……古今人類的努力，都是求解決自己的生存問題；人類求解決生存問題，才是社會進化的定律，才是歷史的重心。馬克思的唯物主義沒有發明進化的定律，不是歷史的重心。」⓬

㈡階級鬥爭論的謬誤

照馬克思的觀察，「階級戰爭不是實業革命之後所獨有的，凡是過去的歷史都是階級戰爭史。古時有主人和奴隸的戰爭，有地主和農奴的戰爭，有貴族和平民的戰爭。簡而言之，有種種壓迫者和被壓迫者的戰爭。到了社會革命完全成功，這兩個互相戰爭的階級才可以一齊消滅」。（同❿）國父批判說：「馬克思認定要有階級戰爭，社會才有進化；階級戰爭是社會進化的原動力。這是以階級戰爭為因，社會進化為果。我們要知道這種因果的道理，是不是社會進化的定律？……社會進化的定律是人類求生存；人類求生存才是社會進化的原因。階級戰爭不是社會進化的原因；階級戰爭是社會當進化的時候所發生的一種病症。這種病症的原因是人類不能生存；因為人類不能生存，所以這種病症的結果便起戰爭。馬克思研究社會問題所有的心得，只見得社會進化的毛病，沒有見到社會進化的原理。所以馬克思只可說是一個社會病理家，不能說是社會生理家。」（同⓬）

⓫ 同❸，頁一六四。

⓬ 同❸，頁一六六～一六九。

(三)剩餘價值論的謬誤

馬克思的剩餘價值論是說「資本家的盈餘價值都是從工人的勞動中剝奪來的。把一切生產的功勞完全歸之於工人的勞動」。⑬國父批判說：馬克思「忽略社會上其他各種有用分子的勞動。譬如中國最新的工業是上海、南通和天津、漢口各處的紗廠和布廠。那些紗廠和布廠，當歐戰期內紡紗織布是很賺錢的，各廠每年所剩的盈餘價值，少的有幾十萬，多的有幾百萬。試問這樣多的盈餘價值是屬於何人的功勞呢？……試問紗廠布廠內的工人，怎麼能夠專說以他們的勞動便可以生出那些布和紗的盈餘價值呢？不徒是紗布工業的盈餘價值的情形是這樣，就是各種工業盈餘價值的情形都是一樣。由此可見所有工業生產的盈餘價值，不專是工廠內工人勞動的結果，凡是社會上各種有用、有能力的份子，無論是直接、間接，在生產方面或者是在消費方面，都有多少貢獻。這有用、有能力的份子在社會上要佔大多數。」⑭

(四)資本主義必然消滅論的謬誤

馬克思的資本主義必然消滅論是說「將來資本制度一定要消滅。他以為資本發達的時候，資本家之中，彼此因為利害的關係，大資本家一定吞滅小資本家，弄到結果，社會上便只有兩種人：一種是極富的資本家，一種是極窮的工人。到資本發達到了極點的時候，自己便更行破裂，成一個資本國家，再由

⑬ 同❸，頁一六九。

⑭ 同❸，頁一六九～一七〇。

社會主義順著自然去解決，成一個自由社會式的國家。」⓯國父批判說：「但是從他至今……我們所見歐美各國的事實和他的判斷，剛剛是相反。……別的事實不說，只就資本一項來講，在馬克思的眼光，以為資本發達了之後便要互相吞併、自行消滅。但是到今日，各國的資本家不但不消滅，並且更加發達，沒有止境，便可以證明馬克思的學理了。」⓰

自修復習問題

一、明瞭社會主義產生的時代背景。
二、明瞭社會主義的意義。
三、明瞭主要的社會主義派別及其主張大要。
四、明瞭國父對馬克思共產主義的批評。

討論問題

一、試分析近代社會主義產生的背景。

⓯ 同❸，頁一七一。
⓰ 同❸，頁一七二。

二、民生主義與社會主義的關係如何？

三、國父如何駁斥馬克思共產主義理論之謬誤？

國父原著選讀

一、民生主義第一、二講

二、社會主義之派別與方法

第四節　民生主義處理土地問題的主張

一、平均地權

(一)平均地權的意義

國父於一九〇五年同盟會成立時，即將平均地權列為四大綱之一，並說明其要旨：「文明之福祉，國民平等以享之。當改良社會經濟組織，核定天下地價，其現有之地價仍歸原主之所有。革命後社會改良進步之增價則歸於國家，為國民所共享。肇造社會的國家，俾家給人足，四海之內，無一夫不獲其所，敢有壟斷以制國民之生命者，與眾共棄之。」由此可見平均地權之意義，簡言之即是地權公有、地利共享的意思。詳言之，即在經濟方面為將土地所生的自然增值，平均為國民所共享；在法權方面為將私人土地所有權之實質加以變更，使國家對於土地取得最高支配權。並非用政治力量而作一次土地再分配，亦非將土地收歸國有及廢除土地私有制度；而係保留土地私有制度的優點，並根絕其缺點，同時具有土地國有的實質，而無其弊害。這是一種折衷於「土地私有」與「土地國有」之間的新土地制度。其目的在使全國土地所有權，皆能獲得公平合理的歸屬；同時使全國土地皆能獲得充分利用，其所生之利益又能歸諸全體國民所共享，這就是平均地權的意義。

㈡平均地權的土地理論

平均地權為解決中國土地問題的方法，亦為民生主義的最初涵義，可見國父對於中國土地問題的重視。土地問題何以重要？因為它是生產要素之一，也是人類依附而生存的根據。所以國父說：「生產之原素三：㈠土地、㈡人工、㈢資本。土地為人類依附而存在者也，故無土地即無人類。」❶民生主義的平均地權，乃是兼採土地公有與私有之所長的一種新土地制度。其公有與私有之間的權衡，是以公有為體、私有為用，並參酌土地利用之種類、性質，以及土地與國民所得利益的大小而定。凡屬天然富源，或易形成壟斷、獨占、投機或與國家安全有密切關係之土地應歸公有；凡人民因生活所必需之土地可以歸於私有。茲就土地所產生的三種利益，說明其公有抑或私有之分際：

1. **天然利益**　如山林、川澤、礦產、水力等皆是，此非任何人力所能創造者應該歸於公有。「建國大綱」第十一條規定：「土地之歲收、地價之增益、公地之生產、山林川澤之息、礦產水力之利，皆為地方政府之所有。」無論為地方或中央政府之所有皆屬公有。

2. **社會利益**　凡因社會文明進化、交通發達、工商業繁榮、社會大眾投資興建此地之各項設施，使地價漲高的利益，名之曰「社會利益」。此種利益並非地主的功勞，而是開發改良這塊土地眾人之功勞，故社會利益應收歸公有。國父說：「土地價值之能夠增加的理由是由於眾人的功勞、眾人的力量，地主對於地價漲高的功勞是沒有一點關係的。所以外國學者認地主由地價增高所獲的利益，名之曰不勞而獲

❶ 國父講，「社會主義之派別及方法」，見「國父全集」第二冊，頁二八七。

之利。」「推到這種進步和改良的功勞，還是由眾人的力量經營而來的。所以由這種改良和進步之後所漲高的地價，應該歸之大家，不應該歸之私人所有。」❷土地漲高的地價如歸於私人所有，將形成少數人對土地的壟斷投機，猝成暴富，造成經濟的不平等所以社會利益應歸公有。

3.經濟利益　即由私人投施勞力、資本及改良所獲得的利益，此種利益應歸屬於私有。人類因自利心的驅使，屬於私有始願意投施勞力資本以生產，此自利心即為經濟上的引力。私有為生產的熱情所繫，公有是謀大眾的利益。無私有則生產不能充分發達，即公有亦難望大眾有福利。無公有則私有無所限制，必至百弊叢生。公有、私有相輔相成，缺一不可，這是平均地權土地理論的優越性。❸

(三)平均地權的理由

國父認為在中國要實行平均地權的理由，不外以下三點：

1.防微杜漸，預防土地漲價的不勞而獲　國父說：「我們先研究土地問題，土地制度在歐美各國都不相同。英國底土地多是封建制度，美國底土地完全是資本家出錢買來的，兄弟民生主義的辦法主張平均地權，在中國本是杜漸防微的意義。」❹又說：「近年來歐美的經濟潮流一天天地侵進來了，各種制度都是在變動，所受的頭一個最大的影響就是土地問題。……所以中國土地因受歐美經濟的影響，地主

❷ 國父講，「民生主義」第二講，前揭書，第一冊，頁一八三。
❸ 王昇，「三民主義研究」（黎明文化事業公司，六十二年六月），頁一七七。
❹ 國父講，「三民主義之具體辦法」，前揭書，第二冊，頁四〇八。

便變成了富翁，和歐美的資本家一樣了。經濟發達土地受影響的這種變動，不獨中國為然，從前各國也有這種事實，不過初時各國不大注意，沒有去理會，後來變動越大才去理會，便不容易改動，所謂積重難返了。我們國民黨對於中國地價的影響，思患預防，所以要想方法來解決。」❺國父提出的辦法就是平均地權。所以防微杜漸、預防土地漲價的不勞而獲，為國父主張平均地權的第一個理由。

2.要把社會上的財源弄到平均 國父說：「有土地的人便一日變富一日；沒有土地的人便一日變窮一日。所以土地問題實在是很大的。我們要預防這種由於土地的關係，有貧者愈貧、富者愈富的惡例，便非講民生主義不可。要講民生主義，又非用從前同盟會所定平均地權的方法不可。」❻又說：「我們國民黨的民生主義，目的就是要把社會上的財源弄到平均。……我們的頭一個辦法是解決土地問題。……現在我們所用的辦法是很簡單、很容易的，這個辦法就是平均地權。」❼所以要把社會上的財源弄到平均，實為國父主張平均地權的第二個理由。

3.防止土地投機，使資本投向工商業 國父說：「及今不平均地權，則將來實業發達之後，大資本家必爭先恐後投資於土地投機事業；十年間舉國一致，經濟界必有大恐慌。地權既均，資本家必捨土地投機事業以從事工商，則社會前途將有無窮之希望。蓋土地之面積有限，工商之出息無限，由是而製造事業日繁，世界用途日廣，國利民福，莫大乎是。」❽這是國父主張平均地權的第三個理由。

---

❺ 同❷，頁一八二。
❻ 同❹，頁四〇九。
❼ 同❷，頁一八六。

(四)平均地權的辦法

實施平均地權的辦法，國父早有明確的提示，其辦法如左：

1. 地主自報地價　國父主張地主自報地價，他說：「照我的辦法，地主如果以多報少，他一定怕政府照價收買，吃地價的虧；如果以少報多，他又怕政府要照價抽稅，吃重稅的虧。在利害兩方面比較，他一定不情願多報，也不情願少報，要定一個折中的價值，把實在的地價報告到政府。」❾規定地價是平均地權的基本步驟；地價規定後，照價徵稅有了標準，照價收買有了實價，漲價歸公有了原價。

2. 照價徵稅　地價既定，政府即照所報地價徵稅，此法最為公平合理。國父說：「貴地收稅多，賤地收稅少。貴地必在繁盛之處，其地多為富人所有，多取之而不為虐；賤地必在窮鄉僻壤，多為貧人所有，故非輕取不可。」❿而照價徵稅的標的乃指素地，並不包括人工建築及改良物。國父說：「講到照價抽稅、照價收買，就有一重要事件要分別清楚，就是地價單指素地來講，不算人工之改良及地面之建築。比方有一塊地，價值是一萬元，而地面的樓宇是一百萬元，那麼照價抽稅，照值百抽一來算，只能抽一百元，如果照價收買就要給一萬元地價之外，另要補回樓宇之價一百萬元了。其他之地，若有種樹、築堤、開渠及人工之改良者，亦要照此類推。」⓫如此，將有三大利益：「一可免地之荒廢，二可獎勵

---

❽ 國父講，「民生主義之實施」，前揭書，第二冊，頁二三二。

❾ 同❷，頁一八七。

❿ 國父講，「民生主義與社會革命」，前揭書，第二冊，頁二一六。

人工之進步，三可免資本家壟斷土地之弊。」⓬至於稅率，國父常說的是值百抽一，但並未作硬性規定，而主張由民意機關定之：「其抽法，或抽百之二，或抽百之一，他日由省會議決，然後執行。」⓭此外，尚須按地價高低依累進稅率抽稅，國父說：「蓋累進法，地價愈高其稅愈重，我之所謂平均地權之法亦然，非一律加稅也。」⓮累進徵稅實含有抑富濟貧之意。

3.**照價收買** 照價收買就是政府按地主所報原價予以收買。收買之時機有二：一是地主以多報少時，二是政府需用土地之時，均可隨時行使土地徵收權，以徵收私人之土地。故照價收買是國家對土地行使最高支配權，國家有此公權以調劑分配、促進利用，如此則土地私有權才不致發生壟斷投機，或置土地於無用諸弊。但無論何時照價收買，其地價均係按原報之素地地價，對人工改良及地面建築物，還要另給補償。

4.**漲價歸公** 平均地權最重要的是漲價歸公。地價既定，則土地日後漲高之價格應歸公有。國父說：「因為地價漲高，是由於社會改良和工商進步。……推到這種進步和改良的功勞，還是由於眾人的力量經營而來的，所以由這種改良和進步之後所漲高的地價，應該歸之大眾，不應歸之於私人所有。……收歸眾人公有，以酬眾人改良那塊地皮周圍的社會，和發達那塊地皮周圍的工商業之功勞。」⓯此種漲價

⓫ 同❷，頁一八九。
⓬ 國父講，「地權不均則不能達多數幸福之目的」，前揭書，第二冊，頁二四〇。
⓭ 國父講，「地價抽稅問題」，前揭書，第二冊，頁二四一。
⓮ 國父談話，「平均地權乃以土地之利還之大眾」，前揭書，第二冊，頁七九九。

為社會利益，故應收歸公有，由社會大眾所共享。如此，則社會愈進化，國家愈富，地方公用公益事業愈興，且可減少一般人民之賦稅，物價亦將降低，人民亦漸富足。

㈤平均地權在臺灣的實施

我國憲法第一百四十二條規定：「國民經濟，應以民生主義為基本原則，實施平均地權，節制資本，以謀國計民生之均足。」第一百四十三條第一項規定：「中華民國領土內之土地，屬於國民全體。人民依法取得之土地所有權，應受法律之保障與限制。私有土地應照價納稅，政府並得照價收買。」第三項規定：「土地價值非因施以勞力、資本而增加者，應由國家徵收土地增值稅，歸人民共享之。」這是政府實施平均地權的憲法依據。因此，政府遷臺後就依據憲法的規定，積極實施平均地權。

民國四十三年，立法院制定「實施都市平均地權條例」，八月二十六日總統明令公布施行，九月七日行政院指定臺灣省為施行區域。其後，原條例曾於民國四十七年、五十三年、五十七年作三度修正。實施以後，對都市土地投機壟斷之風的遏抑，以及土地利用價值的提高等雖具績效，但實施平均地權以外之郊區土地及未實施都市平均地權之市鎮，土地投機壟斷之風日熾，土地自然增值又均歸私有，不獨造成不公，對國家建設、經濟發展亦每構成窒礙。執政的中國國民黨為貫徹國父平均地權以期地盡其利、地利共享的遺教，於民國五十八年三月舉行之第十次全國代表大會中，通過「策進全面實施平均地權及貫徹耕者有其田政策綱領」，提出「為貫徹平均地權之全面實施，除已實施平均地權之都市地區外，其他

⓯ 同❷，頁一八八。

都市地區及都市地區以外各地目之土地，應分期分區舉辦規定地價」之主張。同年十二月一日，應實施平均地權而未實施之地區開始辦理規定地價，五十九年七月五日公告地價，七月六日起申報地價，六十年二月底完成申報地價工作。至於「實施都市平均地權條例」規定範圍以外之土地，因須完成立法程序，未及賡續辦理。

及至民國六十六年一月十八日，立法院通過「平均地權條例」，同年二月二日由總統明令公布，二月三日行政院指定臺灣省及臺北市為施行區域，臺灣省乃分兩個梯次辦理全面平均地權之規定地價的工作。第一梯次於六十六年九月一日公告地價，九月二日至十月一日申報地價，第二梯次於六十七年九月一日起辦理公告和申報地價。同時為配合全面平均地權之實施，立法院於六十六年七月一日通過「土地稅法」，規定土地稅分地價稅、田賦及土地增值稅。至此國父平均地權以期地盡其利、地利共享的遺教乃在臺灣真正實現。茲將「平均地權條例」的要點列述於次：

1. **規定地價**　辦理規定地價或重新規定地價時，先由直轄市或縣市主管機關分別區段地目，調查最近一年之土地市價或收益價格，依調查結果劃分地價及地價區段，提交「地價評議委員會」評議後，分區公告，然後由土地所有權人於規定期限內自行申報。申報地價超過公告地價百分之一百二十時，以公告地價百分之一百二十為其申報地價。未滿公告地價百分之八十時，除照價收買外，以公告地價百分之八十為其申報地價。未如期申報者，以公告地價百分之八十為其申報地價。規定地價後，每三年重新規定地價一次，但必要時得延長之。

2. **照價徵稅**　地價總額未超過累進起點地價（地價稅累進起點以各該直轄市或縣市土地七公畝半之

平均地價為準）時，按基本稅率千分之十徵收地價稅，超過者則予以累進課稅，最高稅率為千分之五十五。自用住宅用地，都市土地面積未超過三公畝或非都市土地面積未超過七公畝部分，其地價稅按千分之三計徵。工業用地統按千分之十計徵地價稅。農業用地在作農業使用期間則徵收田賦。私有空地經限期建築、增建、改建或重建而逾期未遵辦者，按應納地價稅基本稅額加徵二倍至五倍之空地稅或照價收買。

3.照價收買　依該條例規定，得照價收買的時機有六：(1)申報地價未滿公告地價百分之八十者（第十六條）。(2)空地經限期建築使用，逾期仍未建築使用者（第二十六條）。(3)農業用地閒置不用，經加徵荒地稅滿三年，仍不使用者（第二十六條之一）。(4)土地所有權移轉或設定典權，其申報移轉現值，低於公告土地現值者（第四十七條之一）。(5)超額土地，土地所有權人經通知於二年內出售或建築使用，逾期未出售或未建築使用者（第七十二條）。(6)依法編為建築用地的出租耕地，經終止租約收回滿一年，不依照使用計畫建築使用者（第七十六條）。此外，照價收買時，土地所有權人改良土地之費用及已繳納之工程受益費，應併入地價內計算。土地上如有農作改良物，應予補償。地上建築改良物同屬土地所有權人所有者，應一併收買。

4.漲價歸公　土地所有權人於申報地價後之土地自然漲價，於土地所有權移轉或設定典權時，按累進稅率，徵收土地增值稅，稅率計分為百分之四十、五十、六十等三級。如土地所有權人出售其自用住宅用地之面積，都市土地未超過三公畝或非都市土地未超過七公畝部分，其土地增值稅統按土地漲價總數額百分之十徵收之。漲價歸公之收入，以供育幼、養老、救災、濟貧、衛生、扶助殘障等公共福利事業、興建國民住宅、徵收公共設施保留地、興辦公共設施及推展國民教育之用。

二、耕者有其田

㈠耕者有其田的意義

國父說：「我們解決農民的痛苦，歸結是要耕者有其田。這個意思就是要農民得到自己勞苦的結果，要這種勞苦的結果不令別人奪去。」⓰由此可知，耕者有其田的主旨就是要使農民得到自己勞苦的結果，不被別人奪去。這就必須使農民對其所耕種的田地獲得所有權始能辦到。所以耕者有其田的意義，簡單說就是耕地所有權歸於耕者所享有，使所有農民都成自耕農，達到農有、農耕、農享的目的。根本廢除租佃制度，使農民高興去耕自己的田，並完全得到自己勞苦的結果，以達到地盡其利的要求，從而使農業生產提高，農民生活獲得普遍改善，以徹底解決農村土地問題。

㈡耕者有其田的理由

國父認為在中國要實行耕者有其田，其理由即是針對「耕者無其田」和「地不能盡其利」兩種病徵而來。茲分述於次：

1.耕者無其田　國父說：「中國現在雖然是沒有大地主，但是一般農民有九成都是沒有田的。他們

⓰ 國父講，「耕者有其田」，前揭書，第二冊，頁七二三。

耕的田大都是屬於地主的，有田的人自己多不去耕。……現在的農民都不是耕自己的田，都是替地主來耕田，所生產的農產品大半是被地主奪去了。這是一個很大的問題，我們應該馬上用政治或法律來解決。如果不能夠解決這個問題，民生問題便無從解決。」⑰可見，耕者不是耕自己的田，他們辛辛苦苦生產出來的成果又不能歸自己享有的事實，簡單地說就是耕者無其田，這是國父主張耕者有其田的第一個理由。

2. 地不能盡其利　國父說：「農民耕田所得的糧食，據最近我們在鄉村的調查，十分之六是歸地主，農民自己所得到的不過十分之四，這是很不公平的。若是長此以往，到了農民有知識，還有誰人再情願辛辛苦苦去耕田呢？現在的多數生產都是歸於地主，農民不過得回四成。……所以許多農民便不高興去耕田，許多田便漸成荒蕪不能生產了。」（同⑰）這樣，地就不能盡其利了。地不能盡其利，實為國父主張耕者有其田的第二個理由。

(三)耕者有其田的原則

實行耕者有其田的基本原則，國父一貫主張採用和平方法。國父說：「要聯合全體的農民來同政府合作，慢慢商量來解決農民同地主的辦法，讓農民可以得到利益，地主不受損失，這種方法可以說是和平解決。」（同⑯）但為何要用和平方法解決呢？因為我國的繼承制度，遺產由諸子均分，耕地因繼承而分散，成為許多小地主；而且地主的土地大多是由終生勤奮得來，如採暴力沒收，非但有失公平，而且

⑰ 國父講，「民生主義」第三講，前揭書，第一冊，頁一九七。

易引起反抗。依國父之意，所謂和平的方法即是用「政治和法律來解決」，這與過去俄共的「集體農場」和中共的「土改」，採取暴力沒收無償的激烈殘酷手段，完全不同。

(四)耕者有其田的辦法

關於實行耕者有其田的具體辦法，國父未曾作過有系統的說明，但我們可以從遺教中歸納出他所主張的和平方法：

1. **限田** 就是限制私有土地的面積。國父說：「由國家規定土地法，使用土地法及地價稅法。在一定時期以後，私有土地所有權不得超過法定限度。」⑱地主私有田畝既有限制，其超過田地即須自行出售，或由國家徵收。同時地主不能再憑其富有地位，以形成土地兼併。這樣一面可迫使大地主售田，一面可以保障自耕農的土地所有權。

2. **授田** 就是直接由政府授田給農民。「農民之缺乏田地淪為佃戶者，國家當給以土地，資其耕作，並為之整頓水利，移殖荒徼，以均地力」。⑲所謂「國家當給以土地，資其耕作」，大概即是授田的意思，就是使佃農在國家法定條件之下，取得耕地所有權。

3. **租田** 就是直接由政府租田給農民。國父在「實業計畫」中對於蒙古、新疆移民區域的土地主張：「應由國家收買，以防專占投機之家置土地於無用，而遺毒害於社會。國家所得土地應均為農莊、長期

⑱「中國國民黨宣言」，前揭書，第一冊，頁八六〇。

⑲「中國國民黨第一次全國代表大會宣言」，前揭書，第一冊，頁八八三。

貸諸移民。而經始之資本、種籽、器具、屋宇應由國家供給，以實在所費本錢，現款取償，或分期攤還。」⑳在移民之初，由政府租田給農民；若是全國普遍實施耕者有其田，農民自可依法取得該項耕地之所有權。

4.保障農民權益　這就是要保障農民合法權利，並改善農民生活，以培養其購置土地的能力。國父主張：「改良農村組織，增進農人生活，徐謀地主佃戶間地位之平等。」（同⑱）「農民之缺乏資本，至於高利貸以負債終身者，國家為之籌設調劑機關，如農民銀行者，供其匱乏，然後農民得享人生應有之樂。」（同⑲）「我們要增加糧食生產便要規定法律，對於農民的權利有一種鼓勵、有一種保障，讓農民自己多得收成。」（同⑰）這幾點如果都能作到，佃農生活得到改善，購置土地的能力自然也就提高。佃農既有能力購置土地，也就變成自耕農了。

(五)臺灣實施耕者有其田的步驟

我國憲法第一百四十三條第四項規定：「國家對於土地之分配與整理，應以扶植自耕農及自行使用土地人為原則，並規定其適當經營之面積。」政府遷臺後，為了實現國父耕者有其田的遺教，及落實憲法的規定，乃在臺灣省逐步實施耕者有其田政策，其所採取的步驟計分為「三七五減租」、「公地放領」、「耕者有其田」。茲分別簡述其要點於次：

1.三七五減租　三七五減租於民國三十八年開始實施，係將「二五減租」的辦法加以改進。其租額

---

⑳ 國父著，「實業計畫」第一計畫，前揭書，第一冊，頁五二五。

的計算方法，規定先由全年中的主要作物正產品總收穫量減去千分之二百五十，所剩千分之七百五十，由地主與佃農平分，即各得千分之三百七十五。並有下列幾個要點：(1)減輕租額：耕地地租一律不得超過主要作物正產品全年總收穫量千分之三百七十五，原約地租不及千分之三百七十五不得增加。(2)保障佃權：耕地租約一律以書面為之；租佃期間不得少於六年；在租佃期中或租約期滿，非有法定原因地主不得收回耕地。(3)優先承受：承租人對於承租耕地，地主於出賣或出典時，承租人有優先承受權。

2.公地放領　「臺灣省公地放領扶植自耕農實施辦法」公布後，於四十年、四十一年、四十二年、四十七年及五十年，分五期辦理。其辦法要點如下：(1)放領範圍：暫以國有、省有之公有耕地先行辦理放領，至於縣市鄉鎮之公有耕地亦得比照辦理，惟須獲地方民意機關之同意。(2)放領對象：首先為承租公地之自耕農，其次為雇農及耕地不足之佃農，再次為耕地不足之半自耕農及無土地耕作之原土地關係人。(3)放領價款：按各等則耕地，正產品全年收穫總產量二倍半為地價計算標準，由承租農戶分十年攤還；攤還後，土地即歸農戶所有。

3.耕者有其田　政府在「三七五減租」與「公地放領」獲得成效後，於民國四十二年起實施「耕者有其田」。首先根據既定政策，分別制頒「實施耕者有其田條例」、「實施耕者有其田條例臺灣省施行細則」、「臺灣省實施土地債券條例」及「公營事業移轉民營條例」。並採用和平漸進方式，先徵收地主超過規定面積的出租耕地，放領與現耕農民，然後由政府貸款現耕佃農，承購地主出賣之耕地，在整個徵收放領過程中，均由政府代為辦理。並規定地價未繳清前，不得移轉。即地價繳清後，其移轉以自耕、建築、工業用三者為限。至於承領耕田之出租乃加以禁止，以確保耕者有其田之成果。

(六)臺灣實施耕者有其田的成果

臺灣實施耕者有其田後，獲得如下成果：

1. **增加農業生產**　由於土地獲得充分利用，臺灣各項農產品的生產指數均直線上升。

2. **改善農民生活**　農民由於收益增加，變為有購買力者，對於衣、食、住、行、育、樂六大需要大為提高，如過去多以雜糧為主食，現已改吃白米，副食亦顯著改善，衣、住方面的進步尤為驚人，農民子女受教育機會亦大為提高。各方面均顯示農民生活水準的改善。

3. **促進工商業發達**　因為補償地主的地價有百分之三十係配發公營事業股票，總額六億餘元，並將公營之工礦、農林、紙業、水泥四大公司移轉民營，使原來對土地的投資轉變為對工商業的投資，促進了工商業加速發展。

4. **提高農民社會地位**　過去農民多為佃農、僱農，社會地位偏低。臺灣實施耕者有其田後，農民都變成自耕農，社會地位大為提高。

「實施耕者有其田條例」之施行已完成其階段性的任務，多年來不僅未再有依本條例實施徵收放領之情形發生，反而成為農業政策推展的一大阻礙，蓋當前農業政策目標係以擴大農場經營規模為方向，擴大方式不再強調土地所有權之取得而朝鼓勵租賃型態，然本條例之存在卻使許多無力或無意留農之地主不敢輕易放租，唯恐出租耕地再度被徵收或放領，致形成低度利用或荒廢，造成農地資源的浪費，因此政府乃於民國八十二年七月三十日明令廢止「實施耕者有其田條例」。但本條例之廢止，並不意味政府不再扶持佃農成自耕農，而是改採其他方式，如「農業發展條例」內明定政府應策劃審議農業金融政策、建立農業信用保證制度等，以協助農民取得農業經營所需資金，是以政府擬訂有「擴大家庭農場經營規模協助農民購買耕地貸款辦法」，即是透過貸款方式幫助佃農達成購地願望，循此途徑以繼續達到扶植自耕農之目的。

自修復習問題

一、明瞭平均地權的意義。
二、明瞭國父主張平均地權的理由。
三、明瞭國父所主張平均地權的辦法。
四、明瞭「平均地權條例」的要點。
五、明瞭耕者有其田的意義。
六、明瞭國父主張耕者有其田的理由。
七、明瞭國父所主張耕者有其田的辦法。
八、明瞭政府在臺灣實施耕者有其田的步驟。
九、明瞭臺灣實施耕者有其田所獲致的成果。

討論問題

一、何謂平均地權？試述其意義。
二、平均地權的理論及方法如何？試就國父遺教說明之。
三、國父對解決中國土地分配的方法有何主張？
四、說明土地漲價歸公的真義。
五、何謂耕者有其田？國父為什麼主張耕者有其田？
六、政府在臺灣所實施的耕者有其田共分為幾個階段？每個階段所採取的辦法是什麼？
七、臺灣實施耕者有其田收到哪些成果？
八、政府於民國八十二年廢止「實施耕者有其田條例」，其理由何在？

國父原著選讀

一、民生主義第二講、第三講
二、耕者有其田
三、中國國民黨第一次全國代表大會宣言

第五節　民生主義解決資本主義問題的主張

一、節制私人資本

㈠節制私人資本的意義

國父說：「使私有資本制度不能操縱國民之生計，此則節制資本之要旨也。」❶所以節制資本的意義，就是以私人資本為對象，防止私人財富過度集中，形成貧富不均的弊害。在實行工業化的初期，為了發展生產，私人企業須予扶植與保護；既有私人企業，就難免私人財富的集中，但又須設法預防其弊害。所以節制資本便是以私人企業為對象，既要扶植與保護私人企業，又要預防私人財富集中的弊害。

㈡節制私人資本的辦法

節制私人資本的辦法，可以分為下列四項：1.限制私人企業經營的範圍，2.直接徵稅，3.社會與工業的改良，4.分配的社會化。茲分別說明於次：

1.**限制私人企業經營的範圍**　國父說：「中國實業之發展應分兩路進行：㈠個人企業、㈡國家經營

❶「中國國民黨第一次全國代表大會宣言」，見「國父全集」第一冊，頁八八三。

是也。凡事物之可以委諸個人，或較國家經營為適宜者，應任個人為之，由國家獎勵，而以法律保護之。……至其不能委諸個人及其有獨占性質者，應由國家經營之。」❷又說：「凡本國人及外國人的企業，或有獨占的性質，或規模過大為私人之力所不能辦者，如銀行、鐵道、航路之屬，由國家經營管理之。」（同❶）由此可見，國父為私人企業所劃定的範圍為：⑴無獨占性的企業、⑵規模較小為私人財力所能經營的企業、⑶私人經營較國家經營為適宜的企業、⑷國家委託私人經營的企業。除此之外，應為國家經營，私人不得經營。

2. 直接徵稅　國父說：「行這種方法就是用累進稅率，多徵資本家的所得稅和遺產稅。行這種稅法，就可以令全國的財源多是直接由資本家而來，資本家入息多，國家直接徵稅，所謂多取之而不為虐。」❸又說：「現在外國所行的所得稅，就是節制資本之一法。」❹用累進稅率來徵收所得稅和遺產稅，使有錢的人負擔加重，這自是防止私人財富集中最有效的辦法。

3. 社會與工業的改良　國父說：「就是用政府的力量改良工人的教育、保護工人的衛生、改良工廠和機器，以求極安全和極舒服的工作。……這種社會進化在德國實行最早，並且最有成效。近年英國、美國也是一樣地倣行，也是一樣地有成效。」（同❸）這就是用政府的力量來保障勞工權益，以保障勞工權益的方法減低資本家的利潤，來間接節制私人資本。

---

❷ 國父著，「實業計畫」第一計畫，前揭書，第一冊，頁五一七。
❸ 國父講，「民生主義」第一講，前揭書，第一冊，頁一六七。
❹ 國父講，「民生主義」第二講，前揭書，第一冊，頁一八九。

4. **分配的社會化**　國父說：「商人用極低的價錢，從出產者買得貨物，再賣到消耗者，一轉手之勞，便賺得許多佣錢。……消耗者在這種商人分配制度之下，無形之中受到很大的損失。近來覺得這種制度的改良不必由商人分配，可以由社會組織團體來分配，或是由政府來分配。譬如英國新發明的消費合作社，就是由社會組織團體來分配貨物。歐美各國最新的市政府，供給水電、煤氣以及麵包、牛奶、牛油等食物，就是由政府來分配貨物。……就這種新分配方法的原理講，就可以說是分配之社會化。」❺由政府推行配給制度，或多辦合作社，就可以免除中間商人的剝削，防止商業資本操縱壟斷的弊害。

以上所述節制私人資本的四項辦法，國父在「民生主義」第一、二講中的原文是：「社會與工業之改良」、「運輸與交通收歸公有」、「直接徵稅」、「分配之社會化」，並且指為是解決社會問題的四種和平方法或歐美經濟進化的四種事實。本書為說明方便，略作調整，與國父原意完全相符。此外，我國憲法第十三章規定「基本國策」，其中第一百四十二條規定：「國民經濟，應以民生主義為基本原則，實施平均地權，節制資本，以謀國計民生之均足。」第一百四十四條規定：「公用事業及其他獨占性的企業，以公營為原則。其經法律許可者，得由國民經營之。」第一百四十五條規定：「國家對於私人財富及私營事業，認為有妨害國計民生之平衡發展者，應以法律限制之。合作事業應受國家獎勵及扶助。」第一百五十三條規定：「國家為改良勞工及農民之生活，增進其生產技能，應制定保護勞工及農民之法律，實施保護勞工及農民之政策。」第一百五十四條規定：「勞資雙方應本協調合作原則，發展生產事業。」以上列舉之條文規定，確實在憲法上落實了國父民生主義的主張。

❺ 同❸，頁一六八。

二、發達國家資本

(一)發達國家資本的理由

國父認為要解決中國社會問題，單靠節制私人資本是不夠的，還要發達國家資本。國父說：「我們在中國要解決民生問題，想一勞永逸，單靠節制資本的辦法是不足的。現在外國所行的所得稅，就是節制資本之一法。但是他們的民生問題究竟解決了沒有呢？中國不能和外國比，單行節制資本是不足的。因為外國富，中國貧；外國生產過剩，中國生產不足，所以中國不單是節制私人資本，還是要發達國家資本。」（同❹）

(二)發達國家資本的意義

發達國家資本的意義，簡單說就是發展國家實業，要採用機器生產，開發富源，創造國家資本。國父常說民生主義就是國家社會主義，所以主張提倡國營實業，採行國家社會主義政策。他說：「現今德國即用此等政策，國家一切大實業如鐵道、電氣、水道等務皆歸國有，不使一私人獨享其利。」❻故分析來說，發達國家資本的積極意義在大規模發展國營企業以創造國家財富；但另一方面，由於大規模的企業都由國家經營，則相對地限制了私營企業的範圍，間接地發揮了節制私人資本的作用，這是發達國

❻ 國父講，「民生主義與社會革命」，前揭書，第二冊，頁二一一八。

家資本的消極意義。

㈢發達國家資本的辦法

國父說：「要解決民生問題，一定要發達國家資本振興實業。振興實業方法很多，第一是交通事業，像鐵路、運河，都要大規模地建築。第二是礦產，中國礦產極其豐富，貨藏於地實在可惜，一定要開闢。第三是工業，中國的工業非要趕快振興不可，中國工人雖多，但是沒有機器，不能和外國人競爭。」(同❹)由此可見發達國家資本的辦法，應先從發展交通、農礦和工業入手。茲分述於次：

1. **發展交通** 國父說：「交通為實業之母。」❼又說：「無交通則國家無靈活運動之機械，則建設之事，千端萬緒，皆不克舉。」❽所以發達國家資本，初期的重心應在發展交通，冀以交通事業領導工礦的發展。國父的「實業計畫」就是發達國家資本的藍圖，重心便在開闢商港及城市，修治河道，建築鐵路、公路，製造輪船、火車、汽車等。而且交通事業具有先天的獨占性，又需要大資本始能經營，故更應由國家經營。

2. **發展農礦** 國父說：「礦業與農業為工業上供給原料之主要源泉也。……如無礦業，則機器無從立；如無機器，則近代工業之足以轉移人類經濟狀況者亦無從發達。」❾而農業不特為工業提供糧食與

---

❼ 國父談話，「鐵路計畫」，前揭書，第二冊，頁八一一。
❽ 國父講，「政見之表示」，前揭書，第二冊，頁三〇二。
❾ 國父著，「實業計畫」第六計畫，前揭書，第一冊，頁六四五。

原料，而且為工業提供工業產品之市場。由此可見，發展農礦實為建立現代工業的基礎，發達國家資本的關鍵。

3.發展工業 國父認為中國的工業非要趕快振興不可。所以在「實業計畫」中一方面主張興辦製鐵鍊鋼工廠、大士敏土廠、機關車客車製造廠等重工業，另一方面主張興辦糧食工業、衣服工業、居室工業、行動工業和印刷工業等民生工業，可見這是重工業與輕工業並重，國防工業與民生工業的合一。

(四)發達國家資本的幾個實際問題

在振興實業、發達國家資本之時，有幾個實際問題必須詳加規劃、妥善解決，玆分述於次：

1.計畫 要發達國家資本，首先要有一個切實可行的具體計畫以為實施的依據，國父手著的「實業計畫」就是為此而設計的最理想具體藍圖。國父說：「對於這個問題的解決，兄弟有『實業計畫』一書，主張以外資從事建設生利事業，開闢市場，興建工廠，建築鐵路，修治運河，開發礦產，舉凡一切天然物產皆歸公有，各種新事業之利潤悉歸公家。」❿又說：「此書為實業計畫大方針，為國家經濟之大政策。」⓫足見其重要性。

2.資本 國父說：「照美國發達資本的門徑，第一是鐵路，第二是工業，第三是礦產。要發達這三種大實業，照我國的資本學問和經驗都是做不來的，便不能不靠外國已成的資本。」⓬所以要迅速發展

---

❿ 國父講，「三民主義之具體辦法」，前揭書，第二冊，頁四一〇。

⓫ 國父著，「實業計畫」自序，前揭書，第一冊，頁五〇七。

中國實業，以收事半功倍的成效，初期非廣借外資不可。不過國父主張借用外資有兩個原則：第一是主權應操之在我。所以他說：「惟發展之權，操之在我則存，操之在人則亡。此後中國存亡之關鍵，則在此實業發展之一事也。」（同⓫）第二是必須用於生利的事業。所以他說：「用於興利之途，則外人樂於投資。」「借外債以營不生產之事則有害，借外債以營生產之事則有利。美國之發達，南美、阿金灘、日本等國之勃興，皆得外債之力。」⓭

3. 人才　國父主張利用歐戰時任組織管理的人才和熟練的技術人才擔任經營監督之責。國父說：「此類國家經營之事業，必待外資之吸集，外人之熟練而有組織才具者之僱傭，宏大計劃之建設，然後能舉。以其財產，屬之國有，而為全國人民利益計，以經理之。關於事業之建設運用，其在母財子利尚未完付期前，應由中華民國國家所雇專門練達之外人，任經營監督之責。而其條件，必以教授訓練中國之佐役，俾能將來繼承其乏，為受雇於中國之外人必盡義務之一。」（同❷）在發達國家資本初期，為求迅赴事功，利用外國人才和技術，事屬必要。不過，國父最大用意乃在一面雇用外國人才，一面培植中國人才。

4. 監督　關於國營企業的效率與貪污浪費問題，為發達國家資本過程中的二大障礙。政府對於國營企業的監督過於瑣碎，則企業的運用便不能靈活，效率減低；監督過於鬆懈，則容易發生貪污浪費的現象。國父說：「須知國有事業歸政府主管，經驗尚淺，非私人事業可比。私人事業如合資公司，當其初興時亦有困難。中國今日合資公司往往失敗，因缺乏西方已具之經驗故。……更就全體言之，余以為為

⓬ 同❹，頁一九一。

⓭ 同❻，頁二一七。

公共利益作工，不為私利作工，縱有上述之弊，亦為利重弊輕。」我們對於國營企業，如能接受過去的教訓，先從建立嚴密的組織和健全的制度入手，並慎重董事、經理與監察人的人選，加重其權力和責任，使負起民營企業董事、經理、監察人同樣的任務，則防止貪污浪費以及提高效率等事都不難辦到。不過，近年來政府正積極推行國營事業民營化政策，此雖為適應世界潮流之所趨，然而我國的條件、目標及背景都與他國不盡相同，故各方仍有見仁見智之不同意見，關於此一問題仍有待觀察。

自修復習問題

一、明瞭國父所主張節制資本的意義與辦法。
二、明瞭國父何以主張解決中國民生問題應發達國家資本。
三、明瞭國父所主張發達國家資本的辦法。
四、明瞭我國憲法對於節制私人資本與發達國家資本的規定。
五、明瞭發達國家資本應注意的一些問題。

討論問題

一、何謂節制資本？

二、多徵資本家的所得稅和遺產稅，何以能促進社會進化？
三、我國在經濟發展的過程中應採用何種方法，使社會上大多數之經濟利益得以調和而不衝突？
四、何種實業要歸國營？何種可歸民營？試列舉說明之。

國父原著選讀

一、民生主義第二講
二、三民主義之具體辦法

第六節　民生主義建設中國的計畫

一、實業計畫的目的

「實業計畫」一書是國父的「建國方略」之一，原名「物質建設」，原著為英文，名為：*The International Development of China* 直譯為：「國際共同開發中國計畫書」。「此書為實業計畫之大方針，為國家經濟之大政策」。國父曾說：「歐戰甫完之夕，作者始從事於研究國際共同發展中國實業，而成此六種計劃。蓋欲利用戰時宏大規模之機器，及完全組織之人工，以助長中國實業之發達，而成我國民一突飛之進步，且以助各國戰後工人問題之解決。」❶這是國父作「實業計畫」一書的目的。他在「英文本實業計畫序」中說得更清楚：「世界大戰宣告停止之日，余即從事於研究國際共同發展中國實業，而次第成此六種計劃。余之所以如是其亟亟者，蓋欲傾竭綿薄，利用此絕無僅有之機會以謀世界永久和平之實現也。」❷國父認為中國幅員廣闊、人口眾多，加上埋藏地下無法計量的礦產與廣大雄厚的各種農產，而不能獨立於世界與其他各國互相提攜、共同開發，反而成為列強政治經濟侵略的俎上肉，這不僅是中國之恥，而且是世界各國之憂。蓋第一次世界大戰乃因巴爾幹半島的問題而引起，但中國問題之嚴

❶ 國父著，「實業計畫」序，見「國父全集」第一冊，頁五〇七。

❷ 「英文本實業計畫序（譯文）」，前揭書，第一冊，頁五。

重性則十倍於巴爾幹。中國問題一日不解決，則第二次世界大戰之危機一日不能消除；而且其戰區的擴大及戰爭的猛烈，尤非第一次大戰所可比擬。欲解決中國問題，其途徑安在？國父以為捨國際共同發展中國實業外，殆無他策。國父說：「此政策果能實現，則大而世界，小而中國，無不受其利益。余理想中之結果，至少可以打破現在之所謂列強勢力範圍，可以消滅現在之國際商業戰爭與資本競爭，最後且可以消除今後最大問題之勞資階級鬥爭。如是則關於中國問題之世界禍根可以永遠消滅，而世界人類生活之需要亦可得一絕大之供給源流；銷兵氣為日月之光，化凶厲於禎祥之域。」（同❷）所以說，國際共同發展中國實業，誠足以謀世界永久和平之實現，這也是國父撰著「實業計畫」一書之積極目的。

二、實業計畫的基本原則

國父說：「中國實業之開發應分兩路進行：㈠個人企業，㈡國家經營是也。凡夫事物之可以委諸個人，或其較國家經營為適宜者，應任個人為之，由國家獎勵，而以法律保護之。……至其不能委諸個人及有獨占性質者，應由國家經營之。……於詳議國家經營事業開發計劃之先，有四原則必當注意：一、必選最有利之途，以吸外資。二、必應國民之所最需要。三、必期抵抗之至少。四、必擇地位之適宜。」❸此即「實業計畫」之四個基本原則。

❸ 國父著，「實業計畫」第一計畫，前揭書，第一冊，頁五一七。

三、實業計畫的內容大要

(一)十項目標

所謂十項目標，亦即發展中國實業的十項方策。茲摘述於次：

1.交通之開發　建築鐵路十萬英里（即十六萬公里），公路百萬英里（即一百六十萬公里），商船一千萬噸。修濬杭州、天津間，西江、揚子江間之現有運河。新開河北、松花江間運河及其他運河。整治國內各大河川，如揚子江築堤、濬水路；黃河築堤、濬水路，以免洪水；導西江、淮河及其他河流。增設電報線路、電話及無線電等，使遍布於全國。

2.商港之開闢　於中國中部、北部、南部各建一大洋港口，如紐約港。沿海岸建種種之商業港及漁業港，於通航河流沿岸建商場船埠。

3.鐵路中心及終點，並商港地，設新式市街，各具公用設備。

4.水力之發展。

5.設冶鐵製鋼，並造士敏土大工廠，以供上列各項之需。

6.礦業之發展。

7.農業之發展。

8.蒙古、新疆之灌溉。

9. 於中國北部及中部建造森林。

10. 移民於東三省、蒙古、新疆、青海、西藏。

(二)六大計畫

茲將六大計畫之內容大要，摘述於次：

1. 第一計畫　此計畫以北方大港為中心，開發中國北方富源。計分五部：

(1)北方大港：位於渤海灣內，在大沽口、秦皇島兩地方之中途，青河、灤河兩口之間，沿大沽口、秦皇島間海岸岬角上。此港之優點是：水深、不結冰、少淤積、腹地大、建設易。

(2)西北鐵路系統：係由北方大港起，經灤河谷地，以達多倫諾爾，凡三百英里。再由多倫諾爾進展於西北，分為八線，總計長約七千英里。

(3)蒙古、新疆之殖民：殖民蒙古、新疆，實為鐵路計畫之補助，蓋彼此相互依倚，以為發達。且以國民需要之原則衡之，則移民實為今日急需中之至大者。

(4)開濬運河以聯絡中國北部中部通渠及北方大港：包括整理黃河及其支流、陝西之渭河、山西之汾河，暨相連諸運河；整理古大運河；另築一新運河，由北方大港直達天津。

(5)開發直隸山西煤鐵礦，設立製鐵鍊鋼工廠：大規模開發直隸、山西之煤鐵，並設立製鐵鍊鋼工廠，以供給鐵路、都市、商港等之建設及各種機械器具之需用。

2. 第二計畫　以東方大港為中心，開發中國中部富源。計分為五部：

(1)東方大港：計畫港位於杭州灣中乍浦岬與澉浦岬之間。其優點為：港水深、不淤積、腹地大、交通便、抵抗少。其次為解決揚子江口沙泥問題，以改良上海港，使之能永為一世界商港。

(2)整治揚子江水路及河岸：包括六部分：①由海上深水線起至黃浦江合流點、②由黃浦江合流點起至江陰、③由江陰至蕪湖、④由蕪湖至東流、⑤由東流至武穴、⑥由武穴至漢口。

(3)建設內河商埠：此部分要建設的商埠計有：①鎮江及其北岸、②南京及浦口、③蕪湖、④安慶及其南岸、⑤鄱陽港、⑥武漢。

(4)改良現存水路及運河：改良與揚子江相聯絡的現存水路及運河，包括：①北運河、②淮河、③江南水路系統、④鄱陽系統、⑤漢水、⑥洞庭系統、⑦揚子江上游。

(5)創建大士敏土廠：鋼鐵與士敏土為現代建築之基，在發展計畫之種種設計，所需鋼鐵與士敏土不可勝計，故除於盛產煤鐵之山西、直隸建製鐵鍊鋼廠外，並於揚子江沿岸建士敏土廠，因長江沿岸富於士敏土原料。

3.**第三計畫**　以南方大港為中心，開發中國南部富源。計分為五部：

(1)改良廣州為一世界港：南方大港為廣州。廣州之海港地位雖為香港所奪，但尚不失為中國南方商業中心，且「以世界海港論，廣州實居於最利便之地位，既已位於此可容航行之三江會流一點，又在海洋航運之起點，所以既為中國南方內河水運之中軸，又為海洋交通之樞紐也。如使西南鐵路系統完成，則以其運輸便利論，廣州之重要將與中國北方、東方兩大港相侔矣」。

(2)改良廣州水路系統：包括①廣州河汊、②西江、③北江、④東江。整治此部分河流，除廣州河汊尚須考量填築新地問題外，均應解決防止水災及航運改良問題。

(3)建設西南鐵路系統：由廣州起，向各重要城市礦產地引鐵路線，成為扇形之鐵路網，使各與南方大港相聯接。此鐵路系統非特為發展廣州所必要，抑亦於西南各省之繁榮為最有用者。此鐵路系統自廣州起共分七線，總計七千三百英里。

(4)建設沿海商埠及漁業港：建四個二等海港：營口、海州、福州、欽州。九個三等港：葫蘆島、黃河港、芝罘、寧波、溫州、廈門、汕頭、電白、海口。十五個漁業港：安東、海洋島、秦皇島、龍口、石島灣（以上五個位於北方奉天、直隸、山東三省海岸）、新洋港、呂四港、長塗港、石浦、福寧、湄州港（以上六個位於東部江蘇、浙江、福建三省海岸）、汕尾、西江口、海安、榆林港（以上四個在南部廣東省及海南島海岸）。

(5)創立造船廠：當按計畫發展之際，其急要者當有一航行海外之商船隊，亦要多數沿岸及內地之淺水運船，並須有無數之漁船，故必須設立造船廠，以應需要。此造船廠應建於內河及海岸商埠，便於得材料人工之處。

4.第四計畫　本計畫以發展鐵路為中心，計有：

(1)中央鐵路系統：此系統將為中國鐵路系統中最重要者，其效能所及之地區遍包長江以北之中國本部，及蒙古、新疆之一部。此系統共二十四線，各線全長統共約一萬六千六百英里。

(2)東南鐵路系統：本系統縱橫布列於一不規則三角形之上，此三角形以東方大港與廣州間之海岸線為底，以揚子江重慶至上海一段為一邊，以經由湖南之廣州、重慶甲線為第二邊，以重慶為頂點。此系統共有十三線，各線全長統共約九千英里。

(3)東北鐵路系統：此系統包括東北及熱河之全部，與蒙古及直隸省之各一部分，共有二十線，各線總長約有九千英里。

(4)擴張西北鐵路系統：西北鐵路系統包有蒙古、新疆與甘肅一部分之地域，計有七千英里，但此七千英里鐵路不過為開拓此一區域之需，如欲發展此一豐富之境域，鐵路必須增築。在此擴張西北鐵路系統計畫中，共有十八線，全長一萬六千英里。

(5)高原鐵路系統：本系統在高原境域，包括西藏、青海、新疆之一部，甘肅、四川、雲南等地方，共有十六線，全部共長一萬一千英里。

(6)設機關車客貨車製造廠：「實業計畫」預定建築鐵路十萬英里，機關車與客貨車之需要必當大增，故建設機關車客貨車之製造廠以應需要，為必要之圖且為有利之事業。

5. 第五計畫　本計畫以民生工業為中心，計分五部：

(1)糧食工業：包括①食物之生產、②食物之貯藏及運輸、③食物之製造及保存、④食物之分配及輸出。

(2)衣服工業：包括①絲工業、②麻工業、③棉工業、④毛工業、⑤皮工業、⑥製衣機器工業。

(3)居室工業：包括①建築材料之生產及運輸、②居室之建築、③家具之製造、④家用物之供給。

(4)行動工業：計畫造公路一百萬英里，故須設立汽車製造廠以供需要，且所造之車當合於各種用途。

(5)印刷工業：此工業為以智識供給人民，為近世社會之一種需要，人類非此無由進步。印刷為文明一大因子，世界各民族文明之進步，每以其每年出版物之多少衡量之，故須發達印刷工業。

6.第六計畫　本計畫以開發礦產為中心，計分七部：

(1)鐵礦：除河北、山西的鐵礦須開採外，其餘各地的鐵礦亦須次第開採。

(2)煤礦：中國煤礦素稱豐富，而煤田之開掘不過僅採及皮毛而已。煤礦開採之始，除為鋼鐵工廠使用外，開始時當以年產二萬萬噸，備為他項事業之用。沿海岸河岸各礦，交通既便，宜先開採，內地次之。

(3)油礦：四川、甘肅、新疆、陝西等省已發現有油源，應採測開採並用油管輸送於各地。

(4)銅礦：四川、雲南與揚子江一帶為銅產最盛之區，以近代機器大量開採以應工業之需。

(5)特種礦之採取：如錫、金、玉、銻、鎢、汞等均須採測考察，用近代機器開採並由政府經營。

(6)礦業機械之製造：礦業既日臻發達，則器具與機械之需要必日多。此等礦業機械之製造工廠在起始只宜小經營，而後逐漸推廣。

(7)冶礦廠之設立：各種金屬之冶鑄機廠應遍設於各礦區，使之便於各種金屬之化鍊。此等冶鑄機廠應仿合作制度組織之。

四、實業計畫的精義

先總統蔣公說：「國父的『實業計畫』，論規模，比漢唐的道路水利計畫還要偉大。論條目，比漢唐的經濟律令格式還要細密。論其中的精義，恐怕真正懂得的人還不多。」❹又說：「總理的計畫並不是隨隨便便定出來很單純的東西，而是根據國際環境及時代需要而定之國家經濟建設最妥善細密的策略和計畫。」❺因此，提出五點精義，以貫通「實業計畫」的全部內容：（同❹）

㈠大陸與海洋在民生與國防上密切配合

「實業計畫」最根本的意義，是規定中國的經濟建設要以廣大的大陸為基點，以繁榮的海港為出口。國際貿易要經海港，農礦事業要在大陸。平時通商要以海港為門戶，戰時抗敵要據大陸為後方。民生與國防的合一，在此一根本意義上最為明顯，也最為扼要。

㈡以交通農礦為最根本的事業

一般人看見中國要工業化，只就工業而談工業，殊不知道要中國的工業發達，首先要開發中國遼闊的內地，改進農林經濟，提高農民生活，為工業產品的銷場。要開發內地，必須以國家資本建築全國的鐵路，開濬全國的水道。要中國的工業發達，又要開發農礦。農礦是工業上供給原料的主要源泉。礦業開發了，機器才有原料；農業振興了，工業才有資源。交通與農業都能發達，工業既有銷場，又有原料，則經濟自然可以發達起來。

❹ 先總統蔣公著，「中國經濟學說」，見「蔣總統集」第一冊，頁一八二。

❺ 先總統蔣公講，「國父遺教概要」第三講，前揭書，第一冊，頁二一八。

(三)實業計畫注重人口的平均分配

中國近百年來人口集中東南的趨勢，比宋明以來更變本加厲。「實業計畫」要把人口由東南移殖於西北和西南，使中國大陸上各地的人口得以平均，尤其充實西北與西南的人口以為建國的基地。

(四)實業計畫所要建設的工業，必散在於農礦業之間

依照「實業計畫」，大陸的內部既有現代的交通，又有繁榮的農礦，更有平均分配的人口，則中國之工業為了接近資源、為了獲得銷路、為了適應人口的需要，自然可以在大陸各地各區發達起來。由國防方面來說，散在內地的工業可以開發全國各地潛存的物力。由民生方面來說，都市與農村可以平均調劑，不至於分化而各走極端，不復有近百年來沿海都市生活與西北、西南農村生活，相差一兩世紀的那種偏枯的景象。

(五)實業計畫是要中國海陸平均發展，要中國各地平均發展

從「實業計畫」中，我們看得出國父的眼光注射到中國每一個地域，要使其各得其所。自宋明以來，立國規模固然失之萎縮，即在漢唐兩代規模總算偉大，仍然有重中原、輕四裔的缺點。所以單從「實業計畫」的規模來說，即可以使我們起衰立懦了。

總之，國父的「實業計畫」，經緯萬端。我們理解了上述五點精義後，即可發現「實業計畫」不只是

一部精密的民生經濟建設計畫，而且也是一部偉大的國防建設計畫。所以先總統蔣公說：「『實業計畫』一部書其實就是一個偉大的國防計畫。如哪裡要開闢河道海港，哪裡要構成鐵路網的中心；又應如何開採煤鐵礦產，興辦士敏土廠、鍊鋼廠、機械製造廠、造船廠、造車廠，以及如何發展食衣住行等工業，怎樣移民於西北，怎樣發展農業與水利，都是著眼於國防上的需要，為國家民族策長治久安之圖。名目上雖說是什麼東方大港、北方大港、南方大港、漁業港，其實都是軍港；所有鐵路中心和終點，其實都是國防戰略上軍隊集中的地點。『實業計畫』的一切節目，無不有重大的國防意義。」❻

自修復習問題

一、明瞭國父撰「實業計畫」一書的目的。

二、明瞭發展中國實業必當注意的四項原則。

三、明瞭「實業計畫」的內容大要。

四、明瞭「實業計畫」的精義。

❻ 同❺，第一講，頁三。

討論問題

一、國父於歐戰甫完之夕制定「實業計畫」，其意安在？
二、國父認為國際共同發展中國實業計畫，可以解決世界哪三大問題？其理由安在？
三、「實業計畫」的原則如何？十項目標的內容如何？其六大計畫之每一計畫以何為中心？
四、「實業計畫」的精義何在？

國父原著選讀

一、實業計畫緒言
二、實業計畫結論

第五章

結論

第一節　三民主義的連環性與建國大綱

一、三民主義的連環性

三民主義是順應歐美進化之三大思潮而來，在發生上有一定之次序，都是先由民族主義進到民權主義，再由民權主義進到民生主義。除了國父在「建國大綱」中，一度從建國程序上著眼，其次序是「首要在民生」、「其次為民權」、「其三為民族」外，其他莫不如此。雖然在歐美是先有民族革命，繼有政治革命，再有社會革命，但在中國，國父認為「三大革命已乘世界之進化潮流催迫而至，我不革命而甘於淪亡，為天然之淘汰則已；如其不然，則曷不為一勞永逸之舉，以一度之革命，而達此三進化之階級也」，❶所以中國必須「行此三民主義之革命」。就是說在中國，民族、民權、民生三個問題已經糾結在一起，三個問題必須同時一起求解決。可見三民主義雖然是由民族主義、民權主義、民生主義三個主義所構成，但這三個主義必須同時實行，三者合而為一，不可割裂，因此這三個主義就發生互為連環、互為條件的關係，這就是三民主義的連環性：❷

❶ 國父撰，「三民主義」，見「國父全集」第二冊，頁一五四。

❷ 此圖之說明：一、要解決民族問題，同時不能不解決民權問題；要解決民權問題，同時不能不解決民生問題。二、不能有，焉能治？不能治，焉能享？三、從民有立場看，民有是目的，而民治、民享是手段。四、從民治立場看，

三民主義連環性圖

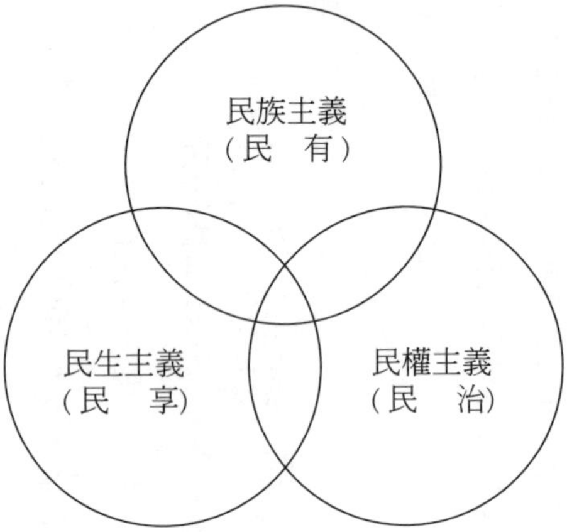

(一)互為連環

國父曾說：「要解決民族問題，同時不能不解決民權問題；要解決民權問題，同時不能不解決民生問題。……這三個問題如果同時解決了，我們才可以永久享幸福。」❸又說：「不能有，焉能治？不能

民治是目的，而民有、民享是手段。五、從民享立場看，民享是目的，而民有、民治是手段。六、民族主義必須要是民權主義和民生主義的民族主義，才不會變為帝國主義。七、民權主義必須要是民族主義和民生主義的民權主義，才不會變為虛偽的資產階級的民主政治。八、民生主義必須要是民族主義和民權主義的民生主義，才不會變為資本主義。

治，焉能享？」胡漢民先生以為國父這些話「已扼要說明三民主義的連環關係了」。因此在實行上，三個主義實互為目的、互為手段，所以胡先生認為在「民有、民治、民享當中包含了三個連環的意義：第一，從民有的立場看，民有是目的，而民治、民享是手段；第二，從民治的立場看，民治是目的，而民有、民享是手段；第三，從民享的立場看，民享又是目的，而民有、民治是手段。而總合起來共有、共治、共享都是以民族生存為基礎的共有、共治、共享，不是以個人為基礎的共有、共治、共享，更不是以階級為基礎的共有、共治、共享」。❹可見三民主義是相輔為用，有不可分離的連環關係。

(二)互為條件

胡漢民先生說：「民族主義必須要是民權主義和民生主義的民族主義，才不會變為帝國主義。民權主義必須要是民族主義和民生主義的民權主義，才不會變為虛偽的資產階級的民主政治。民生主義必須要是民族主義和民權主義的民生主義，才不會變為資本主義。」❺這就表明了三民主義的三個主義是互為內容、互為條件且互為保障，而使主義之性質不變才不會發生流弊。

總之，三民主義的三個主義是互為連環、互為條件，三者構成一個完整的體系，不能加多，不能減

---

❸ 國父講，「三民主義為造成新世界之工具」，前揭書，第二冊，頁四六四。

❹ 胡漢民，「三民主義的連環性」，見「革命先烈先進闡揚國父思想論文集」第一冊（紀念國父百年誕辰籌備會，五十四年十一月），頁三四五。

❺ 胡漢民，「民主主義之認識」，同❹引書，頁三二六。

少，尤其不能分割，正如三稜鏡之由三面構成為一整體，缺一不可。所以三民主義是由民族、民權、民生三個主義交織而成的一個主義。

二、建國大綱

(一)建國大綱為政治建設的法典

國父說：「夫革命之目的，在於實行三民主義。而三民主義之實行，必有其方法與步驟。」❻又說：「夫革命為非常之破壞，故不可無非常之建設以繼之。」❼「故於辛亥革命以前，一方面提倡三民主義，一方面規定實行三民主義之方法與步驟，分革命建設為軍政、訓政、憲政三時期，期於循序漸進以完成革命之工作。」（同❻）民國十三年四月十二日國父手訂「國民政府建國大綱」二十五條，以為革命後循序建設現代國家的藍圖。先總統蔣公說：「總理對於政治建設最簡明精要的具體方案，就是『國民政府建國大綱』。全文雖僅二十五條，但是所有革命政府施政的根據、目的、內容和建國的程序與方法，都在『建國大綱』二十五條中規定得明明白白。我們要建設新政治和新國家，就不可不將『建國大綱』徹底研究明白。」❽又說：「一切建設的方向，就是要把『建國大綱』整個地實現出來；一切政治制度，必

❻「制定建國大綱宣言」，前揭書，第一冊，頁九一七。
❼同❻，頁九一八。
❽先總統蔣公著，「國父遺教概要」第二講，見「蔣總統集」第一冊，頁七。

須以『建國大綱』為基礎；遇到實際上困難莫決的問題，也要以『建國大綱』為最高原則，拿來作解決一切的準繩。」❾「建國大綱」既是實行三民主義的方法與步驟，又為政治建設的具體方案，一切政治建設應以「建國大綱」為基礎，所以說：「『建國大綱』為政治建設的法典。」❿

(二)建國大綱要旨

「建國大綱」的要旨可從國父在「制定建國大綱宣言」中得知：「『建國大綱』第一條至第四條，宣布革命之主義及其內容。第五條以下，則為實行之方法與步驟。其在第六、七兩條標明軍政時期之宗旨，務掃除反革命之勢力，宣傳革命之主義。其在第八條至第十八條標明訓政時期之宗旨，務指導人民從事於革命建設之進行。先以縣為自治之單位，於一縣之內努力於除舊布新，以深植人民權力之基本，然後擴而充之，以及於省。如是則所謂自治始為真正之人民自治，異於偽託自治之名以行其割據之實者。而地方自治已成，則國家組織始臻完密，人民亦可本其地方上之政治訓練以與聞國政矣，其在第十九條以下，則由訓政遞嬗於憲政所必備之條件與程序。綜括言之，則建國大綱者，以掃除障礙為開始，以完成建設為依歸，所謂本末先後，秩序不紊者也。」（同❼）

❾ 先總統蔣公講，「一切政治制度要以建國大綱為基礎」，前揭書，第一冊，頁四九八。
❿ 先總統蔣公講，「三民主義之體系及其實行程序」，前揭書，第一冊，頁一一四五。

(三)建國大綱內容

「建國大綱」為國家政治建設之根本，茲述其內容大要於次：

1.建國的依據　「建國大綱」第一條：「國民政府本革命之三民主義、五權憲法，以建設中華民國。」可見建國的依據就是三民主義和五權憲法。

2.建國的目標　「建國大綱」第二條：「建設之首要在民生。故對於人民之食、衣、住、行四大需要，政府當與人民協力，共謀農業之發展，以足民食；共謀織造之發展，以裕民衣；建築大計畫之各式屋舍，以樂民居；修治道路、運河，以利民行。」第三條：「其次為民權。故對於人民之政治知識、能力，政府當訓導之，以行使其選舉權，行使其罷官權，行使其創制權，行使其複決權。」第四條：「其三為民族。故對於國內之弱小民族，政府當扶植之，使之能自決自治；對於國外之侵略強權，政府當抵禦之。並同時修改各國條約，以恢復我國際平等、國家獨立。」所以建國的三目標為「民生」、「民權」、「民族」，而以「民生」建設為首要。

3.建國的程序　在「建國大綱」中，從第五條到第二十五條都是說明建國的程序。就是將建設的程序分為軍政時期、訓政時期和憲政時期。茲分述之：

(1)軍政時期：軍政時期規定於「建國大綱」第六、七兩條中。第六條：「在軍政時期，一切制度悉隸於軍政之下，政府一面用兵力以掃除國內之障礙，一面宣傳主義以開化全國之人心，而促進國家之統一。」這是規定軍政時期的工作。第七條：「凡一省完全底定之日，則為訓政開始之時，而軍政停止之日。」這是規定軍政、訓政之過渡時期。

(2)訓政時期：訓政時期規定於「建國大綱」第八至十八條中。第八條：「在訓政時期，政府當派曾經訓練、考試合格之員，到各縣協助人民籌備自治。其程度以全縣人口調查清楚，全縣土地測量完竣，全縣警衛辦理妥善，四境縱橫之道路修築成功；而其人民曾受四權使用之訓練，而完畢其國民之義務，誓行革命之主義者，得選舉縣官，以執行一縣之政事；得選舉議員，以議立一縣之法律，始成為一完全自治之縣。」這是規定訓政時期以縣為單位的地方自治之基本要務。第九條：「一完全自治之縣，其國民有直接選舉官員之權，有直接罷免官員之權，有直接創制法律之權，有直接複決法律之權。」這是規定一完全自治之縣，人民享有充分的四權。第十條：「每縣開創自治之時，必須先規定全縣私有土地之價。其法由地主自報之，地方政府則照價徵稅，並可隨時照價收買。自此次報價之後，若土地因政治之改良、社會之進步而增價者，則其利益當為全縣人民所共享，而原主不得而私之。」這是規定平均地權的辦法。第十一條：「土地之歲收、地價之增益、公地之生產、山林川澤之息、礦產水力之利，皆為地方政府之所有；而用以經營地方人民之事業，及育幼、養老、濟貧、救災、醫病與夫種種公共之需。」這是規定地方政府應辦的公共事業、社會救濟及其經費之來源。第十二條：「各縣之天然富源以及大規模之工商事業，本縣之資力不能發展與興辦，而須外資乃能經營者，當由中央政府為之協助；而所獲之純利，中央與地方政府各占其半。」這是規定中央政府對地方事業必要時予以協助。第十三條：「各縣對於中央政府之負擔，當以每縣之歲收百分之幾為中央歲費，每年由國民代表定之。其限度不得少於百分之十，不得加於百分之五十。」這是規定各縣對中央政府之負擔比例。第十四條：「每縣地方自治政府成立之後，得選國民代表一員，以組織代表會，參預中央政事。」這是規定國民行使民權與聞國事的辦法。第十五條：「凡候選及任命官員，無論中央與地方，皆須經中央考試、銓定資格者乃可。」這是規定選任官員的辦法。第十六條：「凡一省全數之縣皆達完全自治者，則為憲政開始時期，國民代表會得選舉省長，為本省自治之監督，至於該省內之國家行政，則省長受中央之指揮。」這是規定完全自治之省份，開始實施憲政的辦法。第十七條：「在此時期，中央與省之權限採均權制度。凡事務有全國一致之性質者，劃歸中央；有因地制宜之性質者，劃歸地方；不偏於中央集權或地方分權。」第十八條：「縣為自治之單位，省立於中央與縣之間，以收聯絡之效。」這是規定均權制度及省、縣的地位。

(3)憲政時期：憲政時期規定於「建國大綱」第十九條至第二十五條中。第十九條：「在憲政開始時期，中央政府當完成設立五院，以試行五權之治。其序列如下：曰行政院；曰立法院；曰司法院；曰考試院；曰監察院。」這是規定中央政府的組織，即五權分立之制。第二十條：「行政院暫設如下各部：一、內政部；二、外交部；三、軍政部；四、財政部；五、農鑛部；六、工商部；七、教育部；八、交通部。」這是規定行政院的組織。第二十一條：「憲法未頒布以前，各院長皆歸總統任免而督率之。」這是規定過渡期間五院院長皆歸總統任免督率。第二十二條：「憲法草案當本於『建國大綱』及訓政、憲政兩時期之成績，由立法院議訂，隨時宣傳於民眾，以備到時採擇施行。」第二十三條：「全國有過半數省分達至憲政開始時期，即全省之地方自治完全成立時期，則開國民大會決定憲法而頒布之。」以上兩條是規定制定憲法的方法及正式頒布時期。第二十四條：「憲法頒布之後，中央統治權則歸於國民大會行使之。即國民大會對於中央政府官員有選舉權，有罷免權；對於中央法律有創制權，有複決權。」

這是規定憲法頒布後，國民大會為國家最高的權力機關。第二十五條：「憲法頒布之日，即為憲政告成之時，而全國國民則依憲法行全國大選舉。國民政府則於選舉完畢之後三個月解職，而授政於民選之政府，是為建國之大功告成。」這是說明憲法頒布之日即憲政告成之時，至此還政於民，建國工作乃完成。

自修復習問題

一、明瞭三民主義中民族、民權及民生三個主義的連環關係。

二、明瞭「建國大綱」政治建設的關係。

三、明瞭「建國大綱」的要旨。

四、明瞭「建國大綱」的內容。

討論問題

一、試說明三民主義的連環性。

二、試述「建國大綱」之要義。

三、在國父手訂「建國大綱」中謂「建設之首要在民生」，「其次為民權」，「其三為民族」。而在三民主義排列之次序，則以民族主義為首，民權主義次之，民生主義又次之，其理由安在？

四、「建國大綱」規定建國程序分為幾個時期？其各時期之重要工作為何？

國父原著選讀

制定建國大綱宣言

第二節　知難行易學說與力行哲學

一、知難行易學說的意義

國父為了革命建設的開展提出「知難行易」學說。國父在所著「孫文學說」自序中，說到他創立知難行易學說的意義，他說：

「夫國者，人之積也；人者，心之器也；而國事者，一人群心理之現象也。是故政治之隆污，繫乎人心之振靡。吾心信其可行，則移山填海之難，終有成功之日；吾心信其不可行，則反掌折枝之易，亦無收效之期也。心之為用大矣哉！夫心者，萬事之本源也，滿清之顛覆者，此心成之也；民國之建設者，此心敗之也。夫革命黨之心理，於成功之始，則被『知之非艱，行之惟艱』之說所奴，而視吾策為空言，遂放棄建設之責任。……吾知其非不能也，不行也；亦非不行也，不知也。倘能知之，則建設事業，亦不過如反掌折枝耳。……故先作學說，以破此心理大敵，而出國人之思想於迷津，庶幾吾之建國方略，或不致再被國人視為理想空談也。夫如是，乃能萬眾一心，急起直追，以我五千年文明優秀之民族，應世界之潮流，而建設一政治最修明、人民最安樂之國家，為民所有，為民所治，為民所享者也。則其成功必較革命之破壞事業為尤速尤易也。」❶

❶ 國父著，「孫文學說」自序，見「國父全集」第一冊，頁四二〇。

由此可見，知難行易學說的意義厥在改造國民「知之非艱，行之惟艱」的心理，「出國人之思想於迷津」，而能以重「行」的心理去踐履建國之事業，從而建設一個民有、民治、民享之民主共和國。此中之涵義有更深者在，即人類的心性在「知」「行」。所謂「夫國者，人之積也；人者，心之器也；」「夫心也者，萬事之本源也。」等等，都在說明吾人的「知」「行」確為心之行為表現，而「知」「行」之比較關係，涉及心理之作用。故國父之「孫文學說」一書，是關於知行哲學問題的著作，組織嚴密，體系完整，而又文辭典雅，大氣磅礡。所謂「知」「行」難易關係，乃是確定在一事上作比較。「知」的事件有易知的，有難知的；「行」的事情有易行的，有難行的。「知」與「行」各自的難易，不在比較之列，也不能把易知之「知」，和難行之「行」兩件事來做比較，而說知易行難。乃是說：同一件事，如說難行，則知之更難，縱然「行」之有難處，知「知」之更難。知行相比，「知難行易」，正是「學識之難關一過，則其他之進行，有如反掌矣」。❷凡事依法依理而行，行之益易。不知而行，是冒險嘗試，盲目進行，固然是曲折困難，但是由事入理的抽象思維工夫，比行更難。然而，「知難行易」學說乃一重知亦重行的學說：惟其「知難」，更不輕知而尚知，而更求真知；惟其「行易」，便不畏行而重行，而更加樂行。國父復將人群別為三系：先知先覺者為創造發明，後知後覺者為仿效推行，不知不覺者為竭力樂成。而「創造發明」、「仿效推行」、「竭力樂成」，無非力行。先總統蔣公之提倡「力行哲學」，最能表達國父「知難行易」學說的精義。

❷ 同❶，第四章，頁四五二。

二、知難行易學說的科學論證

國父注重科學，他所創「知難行易」學說即是從科學實證中得來。國父說：「凡真知特識必從科學而來者也，捨科學而外之所謂知識者，多非真知識也。」❸「知難行易」學說中的「知」即是指科學的「知」。國父曾將其「構思所得十事」來證明知難行易學說的正確，玆將十事分別簡述於次：

(一)以飲食為證

身內飲食之事，人人由之，日日行之，然不獨一般人不能明其底蘊，「即近代之科學已大有發明，而專門之生理學家、醫學家、衛生學家、物理家、化學家有專心致志以研究於飲食一道者，至今已數百年來，亦尚未能窮其究竟者也」。❹這證明飲食之「行」易，飲食之「知」難。

(二)以用錢為證

錢幣為交換之中介，百貨之中準。但「世之能用錢而不知錢之為用者，古今中外，比比皆是」。❺因為雖然人人用錢，日日用錢，但關於「錢」之性質為何？功用如何？又是如何產生演進？則非一般人所

❸ 同❶，第五章，頁四六〇。
❹ 同❶，第一章，頁四二四。
❺ 同❶，第二章，頁四三八。

能知。這證明用錢之「行」易，用錢之「知」難。

㈢以作文為證

中國文人只會作文章，而不能知文章。因為「中國自古以來，無文法文理之學，為文者窮年揣摩，久而忽通，暗合於文法則有之，能自解析文章，窮其字句之所當然，與用此字句之所以然者，未之見也」。❻這證明作文之「行」易，作文之「知」難。

㈣以建屋為證

國父說：「夫人類能造屋宇以安居，不知幾何年代，而後始有建築之學。中國則至今猶未有其學，故中國之屋宇多不本於建築學以造成。」❼所謂不本於建築學以造成屋宇者，蓋暗合建築學之理也。這證明建屋之「行」易，建屋之「知」難。

㈤以造船為證

明代三寶太監鄭和下南洋，在科學不發達，又缺乏現代造船科技的情況下，但用人工在十四個月內造成長四十四丈、寬十八丈，容積四、五千噸之大船六十四艘，載運二萬八千人巡遊南洋。這證明造船

❻ 同❶，第三章，頁四四三。
❼ 同❶，第四章，頁四四六。

之「行」易，造船之「知」難。

(六)**以築城為證**

秦代當科學未明之時，機器未創，工程學又未逮於今日，而秦始皇令蒙恬修長城，東起遼寧，西迄臨洮，號為萬里長城，至今歎為觀止。這證明築城之「行」易，築城之「知」難。

(七)**以開河為證**

我國隋代所開的大運河，北起通州，南達杭州，長三千餘里，為世界最長的運河，能在科學未昌明時代完成，此證明開河之「行」易，開河之「知」難。

(八)**以電學為證**

人類隨時都在用電，與地球本身之磁電場發生自然之關係，但能明白電學原理與作用的有幾人呢？這證明電學之「行」易，電學之「知」難。

(九)**以化學為證**

中國古代之燒煉術、製陶、製豆腐等多能為之，但不明白其化學原理，這證明化學之「行」易，化學之「知」難。

(十)以進化為證

人類自草昧進於文明，由文明更進文明，並不明白進化的道理。直至達爾文出，進化之理始大行，才明白物種以「物競天擇」為進化的原則。這證明進化之「行」易，進化之「知」難。

國父除以上述科學十證來闡釋知難行易的道理外，又分就「心性」、「歷史進化三時期」及「人類社會三系」以證明知難行易的道理。茲分述於次：

(一)心性的論證

國父說：「或曰：『行易知難之十證，於事功上誠無間言，而於心性上知行，恐非盡然也。』吾乃於此請以孟子之說證之。『孟子盡心篇』曰：『行之而不著焉，習以而不察焉，終身由之而不知其道者，眾也。』此正指心性而言也。由是而知『行易知難』實為宇宙之真理，施之於事功，施之於心性，莫不皆然。」❽此由心性以證明行是易，知是難。

(二)歷史進化三時期的論證

國父說：「夫以今人之眼光，以考世界人類之進化，當分為三時期：第一由草昧進文明，為不知而行之時期。第二由文明再進文明，為行而後知之時期。第三自科學發明後，為知而後行之時期。」❾據

❽ 同❶，第五章，頁四五七。

考證，人類由草昧進文明，史前期的歷史甚長，有數十萬年之久。但自文字發明，人類文明史不過五千年，而自科學發明至今，不過五百年。所以由人類進化的歷史來看，「不知而行」的時間特別長，而「行而後知」與「知而後行」的時間特別短，亦足證行是易，知是難。

(三)人類社會三系的論證

國父說：「夫人群之進化，以時考之，則分為三時期，如上所述：曰不知而行之時期，曰行而後知之時期，曰知而後行之時期。而以人言之，則有三系焉：其一先知先覺者，為創造發明；其二後知後覺者，為倣效推行；其三不知不覺者，為竭力樂成。有此三系人相需為用，則大禹之九河可疏，秦皇之長城能築也。」❿所以「文明之進化，成於三系之人」。⓫其中先知先覺之發明家為數甚少，而不知不覺之實行家則為芸芸眾生，為數甚多，亦可證知是難，行是易。

---

❾ 同❽，頁四五九。

❿ 同❽，頁四六〇～四六一。

⓫ 同❽，頁四六二。

三、知難行易與力行哲學的關係

(一)力行哲學的提出

先總統蔣公繼承國父的志業，領導革命建國，特別重視「心理建設」。所以對於國父知難行易學說，不但拳拳服膺，而且把它發揚光大，於是提倡「力行哲學」。「力行哲學」又名「行的哲學」，其要義最先見於先總統蔣公在民國二十八年三月十五日發表的「行的道理」講詞中。這個思想是由國父知難行易學說發展而來，不過特別重視一個「行」字，把「行」的道理從宇宙到人生，從理論到實踐，透徹地予以說明。其一般目的乃在於：第一、闡發國父知難行易學說。第二、特別說明「致知」在於「力行」。第三、說明力行哲學和革命建國的關係。第四、鼓勵大家為實踐三民主義革命建國的理想而奮鬥。先總統蔣公說：「全部『孫文學說』的要旨在於確立知難行易哲學的觀念，我所講的力行哲學就是根據總理知難行易的學說發揮引申的。」⓬由此可知，先總統蔣公的力行哲學，其精神與國父的知難行易學說是完全一致的，不過特別強調一個「行」字而已，所以力行哲學實為知難行易學說的闡揚和發展。

(二)力行哲學的要旨

關於力行哲學的要旨，我們根據先總統蔣公「行的道理」講詞，摘述於次：

⓬ 先總統蔣公講，「三民主義之體系及其實行程序」，見「蔣總統集」第一冊，頁一一四三。

1. 行的意義　就宇宙說：行無分於動靜，行是恆久的、不輟的，宇宙皆為行的範圍。「易經」上說：「天行健，君子以自強不息。」這就是指示應該效法宇宙自強不息的行。就人生說：「行」就是人生，行與生以俱來，人之生也為行而生，我們亦要為「生」而行。真正的行是天地間自然之理，是人生本然的天性。「凡是真正的行，它必然是有目的、有軌道、有秩序、有系統，而且有『反之於心而安』的自覺；它必然是正軌的、經常的，是周而復始、繼續不輟的」。[13]而「行」與「動」是有區別的：「行是經常的，動是臨時的；行是必然的，動是偶然的；行是自發的，動則多半是他發的；行是應乎天理、順乎人情的，動是激於外力偶然突發的。所以就本體言，『行』較於『動』更自然、更平易；就其結果和價值來說，動有善有惡，而行則無不善；行是繼續不斷的，動是隨作隨止的。」（同[13]）所以「行」與「動」應該分別清楚，行是循著軌道朝著目的和方向，繼續不斷、川流不息地，無時無刻不在進程之中向前進行的。無論宇宙與人生，唯有「行」才能創造一切。

2. 行的目的　行的要素是「智、仁、勇」，行的原動力是「誠」。行的精神就是真純專一，貫徹到底，處危若安，履險如夷，這就是革命的精神。而「力行」就是革命。革命的動機在救人，革命的本務在行仁。所以行的目的，簡單說就是行仁。先總統蔣公說：「我們行的目的是什麼？我們可以簡單總括地答一聲是一個『仁』字。我們所行的就是在行仁。仁是本乎大公，出乎至誠。所以知之出乎誠者必智，行之出乎誠者必勇；智者之知必知仁，勇者之行必行仁，而且其行必篤，其知必致，其知其行，斷無不成。」[14]

[13] 先總統蔣公講，「行的道理」，前揭書，第一冊，頁一一一〇。

3.行的法則　「行」必有其法則，即「行」必須具備以下四大要件：

(1)必須有起點：要找到著手之點，登高自卑，行遠自邇，不可越級開始，要從基層做起。

(2)必須有順序：定計畫、定步驟、認清時間環境與事件內容，在事先確實準備。

(3)必須有目的：朝著正大光明的目標與確定的目的做去，不達目的決不中止。

(4)必須經常的、恆久的：革命力行只是平平實實的行為，用不著別出心裁的方法。而且唯其是經常的，所以能夠是恆久的；亦惟其是經常的，所以必然是容易的。

(三)力行是革命成功的保證

力行哲學扼要言之，有以下三點功能：第一、力行哲學對知難行易學說有闡發的作用，開啟了知難之中求「真知」的門徑——力行。第二、力行哲學道出了宇宙、人生的真實意義，鼓勵人以「行」來創造一切。第三、力行哲學合乎革命建國的需要。基於上述可知，革命是從非常的破壞到非常的建設，必須「力行」始能達成。此種哲學思想在過去已達成抗戰建國的時代使命，將來必能以之而達成反共、復國、建國成功的使命，因為「力行是革命建國成功的保證」。所以先總統蔣公說：「力行的效果，就是革命成功的方法。」⑭又說：「我認為革命不患其不成，只患其不能力行。……過去五十年來，我們無數先烈和同志因為本此一『誠』，發為大智、大仁、大勇，力行三民主義，不知經過了多少困苦艱難！一部

⑭ 同⑬，頁一一一一。

⑮ 同⑬，頁一一一二。

中國革命建國史幾乎完全是中國國民黨一般先烈同志的碧血寫成，我們今天遭到空前的困難，本黨承全國國民負託之重，擔負總理和無數先烈遺留給我們的革命建國的重任，要想死裡求生，完成救亡復興的偉業，只有從『力行』中去實現三民主義，這是大家應該特別注意的。」⑯由此可知，惟有力行才是我們革命建國成功的確切保證。

自修復習問題

一、明瞭國父提出「知難行易」學說的意義。

二、明瞭「知難行易」學說的論證。

三、明瞭先總統蔣公提出「力行哲學」的目的。

四、明瞭「力行哲學」的要旨。

五、明瞭力行與革命建國的關係。

討論問題

一、國父提倡「知難行易」學說，其目的為何？先總統蔣公提出「力行哲學」，其目的又為何？

⑯ 同⑫，頁一一四二。

二、試舉例以證「知難行易」學說。

三、國父說：「夫人群之進化，以時考之，則分為三時期。」又說：「而以人言之，則有三系焉。」試舉出三期與三系之名稱，及其和「知」「行」的關係。

四、試述「力行哲學」的要旨。

五、力行與革命建國有何關係？

國父原著選讀

一、孫文學說自序

二、孫文學說第一、二、三、四章

第三節　三民主義是建設現代化中國的指導原理

一、三民主義是建國的主義

三民主義不僅是救國主義，而且也是建國主義。正如國父所說：「三民主義能夠實行，民國才可以建設得好。」❶又說：「建設一政治最修明、人民最安樂之國家，為民所有，為民所治，為民所享者也。」❷為了主義之實踐，國父又著成「建國方略」，以為實踐三民主義之依據。「建國方略」包括三部分：(1)「孫文學說」，即心理建設；(2)「實業計畫」，即物質建設；(3)「民權初步」，即社會建設。先總統蔣公於民國二十四年講「國父遺教概要」時，補入「政治建設」一項，並說：「總理第一部最重要的遺教，當然是三民主義。三民主義乃革命建國的最高原則，諸如『孫文學說』，『實業計畫』，『民權初步』，『建國大綱』等等可說都不過是實現三民主義之具體方略，再就三民主義的內容分析起來，我們可以大概地說：民族主義為心理與政治建設的原則；民權主義為政治與社會建設的原則；民生主義為政治與物質建設的原則。綜而言之：三民主義即為統攝心理、物質、政治、社會四大建設，以完成國家建設，即整個國民革命之最高指導原則。」❸又於民國二十八年講「三民主義之體系及其實行程序」時，將民族

❶ 國父講，「三民主義為造成新世界之工具」，見「國父全集」第二冊，頁四六一。

❷ 國父著，「孫文學說」自序，前揭書，第一冊，頁四二一。

主義中有關固有道德加以闡述，補充為「倫理建設」一項，合為五大建設。其後於民國三十二年發表「中國之命運」一書，就以此五大建設為建國工作之重點。茲將五大建設的要義，簡述於次：

(一)心理建設

人類的心理現象包括智、情、意的心理活動，所謂「心理建設」即是使此種心理健全。先總統蔣公說：「所謂心理建設，係概括一切心理狀態之改造。直截言之，就是國民精神建設。」❹又說：「心理建設實為革命的根本要務。」(同❹)心理建設是以國父的「孫文學說」一書為主要根據，此書提倡「知難行易」，主要用意是在：第一、打破國人心理上的迷惑。第二、重建革命黨人的革命精神和信心。總之，在勉國人及黨人：革命建國在於「力行」。心理建設為革命建國的根本要務，信心堅定，革命建國始有成功之期，此誠如國父所說：「吾心信其可行，則移山填海之難，終有成功之日；吾心信其不可行，則反掌折枝之易，亦無收效之期也。」❺可見心理建設為建設現代化中國的起點，其重要性在一切建設之上。

❸ 先總統蔣公講，「國父遺教概要」第一講，見「蔣總統集」第一冊，頁二一。
❹ 同❸，第四講，頁四〇。
❺ 同❷，頁四二〇。

㈡倫理建設

「所謂倫理，照字面的本義說，倫就是類，理就是紋理，引申為一切有條貫、有脈絡可尋的條理。是說明人對人的關係，這中間包括分子對群體的關係、分子與分子的相互關係，亦即是人對於家庭、鄰里、社會、國家和世界人類應該怎麼樣。闡明他各種關係上正當的態度，訴之於人的理性而定為行為的標準」。❻而所謂倫理建設就是國民道德建設，要以國父所講的忠孝仁愛信義和平八德為精神，以昌明我國固有的人倫關係。我們為什麼要著重倫理建設呢？先總統蔣公說：「簡單說是打倒自私自利的個人主義，以掃除革命建國的障礙。在積極方面，是要改進人民的行為，恢復民族固有的道德，從而發揚光大，養成國民高尚健全的人格，使我們四萬萬五千萬同胞，人人能夠犧牲小我，捨己利群，盡忠國家，盡孝民族，講信重義，仁民愛物，和平互助，如手足兄弟一樣，禦侮建國，合力共赴。這種倫理建設與心理建設都是為了提高一切建設的基本力量，在革命建國時期中應視為急要之務。」❼由上述可知，倫理建設實即以五倫（五達道）為內容，五倫是中國倫理哲學的精要，是闡明人生個人對於其他分子的正當關係而課以積極責任的教條，也可以說是規定群己關係的標準。（同❼）倫理建設就是要從修身、齊家做起，擴而大之為對鄰里鄉黨的關係、對國家的關係，而以實行「禮運篇」的博愛、互助、盡己、共享為原則。這種發揚中國固有的四維、八德的精神，實為現代化國民的守則。

❻ 先總統蔣公講，「政治的道理」，前揭書，第一冊，頁一〇七。

❼ 先總統蔣公講，「三民主義之體系及其實行程序」，前揭書，第一冊，頁一一四四。

(三)社會建設

社會建設就是政治的基本建設，其重心在使人民有集會討論的能力，並使人民有組織和團體，以奠定民權政治的根基。國父認為要使國家富強，必先發達民權，而發達民權的方法，必從集會著手，所以特譯著「民權初步」一書，使人民具有集會結社、行使權利的知識和能力。國父說：「民權何由而發達？則從固結人心，糾合群力始；而欲固結人心，糾合群力，又非從集會不為功。是集會者，實為民權發達之第一步。」❽又說：「凡欲負國民之責任者，不可不習此書；凡欲固結吾國之人心，糾合吾國之民力者，不可不熟習此書，而遍傳之於國人，使成為一普通之常識。……苟人人熟習此書，則人心自結，民力自固。」❾由此可見國父極端重視「民權初步」這本書。「民權初步」一書，對於議事集會的程序和方法敘述甚詳，其基本精神在於：⑴重視平等和公正、⑵注重秩序與和諧、⑶重視討論自由、⑷重視會議過程、⑸少數服從多數、⑹多數尊重少數。

社會建設是以國父的「民權初步」作軌範。先總統蔣公指出：「『民權初步』是專講集會議事種種法則的經典，其目的在使一般國民能夠熟諳這些法則，以習練初步民權的運用；其間接的目的，則在藉此養成一般國民重秩序、守紀律、有組織的習性，從而團結人心、增強民力，造成有組織的現代社會。」(同❼)所以我們對於「民權初步」不但要時加閱讀以求理論上的了解，更要以之實際演練俾能應用。

---

❽ 國父著，「民權初步」序，前揭書，第一冊，頁六六八。

❾ 同❽，頁六六九。

㈣政治建設

國家不能沒有政治，政治不能離開國家，所以政治建設實即國家建設，也就是有關國家的統治機構、法制等的建設。政治建設的依據甚多，國父的三民主義、五權憲法、建國大綱、地方自治開始實行法等遺教，均應包括在內，但其中以「建國大綱」為最重要。所以先總統蔣公說：「政治建設是以『建國大綱』為政治建設的法典。」❿又說：「一切建設的方向就是要把『建國大綱』整個地實現出來；一切政治制度必須以『建國大綱』為基礎，遇到實際上困難莫決的問題也要以『建國大綱』為最高原則，拿來作解決一切的準繩。」⓫「建國大綱」所規定的政治制度，是以五權憲法的權能區分學說為依據，一方面實行分縣自治，完成民治的基礎，使人民有充分的「權」；一方面則在中央設立五權分治的政府，使政府有充分的「能」，而組織國民大會為政權機關，代表人民監督中央政府的五院；另外，則中央政府與地方政府在權限劃分上採取均權制度。如此，才能建立真正為民所有、為民所治、為民所享的國家。

㈤經濟建設

經濟建設就是「建國方略」中的物質建設，具體言之就是推動「實業計畫」，亦就是以「實業計畫」為經濟建設的綱領，以開發富源，發達實業，從而實現民生主義的理想。先總統蔣公說：「推行經濟建

❿ 同❼，頁一一四五。

⓫ 先總統蔣公講，「一切政治制度要以建國大綱為基礎」，前揭書，第一冊，頁四九八。

設，在三民主義最高原則下，當然應遵守民生主義的辦法，著眼於防止壟斷和增進大多數人民的生活。」(同⑩)所以推行經濟建設應遵循民生主義的基本原則：(1)經濟以人性為基點，以養民為本位。(2)經濟建設必有計畫，而計畫必有根本精神，一方面建設國家的事業，培養人民的事業，以改善民生；一方面節制私人資本，平均地權，使不能操縱民生。亦就是使「資本國家化，享受大眾化」。(3)國家要開發富源，要流通物資，要儲積國富，以民生為本，使經濟建設與國防合而為一。⑫

由上述可知，三民主義實為建國之最高指導原理，而五大建設又為實踐三民主義的方略，以建設一個「民族的國家、國民的國家、社會的國家」，亦就是「基於三民主義為民有、民治、民享之民主共和國」。所以說，三民主義就是建國的主義。

二、三民主義是中國現代化的寶典

中國本是文化發達的強盛國家，屹立東亞四千餘年，其典章制度曾是鄰國學習的楷模，但是到了清代中葉以後，歐美現代文明則駕乎中國之上。就以物質文明來講，國父就說：「歐美近一百年來的文化，雄飛突進，一日千里，種種文明都是比中國進步得多。……庚子年的義和團，是中國的最後思想和最後自信力，去同歐美的新文化相抵抗。由於那次義和團失敗以後，……中國人……便明白歐美的新文明，的確比中國的舊文明好得多。用外國的新東西和中國的舊東西比較，就武器一項效力自然是很明顯的。……再推到其餘種種關於人類日常生活的機器，和農工商所用的種種方法，也沒有不是比中國進步得多

⑫ 先總統蔣公著，「中國經濟學說」，前揭書，第一冊，頁一七九。

的。」⑬可見中國相較於歐美，現代化的程度顯然落後甚多。從宏觀看來，在政治方面：歐美立憲政體勃興，民主政治普及於各國；中國則在專制政體之下，政治腐敗，一般人民無與聞國事的機會與權利，因而對國事冷漠。在經濟方面：歐美自工業革命後，生產方式改變，生產大量增加，工商業發達，社會財富大為增加，不但足以自給，尚且有餘輸往外國，賺取利益，累積國富；中國則向以農立國，長久以來皆以傳統方式從事生產活動，由於生產方法落後，生產不足，社會貧困，人民於豐年時僅勉強糊口，荒歲必凍餒甚至死亡。在此情形下，中國國力比之歐美相形見絀，此一相對弱勢乃是歐美現代化工業列強侵凌中國的主因，而中國也就自鴉片戰爭後走上積弱不振的道路，若長此以往，中國勢必亡國。因此救亡圖存之道乃在積極追求國家的現代化，改善虛弱的舊體質，方能與歐美列強並存。

一個國家的現代化必須是在器物技能層次、制度層次以及思想行為層次全面兼及的現代化方能為功。中國過去的洋務自強運動以模仿西器和西藝為主，只是器物技能層次的現代化，而康、梁的變法維新運動雖進一步為西方制度的模仿學習，但皆不能竟全功，主要原因是缺乏整體性的發展理念與有效的實行策略。而國父所領導的三民主義國民革命運動乃是中國現代化運動的最後歸趨，因為國民革命運動定有「主義」、有「標的」、有「方略」與「歷程」。申而言之，在宏觀方面，三民主義的國家發展理念乃順應世界進化的潮流又合乎中國需要的現代化計畫，五大建設又能全面觀照現代化的三個層次。在微觀方面，三民主義的制度設計與發展計畫大體上能合乎運作需求，例如五權憲法的政治制度設計著重政治民主化與政府效能化的提昇；民生主義的經濟制度著重生產工業化求富與分配社會化求均的獲致，在在適合中

⑬ 國父講，「民權主義」第五講，前揭書，第一冊，頁一一九～一二〇。

國國情與世界發展趨勢，在循序漸進的運作模式下，使中國現代化的理念不致流於空疏而不切實際，所以說三民主義是中國現代化的寶典。

三、建設自由、民主、均富的新中國

民國三十八年中共政權建立後，形成今日中國在臺灣海峽兩岸分裂分治的局面。事實上，今日分隔臺灣和大陸的不是一道海峽，而是三民主義和共產主義兩種不同的思想和制度。四十多年來，政府在臺灣勵精圖治，在三民主義思想的指導之下實施扶植少數民族的民族政策、復興和創新中華文化的文化政策、普及與平等的教育政策、追求主權在民及效能政府的內政政策，以及實現均富的土地改革政策和農工發展政策等，已經獲致成功的發展經驗，也就是舉世稱譽的「臺灣經驗」，亦即是多元而公平的文化教育發展、積極而穩健的政治改革、快速而穩定的經濟成長、開放而安全的社會變遷。三民主義和共產主義兩種不同的思想和制度在臺海兩岸實踐與檢驗的結果，已經證明三民主義更適合於中國國情，能使中國人過自由、民主、富足、幸福的生活。而共產主義實行的結果在蘇聯已徹底失敗，蘇聯於一九九一年宣告解體，在東歐及其他地區的共產體制亦相繼崩潰。而中國大陸實行共產主義也是節節落敗，表面上堅持馬列主義，事實上不得不採取修正措施，改行所謂「有中國特色的社會主義」，「仿照我們加工出口區的辦法，設置所謂『經濟特別區』，並引進外資來幫助他們拓展外銷；重新調整經濟建設的順序，把農業列為最優先；最近又試圖調整經濟結構，在維持『全民所有制』與『集體所有制』的同時，有限度地承認城鄉勞動者的『個體經濟』。這種種跡象顯示，一向執著於馬列教條的中共政權，在經歷一連串挫折之後，已不得不向現實低頭，也不得不作轉向的打算」，⓮但在「政治反右，經濟防左」的策略下，中共當前的改革實陷於困境，這驗證了三民主義同時解決民族、民權、民生問題的主張，實在是優於共產主義，由是不得不使人憶及國父在民國十二年，於「與越飛聯合宣言」中所說：「共產組織，甚至蘇維埃制度，事實上均不能引用於中國。」一語的正確性。

我們堅信唯有走三民主義的道路才是中國現代化的光明大道，也才是中國人民自由幸福的保障，才是自由世界安定的基石。這是我們共同促使大陸「政治民主化」、「經濟自由化」、「社會多元化」、「文化中國化」的客觀條件，建設一個自由、民主、均富的新中國之唯一道路。

討論問題

一、何謂五大建設？每一建設所依據之國父重要遺教為何？五大建設與三民主義有何關係？

二、何以三民主義是中國現代化的寶典？

三、為何要建設自由、民主、均富的新中國？又如何才能貫徹？

⓮ 民國七十一年六月十日，行政院長孫運璿以茶會招待前來我國參加第十一屆中美「中國大陸問題研討會」的美方學者，以「中國與中國統一」為題，在會中致詞。

附錄

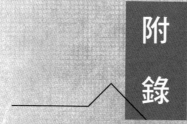

一　中華民國憲法

民國三十六年一月一日國民政府公布，同年十二月二十五日施行

中華民國國民大會受全體國民之付託，依據孫中山先生創立中華民國之遺教，為鞏固國權，保障民權，奠定社會安寧，增進人民福利，制定本憲法，頒行全國，永矢咸遵。

第一章　總　綱

第一條　中華民國基於三民主義，為民有、民治、民享之民主共和國。

第二條　中華民國之主權屬於國民全體。

第三條　具有中華民國國籍者為中華民國國民。

第四條　中華民國領土，依其固有之疆域，非經國民大會之決議，不得變更之。

第五條　中華民國各民族一律平等。

第六條　中華民國國旗定為紅地，左上角青天白日。

第二章　人民之權利義務

第七條　中華民國人民，無分男女、宗教、種族、階級、黨派，在法律上一律平等。

第八條　人民身體之自由應予保障，除現行犯之逮捕由法律另定外，非經司法或警察機關依法定程序，不得逮捕拘禁。非由法院依法定程序，不得審問處罰。非依法定程序之逮捕、拘禁、審問、處罰，得拒絕之。

人民因犯罪嫌疑被逮捕拘禁時，其逮捕拘禁機關應將逮捕拘禁原因，以書面告知本人及其本人指定之親友，並至遲於二十四小時內移送該管法院審問。本人或他人亦得聲請該管法院，於二十四小時內向逮捕之機關提審。

法院對於前項聲請，不得拒絕，並不得先令逮捕拘禁之機關查覆。逮捕拘禁之機關，對於法院之提審，不得拒絕或遲延。

人民遭受任何機關非法逮捕拘禁時，其本人或他人得向法院聲請追究，法院不得拒絕，並應於二十四小時內向逮捕拘禁之機關追究，依法處理。

第九條　人民除現役軍人外，不受軍事審判。

第十條　人民有居住及遷徙之自由。

第十一條　人民有言論、講學、著作及出版之自由。

第十二條　人民有祕密通訊之自由。

第十三條　人民有信仰宗教之自由。
第十四條　人民有集會及結社之自由。
第十五條　人民之生存權、工作權及財產權，應予保障。
第十六條　人民有請願、訴願及訴訟之權。
第十七條　人民有選舉、罷免、創制及複決之權。
第十八條　人民有應考試、服公職之權。
第十九條　人民有依法律納稅之義務。
第二十條　人民有依法律服兵役之義務。
第二十一條　人民有受國民教育之權利與義務。
第二十二條　凡人民之其他自由及權利，不妨害社會秩序公共利益者，均受憲法之保障。
第二十三條　以上各條列舉之自由權利，除為防止妨礙他人自由、避免緊急危難、維持社會秩序或增進公共利益所必要者外，不得以法律限制之。
第二十四條　凡公務員違法侵害人民之自由或權利者，除依法律受懲戒外，應負刑事及民事責任。被害人民就其所受損害，並得依法律向國家請求賠償。

第三章　國民大會

第二十五條　國民大會依本憲法之規定，代表全國國民行使政權。

第二十六條　國民大會以左列代表組織之：

一　每縣市及其同等區域各選出代表一人，但其人口逾五十萬人者，每增加五十萬人，增選代表一人。縣市同等區域以法律定之。

二　蒙古選出代表，每盟四人，每特別旗一人。

三　西藏選出代表，其名額以法律定之。

四　各民族在邊疆地區選出代表，其名額以法律定之。

五　僑居國外之國民選出代表，其名額以法律定之。

六　職業團體選出代表，其名額以法律定之。

七　婦女團體選出代表，其名額以法律定之。

第二十七條　國民大會之職權如左：

一　選舉總統、副總統。

二　罷免總統、副總統。

三　修改憲法。

四　複決立法院所提之憲法修正案。

關於創制、複決兩權，除前項第三、第四兩款規定外，俟全國有半數之縣、市曾經行使創制、複決兩項政權時，由國民大會制定辦法並行使之。

第二十八條　國民大會代表每六年改選一次。

每屆國民大會代表之任期，至次屆國民大會開會之日為止。

現任官吏不得於其任所所在地之選舉區當選為國民大會代表。

第二十九條　國民大會於每屆總統任滿前九十日集會，由總統召集之。

第三十條　國民大會遇有左列情形之一時，召集臨時會：

一　依本憲法第四十九條之規定，應補選總統、副總統時。

二　依監察院之決議，對於總統、副總統提出彈劾案時。

三　依立法院之決議，提出憲法修正案時。

四　國民大會代表五分之二以上請求召集時。

國民大會臨時會，如依前項第一款或第二款應召集時，由立法院院長通告集會。依第三款或第四款應召集時，由總統召集之。

第三十一條　國民大會之開會地點，在中央政府所在地。

第三十二條　國民大會代表在會議時所為之言論及表決，對會外不負責任。

第三十三條　國民大會代表，除現行犯外，在會期中，非經國民大會許可，不得逮捕或拘禁。

第三十四條　國民大會之組織、國民大會代表之選舉罷免及國民大會行使職權之程序，以法律定之。

第四章　總統

第三十五條　總統為國家元首，對外代表中華民國。

第三十六條　總統統率全國陸海空軍。
第三十七條　總統依法公布法律，發布命令，須經行政院院長之副署，或行政院院長及有關部會首長之副署。
第三十八條　總統依本憲法之規定，行使締結條約及宣戰、媾和之權。
第三十九條　總統依法宣布戒嚴，但須經立法院之通過或追認。立法院認為必要時，得決議移請總統解嚴。
第四十條　總統依法行使大赦、特赦、減刑及復權之權。
第四十一條　總統依法任免文武官員。
第四十二條　總統依法授與榮典。
第四十三條　國家遇有天然災害、癘疫或國家財政經濟上有重大變故，須為急速處分時，總統於立法院休會期間，得經行政院會議之決議，依緊急命令法，發布緊急命令，為必要之處置，但須於發布命令後一個月內，提交立法院追認。如立法院不同意時，該緊急命令立即失效。
第四十四條　總統對於院與院間之爭執，除本憲法有規定者外，得召集有關各院院長會商解決之。
第四十五條　中華民國國民年滿四十歲者，得被選為總統、副總統。
第四十六條　總統、副總統之選舉，以法律定之。
第四十七條　總統、副總統之任期為六年，連選得連任一次。
第四十八條　總統應於就職時宣誓，誓詞如左：

第四十九條 「余謹以至誠，向全國人民宣誓，余必遵守憲法，盡忠職務，增進人民福利，保衛國家，無負國民付託。如違誓言，願受國家嚴厲之制裁。謹誓。」

總統缺位時，由副總統繼任，至總統任期屆滿為止。總統、副總統均缺位時，由行政院院長代行其職權，並依本憲法第三十條之規定，召集國民大會臨時會，補選總統、副總統，其任期以補足原任總統未滿之任期為止。總統因故不能視事時，由副總統代行其職權。總統、副總統均不能視事時，由行政院院長代行其職權。

第五十條 總統於任滿之日解職，如屆期次任總統尚未選出，或選出後總統、副總統均未就職時，由行政院院長代行總統職權。

第五十一條 行政院院長代行總統職權時，其期限不得逾三個月。

第五十二條 總統除犯內亂或外患罪外，非經罷免或解職，不受刑事上之訴究。

第五章　行　政

第五十三條 行政院為國家最高行政機關。

第五十四條 行政院設院長、副院長各一人，各部會首長若干人，及不管部會之政務委員若干人。

第五十五條 行政院院長，由總統提名，經立法院同意任命之。

立法院休會期間，行政院院長辭職或出缺時，由行政院副院長代理其職務，但總統須於四十日內咨請立法院召集會議，提出行政院院長人選，徵求同意。行政院院長職務，在總統所提行政院院長人選未經立法院同意前，由行政院副院長暫行代理。

第五十六條 行政院副院長、各部會首長及不管部會之政務委員，由行政院院長提請總統任命之。

第五十七條 行政院依左列規定，對立法院負責：

一 行政院有向立法院提出施政方針及施政報告之責。立法委員在開會時，有向行政院院長及行政院各部會首長質詢之權。

二 立法院對於行政院之重要政策不贊同時，得以決議移請行政院變更之。行政院對於立法院之決議，得經總統之核可，移請立法院覆議。覆議時，如經出席立法委員三分之二維持原決議，行政院院長應即接受該決議或辭職。

三 行政院對於立法院決議之法律案、預算案、條約案，如認為有窒礙難行時，得經總統之核可，於該決議案送達行政院十日內，移請立法院覆議。覆議時，如經出席立法委員三分之二維持原案，行政院院長應即接受該決議或辭職。

第五十八條 行政院設行政院會議，由行政院院長、副院長、各部會首長及不管部會之政務委員組織之，以院長為主席。

行政院院長、各部會首長，須將應行提出於立法院之法律案、預算案、戒嚴案、大赦案、宣戰案、媾和案、條約案及其他重要事項，或涉及各部會共同關係之事項，提出於行政院會議議決之。

第五十九條 行政院於會計年度開始三個月前，應將下年度預算案提出於立法院。

第六十條　行政院於會計年度結束後四個月內，應提出決算於監察院。

第六十一條　行政院之組織，以法律定之。

第六章　立　法

第六十二條　立法院為國家最高立法機關，由人民選舉之立法委員組織之，代表人民行使立法權。

第六十三條　立法院有議決法律案、預算案、戒嚴案、大赦案、宣戰案、媾和案、條約案及國家其他重要事項之權。

第六十四條　立法院立法委員依左列規定選出之：

一　各省、各直轄市選出者，其人口在三百萬以下者五人，其人口超過三百萬者，每滿一百萬人增選一人。

二　蒙古各盟旗選出者。

三　西藏選出者。

四　各民族在邊疆地區選出者。

五　僑居國外之國民選出者。

六　職業團體選出者。

立法委員之選舉及前項第二款至第六款立法委員名額之分配，以法律定之。婦女在第一項各款之名額，以法律定之。

第六十五條　立法委員之任期為三年，連選得連任，其選舉於每屆任滿前三個月內完成之。
第六十六條　立法院設院長、副院長各一人，由立法委員互選之。
第六十七條　立法院得設各種委員會。
各種委員會得邀請政府人員及社會上有關係人員到會備詢。
第六十八條　立法院會期，每年兩次，自行集會，第一次自二月至五月底，第二次自九月至十二月底，必要時得延長之。
第六十九條　立法院遇有左列情事之一時，得開臨時會：
一　總統之咨請。
二　立法委員四分之一以上之請求。
第七十條　立法院對於行政院所提預算案，不得為增加支出之提議。
第七十一條　立法院開會時，關係院院長及各部會首長得列席陳述意見。
第七十二條　立法院法律案通過後，移送總統及行政院，總統應於收到後十日內公布之，但總統得依照本憲法第五十七條之規定辦理。
第七十三條　立法委員在院內所為之言論及表決，對院外不負責任。
第七十四條　立法委員，除現行犯外，非經立法院許可，不得逮捕或拘禁。
第七十五條　立法委員不得兼任官吏。
第七十六條　立法院之組織，以法律定之。

第七章　司　法

第七十七條　司法院為國家最高司法機關，掌理民事、刑事、行政訴訟之審判及公務員之懲戒。

第七十八條　司法院解釋憲法，並有統一解釋法律及命令之權。

第七十九條　司法院設院長、副院長各一人，由總統提名，經監察院同意任命之。

司法院設大法官若干人，掌理本憲法第七十八條規定事項，由總統提名，經監察院同意任命之。

第八十條　法官須超出黨派以外，依據法律獨立審判，不受任何干涉。

第八十一條　法官為終身職，非受刑事或懲戒處分或禁治產之宣告，不得免職，非依法律，不得停職、轉任或減俸。

第八十二條　司法院及各級法院之組織，以法律定之。

第八章　考　試

第八十三條　考試院為國家最高考試機關，掌理考試、任用、銓敘、考績、級俸、陞遷、保障、褒獎、撫卹、退休、養老等事項。

第八十四條　考試院設院長、副院長各一人，考試委員若干人，由總統提名，經監察院同意任命之。

第八十五條　公務人員之選拔，應實行公開競爭之考試制度，並應按省區分別規定名額，分區舉行考試。

非經考試及格者，不得任用。

第八十六條 左列資格，應經考試院依法考選銓定之：

一 公務人員任用資格。

二 專門職業及技術人員執業資格。

第八十七條 考試院關於所掌事項，得向立法院提出法律案。

第八十八條 考試委員須超出黨派以外，依據法律獨立行使職權。

第八十九條 考試院之組織，以法律定之。

第九章 監察

第九十條 監察院為國家最高監察機關，行使同意、彈劾、糾舉及審計權。

第九十一條 監察院設監察委員，由各省市議會、蒙古西藏地方議會及華僑團體選舉之。其名額分配，依左列之規定：

一 每省五人。

二 每直轄市二人。

三 蒙古各盟旗共八人。

四 西藏八人。

五 僑居國外之國民八人。

第九十二條　監察院設院長、副院長各一人，由監察委員互選之。

第九十三條　監察委員之任期為六年，連選得連任。

第九十四條　監察院依本憲法行使同意權時，由出席委員過半數之議決行之。

第九十五條　監察院為行使監察權，得向行政院及其各部會調閱其所發布之命令及各種有關文件。

第九十六條　監察院得按行政院及其各部會之工作，分設若干委員會，調查一切設施，注意其是否違法或失職。

第九十七條　監察院經各該委員會之審查及決議，得提出糾正案，移送行政院及其有關部會，促其注意改善。

監察院對於中央及地方公務人員，認為有失職或違法情事，得提出糾舉案或彈劾案，如涉及刑事，應移送法院辦理。

第九十八條　監察院對於中央及地方公務人員之彈劾案，須經監察委員一人以上之提議，九人以上之審查及決定，始得提出。

第九十九條　監察院對於司法院或考試院人員失職或違法之彈劾，適用本憲法第九十五條、第九十七條及第九十八條之規定。

第一百條　監察院對於總統、副總統之彈劾案，須有全體監察委員四分之一以上之提議，全體監察委員過半數之審查及決議，向國民大會提出之。

第一百零一條　監察委員在院內所為之言論及表決，對院外不負責任。

第一百零二條　監察委員，除現行犯外，非經監察院許可，不得逮捕或拘禁。

第一百零三條　監察委員不得兼任其他公職或執行業務。

第一百零四條　監察院設審計長，由總統提名，經立法院同意任命之。

第一百零五條　審計長應於行政院提出決算後三個月內，依法完成其審核，並提出審核報告於立法院。

第一百零六條　監察院之組織，以法律定之。

第十章　中央與地方之權限

第一百零七條　左列事項，由中央立法並執行之：

一　外交。

二　國防與國防軍事。

三　國籍法及刑事、民事、商事之法律。

四　司法制度。

五　航空、國道、國有鐵路、航政、郵政及電政。

六　中央財政與國稅。

七　國稅與省稅、縣稅之劃分。

八　國營經濟事業。

九　幣制及國家銀行。

十　度量衡。
十一　國際貿易政策。
十二　涉外之財政經濟事項。
十三　其他依本憲法所定關於中央之事項。

第一百零八條　左列事項，由中央立法並執行之，或交由省縣執行之：
一　省縣自治通則。
二　行政區劃。
三　森林、工礦及商業。
四　教育制度。
五　銀行及交易所制度。
六　航業及海洋漁業。
七　公用事業。
八　合作事業。
九　二省以上之水陸交通運輸。
十　二省以上之水利、河道及農牧事業。
十一　中央及地方官吏之銓敘、任用、糾察及保障。
十二　土地法。

十三　勞動法及其他社會立法。
十四　公用徵收。
十五　全國戶口調查及統計。
十六　移民及墾殖。
十七　警察制度。
十八　公共衛生。
十九　振濟、撫卹及失業救濟。
二十　有關文化之古籍、古物及古蹟之保存。
前項各款，省於不牴觸國家法律內，得制定單行法規。

第一百零九條　左列事項，由省立法並執行之，或交由縣執行之：
一　省教育、衛生、實業及交通。
二　省財產之經營及處分。
三　省市政。
四　省公營事業。
五　省合作事業。
六　省農林、水利、漁牧及工程。
七　省財政及省稅。

八　省債。
九　省銀行。
十　省警政之實施。
十一　省慈善及公益事項。
十二　其他依國家法律賦予之事項。

前項各款，有涉及二省以上者，除法律別有規定外，得由有關各省共同辦理。

各省辦理第一項各款事務，其經費不足時，經立法院議決，由國庫補助之。

第一百十條　左列事項，由縣立法並執行之：

一　縣教育、衛生、實業及交通。
二　縣財產之經營及處分。
三　縣公營事業。
四　縣合作事業。
五　縣農林、水利、漁牧及工程。
六　縣財政及縣稅。
七　縣債。
八　縣銀行。
九　縣警衛之實施。

十　縣慈善及公益事項。

十一　其他依國家法律及省自治法賦予之事項。

前項各款，有涉及二縣以上者，除法律別有規定外，得由有關各縣共同辦理。

第一百十一條　除第一百零七條、第一百零八條、第一百零九條及第一百十條列舉事項外，如有未列舉事項發生時，其事務有全國一致之性質者屬於中央，有全省一致之性質者屬於省，有一縣之性質者屬於縣。遇有爭議時，由立法院解決之。

第十一章　地方制度

第一節　省

第一百十二條　省得召集省民代表大會，依據省縣自治通則，制定省自治法，但不得與憲法牴觸。

省民代表大會之組織及選舉，以法律定之。

第一百十三條　省自治法應包含左列各款：

一　省設省議會，省議會議員由省民選舉之。

二　省設省政府，置省長一人，省長由省民選舉之。

三　省與縣之關係。

屬於省之立法權，由省議會行之。

第一百十四條　省自治法制定後，須即送司法院。司法院如認為有違憲之處，應將違憲條文宣布無效。

第一百十五條　省自治法施行中，如因其中某條發生重大障礙，經司法院召集有關方面陳述意見後，由行政院院長、立法院院長、司法院院長、考試院院長與監察院院長組織委員會，以司法院院長為主席，提出方案解決之。

第一百十六條　省法規與國家法律牴觸者無效。

第一百十七條　省法規與國家法律有無牴觸發生疑義時，由司法院解釋之。

第一百十八條　直轄市之自治，以法律定之。

第一百十九條　蒙古各盟旗地方自治制度，以法律定之。

第一百二十條　西藏自治制度，應予以保障。

第二節　縣

第一百二十一條　縣實行縣自治。

第一百二十二條　縣得召集縣民代表大會，依據省縣自治通則，制定縣自治法，但不得與憲法及省自治法牴觸。

第一百二十三條　縣民關於縣自治事項，依法律行使創制、複決之權，對於縣長及其他縣自治人員，依法律行使選舉、罷免之權。

第一百二十四條　縣設縣議會，縣議會議員由縣民選舉之。

屬於縣之立法權，由縣議會行之。

第一百二十五條　縣單行規章，與國家法律或省法規牴觸者無效。

第一百二十六條　縣設縣政府，置縣長一人。縣長由縣民選舉之。

第一百二十七條　縣長辦理縣自治，並執行中央及省委辦事項。

第一百二十八條　市準用縣之規定。

第十二章　選舉、罷免、創制、複決

第一百二十九條　本憲法所規定之各種選舉，除本憲法別有規定外，以普通、平等、直接及無記名投票之方法行之。

第一百三十條　中華民國國民年滿二十歲者，有依法選舉之權。除本憲法及法律別有規定者外，年滿二十三歲者，有依法被選舉之權。

第一百三十一條　本憲法所規定各種選舉之候選人，一律公開競選。

第一百三十二條　選舉應嚴禁威脅利誘。選舉訴訟，由法院審判之。

第一百三十三條　被選舉人得由原選舉區依法罷免之。

第一百三十四條　各種選舉，應規定婦女當選名額，其辦法以法律定之。

第一百三十五條　內地生活習慣特殊之國民代表名額及選舉，其辦法以法律定之。

第一百三十六條　創制、複決兩權之行使，以法律定之。

第十三章　基本國策

第一節　國防

第一百三十七條　中華民國之國防，以保衛國家安全，維護世界和平為目的。

國防之組織，以法律定之。

第一百三十八條　全國陸海空軍，須超出個人、地域及黨派關係以外，效忠國家，愛護人民。

第一百三十九條　任何黨派及個人不得以武裝力量為政爭之工具。

第一百四十條　現役軍人不得兼任文官。

第二節　外交

第一百四十一條　中華民國之外交，應本獨立自主之精神，平等互惠之原則，敦睦邦交，尊重條約及聯合國憲章，以保護僑民權益，促進國際合作，提倡國際正義，確保世界和平。

第三節　國民經濟

第一百四十二條　國民經濟應以民生主義為基本原則，實施平均地權，節制資本，以謀國計民生之均足。

第一百四十三條　中華民國領土內之土地屬於國民全體。人民依法取得之土地所有權，應受法律之保障與限制。私有土地應照價納稅，政府並得照價收買。

附著於土地之礦及經濟上可供公眾利用之天然力，屬於國家所有，不因人民取得土地所有權而受影響。

土地價值非因施以勞力資本而增加者，應由國家徵收土地增值稅，歸人民共享之。

國家對於土地之分配與整理，應以扶植自耕農及自行使用土地人為原則，並規定其適當經營之面積。

第一百四十四條　公用事業及其他有獨占性之企業，以公營為原則，其經法律許可者，得由國民經營之。

第一百四十五條　國家對於私人財富及私營事業，認為有妨害國計民生之平衡發展者，應以法律限制之。

合作事業應受國家之獎勵與扶助。

國民生產事業及對外貿易，應受國家之獎勵、指導及保護。

第一百四十六條　國家應運用科學技術，以興修水利，增進地力，改善農業環境，規劃土地利用，開發農業資源，促成農業之工業化。

第一百四十七條　中央為謀省與省間之經濟平衡發展，對於貧瘠之省，應酌予補助。

省為謀縣與縣間之經濟平衡發展，對於貧瘠之縣，應酌予補助。

第一百四十八條　中華民國領域內，一切貨物應許自由流通。

第一百四十九條　金融機構，應依法受國家之管理。

第一百五十條　國家應普設平民金融機構，以救濟失業。

第一百五十一條　國家對於僑居國外之國民，應扶助並保護其經濟事業之發展。

第四節　社會安全

第一百五十二條　人民具有工作能力者，國家應予以適當之工作機會。

第一百五十三條　國家為改良勞工及農民之生活，增進其生產技能，應制定保護勞工及農民之法律，實施保護勞工及農民之政策。

婦女兒童從事勞動者，應按其年齡及身體狀態，予以特別之保護。

第一百五十四條　勞資雙方應本協調合作原則，發展生產事業。勞資糾紛之調解與仲裁，以法律定之。

第一百五十五條　國家為謀社會福利，應實施社會保險制度。人民之老弱殘廢，無力生活，及受非常災害者，國家應予以適當之扶助與救濟。

第一百五十六條　國家為奠定民族生存發展之基礎，應保護母性，並實施婦女、兒童福利政策。

第一百五十七條　國家為增進民族健康，應普遍推行衛生保健事業及公醫制度。

第五節　教育文化

第一百五十八條　教育文化，應發展國民之民族精神，自治精神，國民道德，健全體格與科學及生活智能。

第一百五十九條　國民受教育之機會，一律平等。

第一百六十條　六歲至十二歲之學齡兒童，一律受基本教育，免納學費。其貧苦者，由政府供給書籍。已逾學齡未受基本教育之國民，一律受補習教育，免納學費，其書籍亦由政府供給。

第一百六十一條　各級政府應廣設獎學金名額，以扶助學行俱優無力升學之學生。

第一百六十二條　全國公私立之教育文化機關，依法律受國家之監督。

第一百六十三條　國家應注重各地區教育之均衡發展，並推行社會教育，以提高一般國民之文化水準，邊遠及貧瘠地區之教育文化經費，由國庫補助之。其重要之教育文化事業，得由中央辦理或補助之。

第一百六十四條　教育、科學、文化之經費，在中央不得少於其預算總額百分之十五，在省不得少於其預算總額百分之二十五，在市、縣不得少於其預算總額百分之三十五，其依法設置之教育文化基金及產業，應予以保障。

第一百六十五條　國家應保障教育、科學、藝術工作者之生活，並依國民經濟之進展，隨時提高其待遇。

第一百六十六條　國家應獎勵科學之發明與創造，並保護有關歷史、文化、藝術之古蹟、古物。

第一百六十七條　國家對於左列事業或個人，予以獎勵或補助：

一　國內私人經營之教育事業成績優良者。

二　僑居國外國民之教育事業成績優良者。

三　於學術或技術有發明者。

四　從事教育久於其職而成績優良者。

第六節　邊疆地區

第一百六十八條　國家對於邊疆地區各民族之地位，應予以合法之保障，並於其地方自治事業，特別予以扶植。

第一百六十九條　國家對於邊疆地區各民族之教育、文化、交通、水利、衛生及其他經濟、社會事業，應積極舉辦，並扶助其發展，對於土地使用，應依其氣候、土壤性質，及人民生活習慣之所宜，予以保障及發展。

第十四章　憲法之施行及修改

第一百七十條　本憲法所稱之法律，謂經立法院通過，總統公布之法律。

第一百七十一條　法律與憲法牴觸者無效。

法律與憲法有無牴觸發生疑義時，由司法院解釋之。

第一百七十二條　命令與憲法或法律牴觸者無效。

第一百七十三條　憲法之解釋，由司法院為之。

第一百七十四條　憲法之修改，應依左列程序之一為之：

一　由國民大會代表總額五分之一之提議，三分之二之出席，及出席代表四分之三之決議，得修改之。

二　由立法院立法委員四分之一之提議，四分之三之出席，及出席委員四分之三之決議，擬定憲法修正案，提請國民大會複決。此項憲法修正案，應於國民大會開會前半年公告之。

第一百七十五條　本憲法規定事項，有另定實施程序之必要者，以法律定之。

本憲法施行之準備程序，由制定憲法之國民大會議定之。

二　中華民國憲法增修條文

民國八十年五月一日總統令公布
八十一年五月二十八日總統令修正公布
八十三年八月一日總統令修正公布
八十六年七月二十一日總統令修正公布
八十八年九月十五日總統令修正公布
八十九年四月二十五日總統令修正公布
九十四年六月十日總統令修正公布

為因應國家統一前之需要，依照憲法第二十七條第一項第三款及第一百七十四條第一款之規定，增修本憲法條文如左：

第一條　中華民國自由地區選舉人於立法院提出憲法修正案、領土變更案，經公告半年，應於三個月內投票複決，不適用憲法第四條、第一百七十四條之規定。

憲法第二十五條至第三十四條及第一百三十五條之規定，停止適用。

第二條　總統、副總統由中華民國自由地區全體人民直接選舉之，自中華民國八十五年第九任總統、副總統選舉實施。總統、副總統候選人應聯名登記，在選票上同列一組圈選，以得票最多之一組為當選。在國外之中華民國自由地區人民返國行使選舉權，以法律定之。

總統發布行政院院長與依憲法經立法院同意任命人員之任免命令及解散立法院之命令，無須行政院院長之副署，不適用憲法第三十七條之規定。

總統為避免國家或人民遭遇緊急危難或應付財政經濟上重大變故，得經行政院會議之決議發布緊急命令，為必要之處置，不受憲法第四十三條之限制。但須於發布命令後十日內提交立法院追認，如立法院不同意時，該緊急命令立即失效。

總統為決定國家安全有關大政方針，得設國家安全會議及所屬國家安全局，其組織以法律定之。

總統於立法院通過對行政院院長之不信任案後十日內，經諮詢立法院院長後，得宣告解散立法院。但總統於戒嚴或緊急命令生效期間，不得解散立法院。立法院解散後，應於六十日內舉行立法委員選舉，並於選舉結果確認後十日內自行集會，其任期重新起算。

總統、副總統之任期為四年，連選得連任一次，不適用憲法第四十七條之規定。

副總統缺位時，總統應於三個月內提名候選人，由立法院補選，繼任至原任期屆滿為止。

總統、副總統均缺位時，由行政院院長代行其職權，並依本條第一項規定補選總統、副總統，繼任至原任期屆滿為止，不適用憲法第四十九條之有關規定。

總統、副總統之罷免案，須經全體立法委員四分之一之提議，全體立法委員三分之二之同意後提出，並經中華民國自由地區選舉人總額過半數之投票，有效票過半數同意罷免時，即為通過。

立法院提出總統、副總統彈劾案，聲請司法院大法官審理，經憲法法庭判決成立時，被彈劾人應即解職。

第三條

行政院院長由總統任命之。行政院院長辭職或出缺時，在總統未任命行政院院長前，由行政院副院長暫行代理。憲法第五十五條之規定，停止適用。

行政院依左列規定，對立法院負責，憲法第五十七條之規定，停止適用：

一　行政院有向立法院提出施政方針及施政報告之責。立法委員在開會時，有向行政院院長及行政院各部會首長質詢之權。

二　行政院對於立法院決議之法律案、預算案、條約案，如認為有窒礙難行時，得經總統之核可，於該決議案送達行政院十日內，移請立法院覆議。立法院對於行政院移請覆議案，應於送達十五日內作成決議。如為休會期間，立法院應於七日內自行集會，並於開議十五日內作成決議。覆議案逾期未議決者，原決議失效。覆議時，如經全體立法委員二分之一以上決議維持原案，行政院院長應即接受該決議。

三　立法院得經全體立法委員三分之一以上連署，對行政院院長提出不信任案。不信任案提出七十二小時後，應於四十八小時內以記名投票表決之。如經全體立法委員二分之一以上贊成，行政院院長應於十日內提出辭職，並得同時呈請總統解散立法院；不信任案如未獲通過，一年內不得對同一行政院院長再提不信任案。

國家機關之職權、設立程序及總員額，得以法律為準則性之規定。

各機關之組織、編制及員額，應依前項法律，基於政策或業務需要決定之。

第四條

立法院立法委員自第七屆起一百一十三人，任期四年，連選得連任，於每屆任滿前三個月內，依左列規定選出之，不受憲法第六十四條及第六十五條之限制：

一　自由地區直轄市、縣市七十三人。每縣市至少一人。

二　自由地區平地原住民及山地原住民各三人。

三　全國不分區及僑居國外國民共三十四人。

前項第一款依各直轄市、縣市人口比例分配，並按應選名額劃分同額選舉區選出之。第三款依政黨名單投票選舉之，由獲得百分之五以上政黨選舉票之政黨依得票比率選出之，各政黨當選名單中，婦女不得低於二分之一。

立法院於每年集會時，得聽取總統國情報告。

立法院經總統解散後，在新選出之立法委員就職前，視同休會。

中華民國領土，依其固有疆域，非經全體立法委員四分之一之提議，全體立法委員四分之三之出席，及出席委員四分之三之決議，提出領土變更案，並於公告半年後，經中華民國自由地區選舉人投票複決，有效同意票過選舉人總額之半數，不得變更之。

總統於立法院解散後發布緊急命令，立法院應於三日內自行集會，並於開議七日內追認之。但於新任立法委員選舉投票日後發布者，應由新任立法委員於就職後追認之。如立法院不同意時，該緊急命令立即失效。

立法院對於總統、副總統之彈劾案，須經全體立法委員二分之一以上之提議，全體立法委員三分之二以上之決議，聲請司法院大法官審理，不適用憲法第九十條、第一百條及增修條文第七條第一項有關規定。

立法委員除現行犯外，在會期中，非經立法院許可，不得逮捕或拘禁。憲法第七十四條之規定，停止適用。

第五條

司法院設大法官十五人，並以其中一人為院長、一人為副院長，由總統提名，經立法院同意任命之，自中華民國九十二年起實施，不適用憲法第七十九條之規定。司法院大法官除法官轉任者外，不適用憲法第八十一條及有關法官終身職待遇之規定。

司法院大法官任期八年，不分屆次，個別計算，並不得連任。但並為院長、副院長之大法官，不受任期之保障。

中華民國九十二年總統提名之大法官，其中八位大法官，含院長、副院長，任期四年，其餘大法官任期為八年，不適用前項任期之規定。

司法院大法官，除依憲法第七十八條之規定外，並組成憲法法庭審理總統、副總統之彈劾及政黨違憲之解散事項。

政黨之目的或其行為，危害中華民國之存在或自由民主之憲政秩序者為違憲。

司法院所提出之年度司法概算，行政院不得刪減，但得加註意見，編入中央政府總預算案，送立法院審議。

第六條 考試院為國家最高考試機關，掌理左列事項，不適用憲法第八十三條之規定：

一　考試。

二　公務人員之銓敘、保障、撫卹、退休。

三　公務人員任免、考績、級俸、陞遷、褒獎之法制事項。

考試院設院長、副院長各一人，考試委員若干人，由總統提名，經立法院同意任命之，不適用憲法第八十四條之規定。

憲法第八十五條有關按省區分別規定名額，分區舉行考試之規定，停止適用。

第七條 監察院為國家最高監察機關，行使彈劾、糾舉及審計權，不適用憲法第九十條及第九十四條有關同意權之規定。

監察院設監察委員二十九人，並以其中一人為院長、一人為副院長，任期六年，由總統提名，經立法院同意任命之。憲法第九十一條至第九十三條之規定停止適用。

監察院對於中央、地方公務人員及司法院、考試院人員之彈劾案，須經監察委員二人以上之提議，九人以上之審查及決定，始得提出，不受憲法第九十八條之限制。

監察院對於監察院人員失職或違法之彈劾，適用憲法第九十五條、第九十七條第二項及前項之規定。

監察委員須超出黨派以外，依據法律獨立行使職權。

憲法第一百零一條及第一百零二條之規定，停止適用。

第八條 立法委員之報酬或待遇，應以法律定之。除年度通案調整者外，單獨增加報酬或待遇之規定，應自次屆起實施。

第九條 省、縣地方制度，應包括左列各款，以法律定之，不受憲法第一百零八條第一項第一款、第一百零九條、第一百十二條至第一百十五條及第一百二十二條之限制：

一　省設省政府，置委員九人，其中一人為主席，均由行政院院長提請總統任命之。

二　省設省諮議會，置省諮議會議員若干人，由行政院院長提請總統任命之。

三　縣設縣議會，縣議會議員由縣民選舉之。

四　屬於縣之立法權，由縣議會行之。

五　縣設縣政府，置縣長一人，由縣民選舉之。

六　中央與省、縣之關係。

七　省承行政院之命，監督縣自治事項。

臺灣省政府之功能、業務與組織之調整，得以法律為特別之規定。

第十條

國家應獎勵科學技術發展及投資，促進產業升級，推動農漁業現代化，重視水資源之開發利用，加強國際經濟合作。

經濟及科學技術發展，應與環境及生態保護兼籌並顧。

國家對於人民興辦之中小型經濟事業，應扶助並保護其生存與發展。

國家對於公營金融機構之管理，應本企業化經營之原則；其管理、人事、預算、決算及審計，得以法律為特別之規定。

國家應推行全民健康保險，並促進現代和傳統醫藥之研究發展。

國家應維護婦女之人格尊嚴，保障婦女之人身安全，消除性別歧視，促進兩性地位之實質平等。

國家對於身心障礙者之保險與就醫、無障礙環境之建構、教育訓練與就業輔導及生活維護與救助，應予保障，並扶助其自立與發展。

國家應重視社會救助、福利服務、國民就業、社會保險及醫療保健等社會福利工作，對於社會救助和國民就業等救濟性支出應優先編列。

國家應尊重軍人對社會之貢獻，並對其退役後之就學、就業、就醫、就養予以保障。

教育、科學、文化之經費，尤其國民教育之經費應優先編列，不受憲法第一百六十四條規定之限制。

國家肯定多元文化，並積極維護發展原住民族語言及文化。

國家應依民族意願，保障原住民族之地位及政治參與，並對其教育文化、交通水利、衛生醫療、經濟土地及社會福利事業予以保障扶助並促其發展，其辦法另以法律定之。對於澎湖、金門及馬祖地區人民亦同。

國家對於僑居國外國民之政治參與，應予保障。

第十一條 自由地區與大陸地區間人民權利義務關係及其他事務之處理，得以法律為特別之規定。

第十二條 憲法之修改，須經立法院立法委員四分之一之提議，四分之三之出席，及出席委員四分之三之決議，提出憲法修正案，並於公告半年後，經中華民國自由地區選舉人投票複決，有效同意票過選舉人總額之半數，即通過之，不適用憲法第一百七十四條之規定。

國父思想（修訂七版）

周世輔、周陽山　著

周世輔教授的「國父思想」出版以來，風行海內，歷久不衰，除為相關考試所必備外，亦為教學研究所必需。本書的特色有：遵照教育部規定編著而最早出版的國父思想用書；述及國父思想淵源及演進時，強調哲學層面；對中西學說與國父思想之比較，亦較他書為多。

政治學（修訂六版）

呂亞力　著

本書第一部分是政治學學科的介紹；第二部分旨在剖析政府及相關事宜，本書在此部分的敘述，基本上遵循傳統的政治學，但也增添一些行為學者的研究而與坊間其他同類型著作有所不同；第三部分為純粹行為政治學的素材；第四部分介紹一些國際關係的知識。而意識型態與地方政府兩方面的常識，為政治學入門者所不可缺乏，故特使其自成單元，一併列入。

社會學概要（修訂二版）

何文男、李天賞　編著

本書是一本初步認識社會學的基礎讀物，專為大專學生，以及一般社會青年的需要所編輯而成。本書盡量避免使用深奧模糊的理論和術語，力求以簡單易懂、清晰扼要的文字敘述，並以通則性和概括性的方式，有系統地介紹社會學的一些重要基本概念、現代社會的基本要素、制度型態和社會現象及其變遷，相信必有助於增加讀者對社會學重要領域的認識，並能獲得一個整體而清楚的社會學概念。